《地方文化特色历史课堂与学科体系的构建》系湖北省高等学校人文社会科学重点研究基地——湖北师范大学资源枯竭城市转型与发展研究中心开放基金重点资助项目研究成果

地方文化特色历史课堂
与学科体系的构建

刘金林　聂亚珍　著

光明日报出版社

图书在版编目（CIP）数据

地方文化特色历史课堂与学科体系的构建 ／ 刘金林，
聂亚珍著 . -- 北京：光明日报出版社，2018.9

ISBN 978 - 7 - 5194 - 4627 - 7

Ⅰ. ①地… Ⅱ. ①刘…②聂… Ⅲ. ①中学历史课—
教学研究 Ⅳ. ①G633.512

中国版本图书馆 CIP 数据核字（2018）第 211952 号

地方文化特色历史课堂与学科体系的构建
DIFANG WENHUA TESE LISHI KETANG YU XUEKE TIXI DE GOUJIAN

著　　者：刘金林　聂亚珍

责任编辑：曹美娜　朱　然　　　　　　　责任校对：赵鸣鸣
封面设计：中联学林　　　　　　　　　　责任印制：曹　净

出版发行：光明日报出版社

地　　址：北京市西城区永安路 106 号，100050

电　　话：010 - 67078251（咨询），63131930（邮购）

传　　真：010 - 67078227，67078255

网　　址：http://book.gmw.cn

E - mail：caomeina@gmw.cn

法律顾问：北京德恒律师事务所龚柳方律师

印　　刷：三河市华东印刷有限公司

装　　订：三河市华东印刷有限公司

本书如有破损、缺页、装订错误，请与本社联系调换

开　　本：170mm×240mm

字　　数：256 千字　　　　　　　　　　印　张：14

版　　次：2019 年 1 月第 1 版　　　　　　印　次：2019 年 1 月第 1 次印刷

书　　号：ISBN 978 - 7 - 5194 - 4627 - 7

定　　价：55.00 元

目　录
CONTENTS

上 篇 黄石特色历史健康课堂的实践与探索

一、学生成长为历史教师的思考与探索

(一)从黄石八中一名学生成长为历史教师的思考

我和黄石八中有五十年的缘分。八中创建于 1968 年,前身是广场路小学戴帽中学,当时称为井冈山学校,1974 年迁到现在的校区。我家就在井冈山学校旁边,兄弟姐妹五人都就读于井冈山学校。当时井冈山学校最好的三层红砖红瓦的教学楼以及八中旁的荷塘景色常常浮现在脑海中。

黄石八中历史并不悠久,百年学校在黄石地区有多所,八中也不是省重点、市重点学校。在这所只有 16 亩地的"弹丸"学校,五十年里创造出一个个黄石教育的传奇,从教育机关的领导、高校的校长以及北京、上海、深圳、武汉等地的名师、专家,处处都有八中人的身影。八中被市民称为"不是重点中学的重点中学",五十年厚重的校园文化为黄石特色历史健康课堂的构建提供了丰富的地方特色文化内涵。

我是 1978 年 9 月到黄石八中读初中,在八中学习了五年,于 1983 年 7 月高中毕业,我最感兴趣的学科是历史和地理,而这两门学科由于当时中考不考、八中高中毕业班绝大部分是理科班,历史和地理成为八中学生非常不重视的学科,在当时课时也安排不足。1982 年 9 月我进入文科班,由于班级人数太多,学校会议室成为文科班教室,历史、地理当时高考都是 100 分,语文、数学当时高考只 120 分,历史、地理成为我最大的优势,每次考试这两门的成绩都在班上名列前茅。这两门学科对班上大多数同学来说是非常头疼的学科,班上的复读生有很多,这两门成绩不理想比比皆是。我进一步了解到有许多同学,这两门学科花费时间最多,成效最低。他们一看到有关的历史时间、人名、地名等就没有兴趣,完全是死记硬背,过几天又忘了。而我这两门花费时间很少,基本在课堂上就掌握了,当时记的时间、人名、地名,差不多过去了三十年,依然记忆犹新。通过五年的中学学习,悟出了道理:学好历史,兴趣是最好的老师。由于从小经常听历史故事、看历史电影、连环画、地图,培养了对历史学科的浓厚兴趣,这个兴趣伴随我一生。

图1　70年代末大雨过后的黄石八中校门
黄石八中档案室提供

我记得当时学校学生的文艺演出多、体育比赛多、社会实践活动多,老师的劳动多,八中就是通过老师们的艰苦奋斗在荷塘中诞生的。八中务本乐学的办学理念就是在读书声、欢笑声、鞭炮声、劳动号子声,声声入耳的过程中逐步形成的。我的学习兴趣以及当老师的理想也是在这一过程中形成的。

我在大学学习历史专业,到中学进行历史学科的教学实习工作以及走上工作岗位,担任中学历史学科的教学工作,培养学生学习历史兴趣成为我终生为之奋斗的目标。1986年5月我作为命题人、主持人举办了实习学校的学生历史知识大赛;1987年12月主持了学校史地生知识大赛;1988年5月主持了学校中学百科知识大赛;1988年11月创办了《史地文摘》(后改名为《史地学习》);1989年5月举办第一届地理、历史知识猜谜大赛;20世纪九十年代,结合历史歌谣、故事、谜语等内容,进行中学历史图表教学的探索与实践;1998年5月举办第二届地理、历史知识猜谜大赛;2001年2月开展中学历史多媒体教学的探索与实践;2002年6月创办全国历史学科门户网站——中学历史教学资源网;2003年开展历史研究性学习的探索与实践;2005年开展"四合一"历史课堂教学改革;2007年承担了全国教育科学"十一五"规划教育部重点课题子课题《中学历史新课程教学资源库的建设与研究》研究任务;至2010年历史健康课堂教学模式初步形成。

图 2　黄石八中 1981 届初三（1）班毕业照

刘金林提供

（二）黄石特色历史健康课堂

图 3　黄石八中 1983 届高二文科班毕业照

刘金林提供

我是土生土长的黄石人,对家乡有深厚的感情。1997年被黄石市教研室聘请为乡土教材《黄石历史》主编,普及与研究黄石地方文化成为我又一个奋斗目标。一手抓学生兴趣的培养,一手抓地方历史文化的普及与研究,构建黄石特色历史开心课堂的思路初步形成。2001年,黄石八中全面开展信息化多媒体教学实验以及国家新课程改革的全面推进成为黄石特色历史健康课堂形成的突破口。

图4　黄石八中成为人民教育电子音像出版社实验基地
黄石八中档案室提供

通过与人民教育电子音像出版社、湖北师范大学合作,开展信息化多媒体教学实验等课题研究、新课程教学改革与研究、社会实践、普及与宣传黄石矿冶文化等,培养学生的学习兴趣,解决学生的厌学问题,达到了学的目标;培养学生热爱家乡、热爱祖国、爱父母等传统美德,解决学生传统美德缺失问题,达到让学生学会做人的目标。

从2001年开始,黄石八中成为人民教育电子音像出版社实验基地,承担人教社信息化多媒体教育课题研究工作,先后申报并完成了"十五""十一五""十二五"教育部重点课题子课题研究任务,现在承担"十三五"人教社课程教材研究所"四合一教学资源"课题工作,并先后被确定为全国"十一五""十二五"教育部重点课题实验基地。

图5　《中学历史教学资源》期刊创刊号封面
刘金林提供

从2005年开始黄石八中与湖北师范大学历史文化学院合作,创办《中学历史教学资源》期刊,开展新课程教学改革与研究,并与全国二十多个省区历史教学同行进行交流,促进了历史健康课堂的形成。创建别具一格的"开心课堂"大舞台,让学生在愉快中学习,历史课堂经常采取比赛的形式,让学生在开心赛场中显示才能。

学校通过制作黄石八中矿冶文化墙,开展黄石矿冶文化普及讲座,矿冶文化与工业遗产知识大赛,学生社会实践活动,编写《黄石矿冶文化简明读本》,创建《黄石矿冶文化》地方校本课程,进行宣传、普及黄石矿冶文化知识,历史健康课堂的"黄石特色"逐步形成。

二、黄石特色历史健康课堂概况与特色

(一)黄石特色历史健康课堂概况

2018 年 4 月,刘金林主持完成的教学成果《黄石特色历史开心课堂的实践与探索》由湖北省教育厅推荐申报 2018 年基础教育国家级成果奖。省教育厅在推荐意见中指出:该成果从立德树人的培养目标出发,创新性构建了历史开心课堂的教学模式。通过挖掘地方历史文化资源,形成独创的历史课堂地方特色,提高了学生兴趣,培养了学生爱祖国、爱家乡的情感,促进了学校课堂教学改革,在全省地方特色课堂改革实践中有重大示范作用。

黄石特色历史健康课堂,又称"黄石特色历史开心课堂",是在全国教育科学"十五"规划重点子课题"电子音像教材与中学学科整合(2002)"、"中学新课程历史教学资源的开发与研究(2002)"和教育部"十一五"重点课题"课程资源促进有效教学的研究与实验"子课题(2006 年)以及湖北省"多媒体教学与研究性学习整合实验研究(2002)"、"湖北教育信息网学科教学网站群建设(2002)"等研究项目基础上逐步形成的。

黄石特色历史健康课堂是以情景实践为主要形式,以别具一格的"开心课堂"为大舞台,以多媒体教学为重点,选取适合学生的教学方式提升学生的核心素养;引导学生自主探究,让学生在自主探究中提升核心素养。通过《黄石矿冶文化》《"四合一"历史校本课程》课程平台、信息化多媒体教学技术平台等手段,创建地方历史文化课程,培养学生爱家乡、爱祖国的感情,达到立德树人的目标。

黄石特色历史健康课堂是以黄石地方历史文化为中心,以中华民族五千年优秀传统文化之根,以黄石三千年矿冶文化之魂,作为历史教育之本;以黄石八中五十年"务本乐学"校园文化为核心而形成的中学历史快乐课堂。该课堂的构建让学生学得开心、玩得开心,让教师教得开心,让家长笑得开心,达到学生爱家乡、爱祖国,继承中华民族传统美德,学会做人的目标。

图6 黄石八中矿冶文化墙

刘金林提供

(二)黄石特色历史健康课堂特色

黄石特色历史健康课堂的黄石特色指黄石三十万年前的旧石器时代古人类发源史,三千多年源远流长的矿冶文明史,一百多年的近代工业文明史,六十多年的城市史,五十多年黄石八中务本乐学的实践与探索。历史健康课堂指传统文化传承的课堂,知黄石、爱黄石、兴黄石的地方文化特色课堂,学生快乐、教师舒心的开心课堂,多媒体教学与历史图表教学、"四合一"课堂教学改革相结合的高效课堂。

黄石特色历史健康课堂主要特色表现为"六化",即"传统化""地方化""开心化""资源化""信息化""学术化",这是对黄石特色历史开心课堂主要内容的高度概括。

"传统化"是指教育部统编历史教材中有关优秀传统美德与历史文化方面的内容,"地方化"是指黄石地方历史文化方面的地方课程与校本课程,"传统化""地方化"成为黄石特色历史健康课堂的核心,也是务本教育的基础。"资源化"是指创建历史教学资源库,包括国家、地方及校本课程资源库,"信息化"是指信息化多媒体教学手段,"开心化"是指开心历史课堂,"开心化""资源化""信息化"是实现乐学教育的方法、手段与资源,"学术化"是指创办《中学历史教学资源》学术期刊,成为探索历史健康课堂的学术平台。

三、黄石特色历史健康课堂的创新点

（一）地方特色的独创性

地方特色的创建与应用具有独创性,从《黄石矿冶文化》《"四合一"历史教学》校本课程到人民日报出版社、光明日报出版社等社出版的地方文化研究专著,从多媒体教学模式的探索与实践到与湖北师范大学合作创办《中学历史教学资源》(后改名为《历史文化教育资源》,简称《文化教育资源》)交流期刊,从在全市中小学普及矿冶文化、开展矿冶文化知识大赛到与高校合作开展地方文化研究、到社区举办矿冶文化知识讲座,知黄石、爱黄石、兴黄石贯穿在历史健康课堂内外,兴黄石教育、地方文化与传统美德是大目标。

教育部历史教材中的青铜文化、楚国的崛起、矿冶历史、洋务运动、近现代工业史等内容充分利用黄石矿冶文化地方历史资源进行教学,《黄石历史》《黄石矿冶文化》等地方课程、校本课程成为课堂教学的重要内容。学生参与社会实践活动、竞赛等,教师开展课题研究、讲座,让"黄石特色"贯穿始终。

（二）地方特色的系统性

善于与高校合作,与研究机构合作,与地方政府部门合作,深度挖掘地方历史文化资源,开发校本课程,编写成册,出版著作,使教学言之有据,言之有物。

特别是地方特色历史教学资源库,包括国家课程、地方课程、校本课程一系列视频、图片、课件、教案、试题等资源,尤其是动画片、Flash 历史歌曲、历史成语、历史歌谣、谜语、历史漫画等开心历史教学资源库的建成,使得地方特色的课程平台、资源平台更具系统性。

（三）地方特色的寓教于乐

采取课前身边故事导入,课中师生参与,课后有心得,竞赛长期化,思考纸质化,发挥学生主体作用,地方特色的寓教于乐贯穿课堂。

寓教于乐成为课堂的主旋律,学生身边的历史、人物、中国优秀传统思想、人物等成为开心课堂的主要内容,如"让学生讲爷爷"等亲人的故事,了解黄石矿冶工人的重要贡献等。

(四)地方特色的普及性

通过制作八中矿冶文化墙、班级图书角、创办网站、开展讲座、知识大赛、社会实践活动,普及黄石地方文化知识,学生争当地方文化宣传的小记者。

(五)地方特色的务实性

师生积极参与历史文化名城、工业旅游城市的创建,保护身边的工业遗产,呼吁保护的汉冶萍铁路小火车的试运行轰动全国。学生争当工业旅游小导游、矿博园小讲解员。

图7 汉冶萍铁路工业旅游小火车车厢

刘金林提供

(六)地方特色的学术性

光明日报出版社等社公开出版黄石地方文化研究专著5部,发表地方文化论文30余篇,交流期刊开辟"乡土历史""地方文化"等专栏,成为各地学校教师了解黄石特色的窗口。

四、黄石特色历史健康课堂的探索过程

（一）中学历史图表教学模式的探索

20 世纪 90 年代，结合素质教育与历史学科的特点，进行了中学历史图表教学的探索与实践。在当时提倡实施素质教育的形势下，如何采取更好的教学模式进行教学，提高学生全面素质已摆在我们每一位教师面前。

历史教学实施素质教育的一个重要方面是优化教学内容。教学的内容偏多、偏难和教学面面俱到，容易造成学生课业负担过重和厌学情绪，优化教学内容必须做到选择重点知识，浅化历史知识，构建知识网络。图表教学模式正是适应了素质教育中优化教学内容这一特点。

中学历史图表教学模式是在历史课堂教学中以"图表"为核心进行教学的一种形式，所谓"图"主要是指概括历史知识的图示，同时也包括有关的历史地图、挂图和课本的插图。"表"主要是指概括历史知识的表格、大事年表等。采用图表教学模式，知识要点一目了然，形象、直观，能够激发学生的学习兴趣；化繁为简，变抽象为形象，揭示历史事件、历史现象的内在联系，展示历史的发展进程，便于理解，易于记忆；能简捷地向学生展现完整的知识结构，有利于学生进行复习；有助于培养、发展学生的想象、联想、推理能力，开发学生的智能。

在运用图表教学模式时一定要把握教材的特点和重点，把握学生的实际接受能力。教师在设计教案前，首先要吃透大纲、吃透教材。切实掌握大纲对教材的要求：哪些知识需要学生记忆，哪些知识需要学生理解，哪些知识又需要培养学生综合分析和解决问题的能力，在真正熟悉大纲和教材的情况下，教师才能设计合理的图表教学教案。①

图表教学模式，既可适用于讲新课，也可用于复习课。在讲述新课时，以《中

---

① 刘金林：《中学历史多媒体教学研究》，湖北师范学院《中学历史教学资源》期刊编辑部，2011 年。

国历史》第一册第17课"两汉与匈奴的和战"为例,阐述图表教学模式。在讲课时准备了"两汉和匈奴战争与和平"的图示和本课主要时间、人物、事件,知识图表。

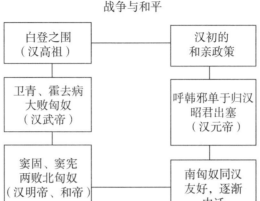

本课主要时间、人物、事件知识简表

时间	人物	事件
公元前 209 年	冒顿单于	统一蒙古草原
公元前 200 年	汉高祖刘邦	被冒顿围困于平城白登
公元前 119 年	卫青、霍去病	大败匈奴
公元前 1 世纪中期	呼韩邪单于	向汉朝称臣
汉元帝	昭君	昭君出塞
汉明帝、和帝	窦固、窦宪	两败北匈奴

"两汉和匈奴战争以和平"图示形象、直观地展示了两汉与匈奴的三次战争和三大和平,借用世界名著《战争与和平》为标题较新颖,既突出了课题及课本中的重点,使学生容易理解,也增强了学生学习的兴趣。而对于本课的具体时间,人物、事件在图示中反映不全面的,可借助本课主要时间、人物、事件知识简表加以补充与完善。在讲述这课时还可以结合《中国历史地图册》第一册的《两汉反击匈奴》历史地图进行教学,使学生形成空间概念,更好地掌握本课的知识。

历史课堂图表教学模式在讲述文化史课程方面尤为适用,特别是其中的历史知识表格在概括文化名人及其成就方面重点突出,便于学生记忆。例如,在讲《中国历史》第一册第26课"三国两晋南北朝文化"时,使用了下列简表:

人物	时代	成就
数学家刘徽	三国	最早提出圆周率的正确计算方法
数学家祖冲之	南朝	把圆周率精确到小数点后第七位数，比欧洲早一千多年
农学家贾思勰	北朝	著有《齐民要术》
地理学家郦道元	北魏	著有《水经注》
医学家王叔和	西晋	著有《脉经》
医学家葛洪	东晋	著有《肘后备急方》
无神论者范缜	齐梁间	著有《神灭论》

历史课堂图表教学模式。在复习时也可以较多地使用,它概括性强、简明扼要,有利于发展学生的综合概括能力。在复习《世界历史》第二册第 15 至 17 课第二次世界大战时,使用了以下图示:

第二次世界大战复习图示

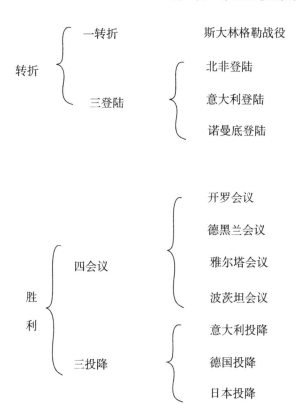

这一复习图示用简单的"一、三、一、三、四、三"六个数字概括了这三课最主要的内容,学生易于掌握。为了更全面的掌握这部分内容,还列举了知识简表和大事年表,可以从不同的角度,完整掌握这部分内容。

"第二次世界大战"重要国际会议简表

名称	时间	人物	主要内容
开罗会议	1943 年 11 月	罗斯福、丘吉尔、蒋介石	发表《开罗宣言》,处理日本"战后"问题。
德黑兰会议	1943 年 12 月	斯大林、罗斯福、丘吉尔	确定对德作战方针、开辟欧洲第二战场。
雅尔塔会议	1945 年 2 月	斯大林、罗斯福、丘吉尔	占领德国、消灭法西斯、三个月内苏联对日作战、建立联合国。
波茨坦会议	1945 年 7 月	斯大林、杜鲁门、丘吉尔	发表《波茨坦公告》,敦促日本投降。

第二次世界大战大事年表

1939 年 8 月　慕尼黑会议

1939 年 9 月　第二次世界大战全面爆发

1941 年 6 月　德国进攻苏联

1941 年 12 月 7 日　日本偷袭珍珠港

1942 年 7 月—1943 年 2 月　伏尔加格勒战役

1944 年 6 月　诺曼底登陆

1945 年 5 月 8 日　德国无条件投降

1945 年 8 月 15 日　日本无条件投降

当前中学历史教学实施素质教育就是要面向全体学生,将学科知识转化为学生个体素质,而历史课堂图表教学模式具有的直观、系统、简明扼要、重点突出的特点,正是应了这种形势。当然图表教学模式也有它的局限性,具体丰富的历史知识不能够全面反映,图表的绘制将占用过多的教学时间。为了克服这些缺点在应用时可与其他教学方法结合使用,例如在教学中可先让学生阅读课文,熟悉具体的历史知识。此时,教师可在黑板上绘制图表,在图表教学中,教师还可以让学生思考问题或进行讨论等。历史课堂图表教学模式还有待于我们在今后的教学实践中进一步完善,使之在实施历史素质教育中发挥更大的作用。

(二)历史多媒体教学的实践

从 2001 年开始,黄石八中成为人民教育电子音像出版社科研实验基地,承担该社信息化多媒体教育课题研究工作,全面开展信息化多媒体教学实践。

随着信息技术、计算机硬件技术的飞速发展,多媒体教学正成为课堂教学改革的必然趋势,多媒体课件已逐渐成为提高素质教育的有效手段。在教育部制定"21 世纪教育振兴行动计划"并开始实施的今天,越来越多的教师开始将多媒体课件应用于教学工作中,多媒体辅助教学的应用水平已经成为学校教育手段现代化的重要标志。黄石八中在实施历史多媒体教学过程中,推动了教学观念、教学模式、教学内容、测试手段、培养能力等方面的创新。

图8　黄石八中多媒体备课中心

黄石八中网管中心提供

教学观念的创新

在现代化的教学手段下，将多媒体教学渗透到每个教学点，让计算机进入每间教室，使计算机像黑板和粉笔一样，成为每位教师手中得心应手的教学工具。把传统的"以教为主"变为"以学为主"，学生真正成为学习的主人，让"协作式"学习存在于教师、学生之间，创造更高效、更多元化的教学模式。

我国的教育由原来的"应试教育"逐渐转变为"素质教育"，并坚持实行基础知识教学和基本技能训练的"双基"教学方式。《中国教育改革和发展纲要》明确指出，各级各类学校都要对学生"加强基本知识、基本理论和基本技能的培训"。然而加强技能训练，提高学生分析、解决问题的能力，突出教学应用性的同时，也增加了教学的深度、分量，容量增加了，但课时并没有增加。在这种情况下，将多媒体课件应用于教学，实现教育手段的现代化，以提高教学效率是科学的、可行的和必行的途径。

教育心理学家研究指出：多种感官并用学习效率最高，视听并用的理解记忆率，远远大于光看、光听的记忆率。多媒体课件在教学中既可以用于课堂教学，也可以用于课外辅导，它所显示出的巨大优势往往令常规教学望尘莫及。采取多媒体教学将单纯的说教变为情景的熏陶，是一种以图文声像并茂的方式提供知识、示范练习、边演示边讲解的多层次启发性教学方法。这种启发式教学必将调动学生积极性,使他们主动参与到教学过程中来。

教师要学习多媒体教学的各项技能,这就对教师的整体素质提出了更高的要求。教师课前要组织设计、制作、处理教学信息,课堂上应胜任操作、控制教学信息,协调媒体之间及师生之间的关系,做好质疑答题,并积极消除学生注意力过于转移或过多依赖媒体等不利因素。实际上,教师充当了控制者、组织者和协调者等多种角色。利用教育技术手段,教师还可以与更多的同行进行交流。

教学模式的创新

目前,我国实行的课堂授课方式,是以教师讲授为主。随着教育信息化不断发展,这种教学方式必将要有所突破,黄石八中将传统的中学历史图表教学模式与多媒体教学手段相结合,确定将"中学历史多媒体图表教学模式"作为我们教学实践和研究的课题。

多媒体图表教学模式适应了素质教育中优化教学内容这一特点,借助先进的多媒体电脑教学设备,以历史"图表"为核心进行教学的一种形式。历史上留下来的地图、图片、实物资料、文字可以说是浩如烟海,以历史为题材的影视作品也不断出现。因而,运用多媒体技术,采用多媒体图表教学,从视觉、听觉等许多方面让学生去感受历史、了解历史、发现历史,应该会给历史课堂教学带来生机与活力,提高历史课堂学习效率。

面对信息时代到来,学生要学的知识更多、更广,利用该教学模式能促进学生当堂吸收知识。在这种模式中,计算机只是协助教师尽可能完成一个趋于理想的授课方式。教师也可以借助教学软件,将讲课内容中不易直观形象表现出来的东西,通过计算机和大屏幕投影仪,以多种媒体形式非常具体形象地展现在学生面前。这改变了过去黑板或幻灯片那种平面的、固定不动的文字图形和单调的声音效果,采用图片、录像、动画、图形以及色彩与声音的变化,给学生以全新的视听感受,使学生加深对课堂所学内容的印象,达到了原教学方式所不能达到的目的。当然,多媒体教学模式也可以多样化,教师使用的多媒体课件,完全依据教师的教案及本人的意愿和要求选择内容,这样更有利于教师充分展示自己独特的教学魅力,也更易于学生接受。这些多媒体教学模式,必将大大提高教学效率和教学质量,也必将有助于提高自身的社会竞争力。

教学内容的创新

历史教学实施素质教育的一个重要方面是优化教学内容,在多媒体教学过程中要实现对课程内容的压缩与精选,为学生精选高质量的系统知识,并依据学生的认知结构加以组织。由于信息资源重要性的日益突出,要求在教学中变知识传递与知识复制型的教学课程为知识操作与知识创造型的课程,把整个教育过程看作一个信息系统在运作。学生所要学习的不仅有以课本为载体的信息,声音、图像等多元化的信息也都将作为教学内容被引入课堂。这种教学内容的更新,必将极大的拓展学生的知识面,学生接受更多是各学科的知识体系。对于学生来说,教师不再仅是"授学生以鱼",而是"授学生以渔",教材不再是唯一的知识传递中心,以多种媒体组合成的教学资源通过多媒体教学方式进入课堂和学生的认知体系。在教师的引导下,学生可以更广泛地涉猎学科空间,甚至可以通过互联网了解各学科的最新知识。从信息时代来看,社会更注重人才对知识的自我理解能力、自我创新能力和自我学习的能力。所以,对教学内容的创新,将会大大提高学生适应社会的能力,将进一步开拓学生的知识面,有利于学生综合素质的提高。

测试手段的创新

测试手段的创新,将对学生真正做到因材施教。利用计算机,可以建立历史练习及试题的题库。教师可以针对学生各自的情况,有的放矢进行辅导从而保证每个学生都能学有所得。考试的试卷也可根据每个学生的实际水平,选出不同难易程度的试题,保证每个学生都能检测出自身的不足。

利用计算机,教师还可以为每个学生建立各自的子目录,将学生的平时作业与考试试卷均存放在各自的子目录中,有利于教师随时查看学生学习进展状况。另外,利用计算机网络技术,教师还可以将每个学生的作业或试卷在网上与其他学生共同分析,或与该学生直接对话,实现了作业与试卷及时批改、及时反馈,有助于学生及时消化学习内容。

培养能力的创新

信息能力的培养是创造能力培养的重要环节。信息能力包括对信息的获取、分析、处理、交流、应用的能力。多媒体课件具有信息量大、知识面广、技术手段多样等特点,学生可以自主学习或协作学习,比如:讨论、交流、研究等。这些方法自主性强、选择面宽,有益于学生创造能力提高,并且能够培养学生的协作精神。历史自主学习课件,提供大量多媒体资料。学生在具有协作功能的多媒体网络教室的环境下自学,不仅可以有选择性地阅读大量信息,还可以通过网络相互交流、讨论,进行协作学习。这不仅有利于增强学生学习时的创造性思维能力,更有利于培养学生创造性地运用知识的能力。①

在历史多媒体图表教学与创新中,制作完成了《中国历史》第一、二、三、四册共四册多媒体课件光盘,并成为人民教育电子音像出版社黄石八中科研实验基地

---

① 刘金林:《浅谈历史多媒体教学与创新》,《湖北省中学历史创新教育专题研讨会论文集》,湖北省中学历史专业委员会,2001 年。

主要科研内容。将探索初期的中学历史图表教学模式与历史多媒体教学方式相结合,既借鉴了传统教学模式的优点,充分利用大量的历史地图、图片、知识要点文字图示,又结合了现代化多媒体教学技术,这在历史教学中发挥了重要的作用。

　　黄石八中历史多媒体图表教学模式在当前实施素质教育的形势下,通过一年多多媒体交互式教学班的探索与实践,取得明显的效果。

图9　黄石八中多媒体交互式实验班

黄石八中网管中心提供

表1　初二(1)班学生学习兴趣调查统计表

时间	人数	很喜欢	较喜欢	不喜欢
多媒体教学使用前	42人	5	27	10
多媒体教学使用后	42人	29	12	1

　　从表1中,可以看出:运用历史多媒体图表教学方法,可以把具体、形象、生动的画面展现在学生面前,给学生耳目一新的感受。多媒体课件,还可以利用视听互动的功能,通过大量的地图、图片、表格以及声音、影视资料等素材和丰富的转场效果,创设一种与课堂内容相适应的气氛,能使学生产生身临其境的感觉,调动学生学习的积极性,大多数学生由以前不喜欢、较喜欢上历史课,变为很喜欢上历史课,历史多媒体图表教学充分调动了学生学习历史的兴趣。

表2 初二（1）班学生课堂完成练习情况统计表

学习内容	学生人数	完成课本练习	完成课件练习	提出问题
第6课鸦片战争	42人	42人	39人	16人

具有较强的交互性,是多媒体课件一个显著的特点。利用这一点,培养学生学习的自觉性、主动性。学习的内容、进程都可以由学生自己把握。计算机信息量大,答问自如,诲人不倦,教师可以根据班级、学生的不同情况有选择地施教。学生也可以根据自己的兴趣、进度有选择地学习,这对培养学生学习的自觉性、主动性大有好处。从表2中,可以看出,大多数学生能够主动自觉的完成练习,有的同学还能提出比较好的问题。

表3 初二（1）班学生课堂学习进度情况统计表

学习内容	学生人数	看完课本	看完课件	看补充材料	制作课件
戊戌变法	42人	42人	42人	31人	12人

增加课堂容量,提高课堂效率。从表2中,可以看出:绝大多数同学能够掌握课本的知识,多媒体图表教学重点突出、概括性强,增强课堂容量,学生可以利用节省下来的时间加深对教材的理解,还有少数同学制作课件,这进一步提高了教学效率。

表4 初二（1）班学生制作课件统计表

	总的课件	学校展示课件	网上展示课件
课件数量	15	6	1
学生制作人数	21	10	3

可以培养学生的动手能力和合作精神从表2中,可以看出有些学生动手制作课件,并且制作的水平也比较高,交互性较强,在中国中小学教育教学网上发布,评价很高。此外,制作课件还可以培养他们的合作精神。

这种方法,可以化静为动、形象直观地把历史展现给学生。历史教学涉及大量的地图,为了动态展示战争进程、交通路线,利用多媒体课件进行动态演示,就能将知识形象直观地展现出来。这样,既活跃了课堂气氛,又激发了学生的求知欲,使教与学成为有机整体。采用区域颜色闪烁、变色的方式,使书本上的地图变

"活"了,学生对知识点也产生了经久不忘的深刻印象。这能够较好地模拟动态过程,有助于学生对抽象概念的理解和掌握。

这种方法,可以提高学生理解、分析问题的能力。运用历史多媒体图表教学,知识要点一目了然,形象且直观;能化繁为简,变抽象为形象,揭示历史事件、历史现象的内在联系,展示历史发展进程,便于理解,又易于记忆;能简捷地向学生展现完整的知识结构,有利于学生进行复习,有助于培养学生的想象力、联想力、推理能力,开发学生智能。当学生同计算机对话时,没有任何心理负担,能充分挖掘自己的学习潜力,取得较好的学习效果。

在 2003 年 1 月,《让多媒体教学走进历史课堂——黄石八中历史教研组简介》一文被黄石市中学历史研究会编《黄石市中学历史教师论文集》收录,在黄石市中学历史研究会第九次年会上进行交流,这篇文章阐述了当时黄石八中历史多媒体教学初期的实践与探索过程。

(三)历史研究性学习的开展

开展研究性学习的目的是为了适应素质教育发展的需要,为学生提供自主学习和活动的空间,培养学生探索问题和研究问题的能力。随着信息化时代的到来,信息技术与学科整合开展研究性学习,更可以达到其独特的效果。

研究性学习,是指学生在教师指导下,运用类似于科学研究的方法,按专题对客观事物进行独立自主研究的一种学习方式。研究性学习的主体是学生,客体是客观事物,内容是主体运用类似于科学研究的方法,按专题对客体进行独立自主的研究,从而培养创新精神和创造能力。

历史研究性学习开展的方式有:(1)个人独立研究常采取"开放式作业"的形式。可以是教师提出一个或几个综合性研究课题,再由学生自定具体题目;也可以是学生在现实社会生活中选取确立研究题目,并各自相对独立地进行研究活动,用比较长的时间完成研究性作业,类似于大学生完成毕业论文的方式。(2)个人与集体相结合的研究方式,是指若干个学生围绕着同一主题开展研究活动,通过各自搜集资料、开展研究活动,取得初步结论后,再集体讨论,进行思维碰撞,以此相互推动,共同完成一个主题的研究,这种方式学生也花大量时间收集资料。

以上两种方式偶尔开展还可以,由于中学生学业负担比较重,不可能有大量时间长期开展研究性学习。

黄石八中开展的历史研究性学习教学开始于 2002 年,主要在多媒体交互式实验班开展,采取的是学生根据教师提供的多媒体教学资源自主学习、完成练习,并提出问题,教师通过收集学生提出的大量问题有选择性地确定几个重点问题进行讲解。黄石八中这种特色的研究性学习方式避免了学生利用大量时间收集资料,而是教师准备好了多媒体教学资源库,包括文字、图片、地图、视频、练习等资源,学生可以根据自己的情况选择性的使用。

下面以《中英鸦片战争》为例介绍了黄石八中历史研究性学习的教学情况。

教学内容:

初中《中国历史》第三册 第6课 中英鸦片战争

教学目的:

通过多媒体交互式教学,使学生更好地掌握中英鸦片战争的爆发、经过、结果以及对中国历史的影响。

教学条件及课前准备:

这次进行历史多媒体交互式教学的是初二(1)班,该班是交互式多媒体电子教室。全班42人,每人一台多媒体电脑。教师使用的控制台的电脑,连接着大屏幕投影。

初二(1)班电脑中,学生都建立了历史文件夹,《中国历史》第三册多媒体课件已经拷贝到文件夹中,该文件夹中新建了文件,以学生名字命名。文件中拷贝了《第6课 中英鸦片战争》课文。

教学过程:

1. 学生开机,打开历史文件夹,结合课本,看《中国历史》第三册多媒体课件第6课 中英鸦片战争,自学课文。要求学生完成:

(1)课件中的练习题;

(2)有什么问题,可以提问。把问题打在文件中,并传到控制台主机,在投影屏幕中显示。

(3)思考投影屏幕上学生提出的问题。

2. 本课件是用 Athorware 制作的,里面插有"视频、动画、配音"等,由"导入、讲授新课、小结、练习"四个部分组成,并设置了"导入、讲授新课、小结、练习、退出"五个按钮。

导入:视频《林则徐虎门销烟》

讲授新课:

1. 原因 $\begin{cases} 根本原因:打开中国市场 \\ 直接原因:虎门销烟(借口) \end{cases}$

2. 经过

动画《鸦片战争形势示意图》

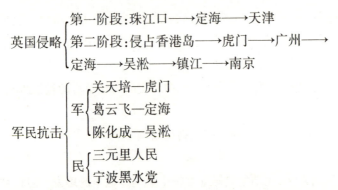

《鸦片战争形势示意图》(动画)中,英军侵略路线在移动,侵略的地名在闪烁,军民抗击英军。讲虎门、定海、吴淞战役时,地图中的地名闪烁,出现虎门、定海、吴淞战役图片以及关天培、葛云飞、陈化成相片。讲三元里、黑水党抗击英军时,地图中的地名闪烁,出现三元里、黑水党抗击英军的图片。

3. 结果:视频《南京条约》

(1)中英《南京条约》主要内容

①割香港岛

②赔款2100万元

③五口通商(广州、厦门、福州、宁波、上海)

④协定关税

第一项内容是割香港岛。显示"中英《南京条约》割占香港岛示意图",说明香港岛与通常讲的香港地区的地理概念,香港岛在闪烁。("显示"是指电脑屏幕中显示,以下相同)

第二项内容是中国赔款英国2100万银圆。一枚银圆重0.72两至0.73两之间,请每位同学按0.72两重计算一下,2100万元合多少两白银?(1512万两)

第三项内容是开放五个通商口岸。("鸦片战争示意图"五个通商口岸在闪烁)。

第四项内容是协定关税。中国海关税率,中国无权自行决定,必须同英国共同议定。1843年的税率降到5.56%,比原税率减少7.19%,协定关税标志着中国失去了关税自主权。(显示税率的变化)

(2)《南京条约》附件

①领事裁判权

②片面最惠国待遇

③建立租界

(显示领事裁判权、片面最惠国待遇、租界的概念以及领事馆、租界的图片)

(3)1844年,清政府被迫同美国和法国分别签订了中美《望厦条约》和中法《黄埔条约》,美法两国除享受英国在华取得的各种特权外,又扩大了侵略权益。

(显示中美《望厦条约》和中法《黄埔条约》文本图片)

4. 鸦片战争的影响

(1)社会性质的变化:鸦片战争前,中国在政治上是一个独立主权国家,经济上主要是自给自足的封建自然经济。鸦片战争后,中国的主权开始遭到破坏,中国已经丧失了独立自主的地位;外国商品源源不断地涌入中国,各国列强同时大量夺走廉价的原料,破坏了中国自给自足的封建经济基础,使中国逐渐成为世界资本主义的附庸。鸦片战争前后中国社会状况的剧变,导致了中国社会性质的变化:中国由独立自主的封建社会逐步变成半殖民地半封建社会。

(2)主要矛盾、革命任务、革命性质的变化

鸦片战争后,中国社会的主要矛盾由地主阶级和农民阶级的矛盾,开始变为外国资本主义和中华民族的矛盾,封建主义和人民大众的矛盾。而前者成为各种矛盾中最主要的矛盾。从此,中国人民肩负起双重革命任务,既要反对外国侵略者,同时也要反对本国封建统治者。中国历史进入了反侵略反封建的旧民主主义革命时期,鸦片战争是中国历史的转折点,中国近代史的开端。

(显示有关男耕女织、外国船只、三元里抗英图片,文字部分有配音。)

小结:

一 英国发动侵略战争和中国人民奋起抗英

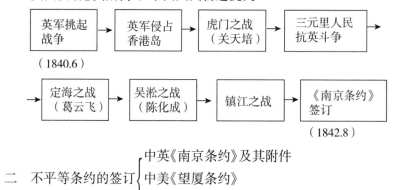

二 不平等条约的签订 { 中英《南京条约》及其附件
中美《望厦条约》
中法《黄埔条约》

三 鸦片战争的影响

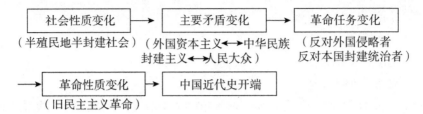

练习:

选择题

1.1841 年 1 月,英国侵略者派兵占领:

A. 广州　　　　　B. 香港岛

C. 宁波　　　　　D. 牛栏冈

2. 英国发动侵略中国的鸦片战争的根本目的是:

A. 向中国输出资本

B. 开辟市场,掠夺原料

C. 要求清政府承认鸦片贸易合法化

D. 掠夺金银等财富

3. 鸦片战争中清政府同外国侵略者签订的不平等条约有①《南京条约》 ②《天津条约》 ③《望厦条约》 ④《黄埔条约》

A.①②③B. ②③④C. ①③④D. ③④

4. 在鸦片战争中,为抗击英国侵略军而英勇牺牲的清朝爱国将领是

A. 关天培、邓廷桢、陈化成

B. 左宝贵、葛云飞、邓廷桢

C. 陈化成、葛云飞、左宝贵

D. 关天培、葛云飞、陈化成

5. 排列鸦片战争中下列事件的顺序是

①三元里人民抗英斗争②虎门销烟

③英军舰封锁珠江口④《南京条约》的签订

A.①②③④B. ②③①④

C.③④①②D. ④①③②

(每道选择题选择正确才能进入下一题)

学生提问

学生提出的问题传到控制台主机,并在投影屏幕中显示

1. 鸦片战争正式开始的标志是什么?

2. 说出鸦片战争的爆发时间及结束时间。

3. 总兵相当于现在什么官职？

4. 鸦片战争失败的原因是什么？

5. 英国为什么发动侵略战争？

6.《南京条约》对中国有什么影响？

7. 琦善、奕山对待西方侵略者同林则徐有何不同？

8. 为什么鸦片战争没有把中国完全拖垮？

9. 鸦片战争给中国带来什么后果？

10. 鸦片战争期间有哪几个国家与中国签订不平等条约？相应的条约分别是什么？（教师指出这种说法的不妥，"期间"应改为"以后"）

11. 英国发动的鸦片战争对中国有什么影响？

师生解答，学生回答问题的答案传到控制台主机，并在投影屏幕中显示。

1. 1840 年 6 月，英军舰队开到广东海面，封锁珠江口进行挑衅，鸦片战争正式开始。

2. 1840. 6—1842. 8

中英《南京条约》、中美《望厦条约》和中法《黄埔条约》。

鸦片战争以后，中国从封建社会逐步变成半殖民地半封建社会。中国社会的主要矛盾，由地主阶级和农民阶级的矛盾，开始变为外国资本主义和中华民族的矛盾，封建主义和人民大众的矛盾，而前者成为各种矛盾中的最主要的矛盾。从此，中国人民开始了反对外国侵略者，同时反对本国封建统治者的斗争；中国历史进入了旧民主主义革命时期。鸦片战争是中国历史的转折点，是中国近代史的开端。（由于学生文件中拷贝了《第 6 课　中英鸦片战争》课文，这些问题的答案很快就可以复制粘贴到控制台主机上来。）

教师与学生主要讨论的问题：

英国为什么发动侵略战争？

鸦片战争失败的原因是什么？

《南京条约》对中国有什么影响？

为什么鸦片战争没有把中国完全拖垮？

1840 年 6 月至 1842 年 8 月的鸦片战争是英国发动的，要在中国开辟商品市场和原料产地的侵略战争，战争的结果是中国失败，清政府被迫同英、法、美等国签订了一系列不平等条约，中国开始沦为半殖民地半封建社会。鸦片战争中国失败的原因我们应从中国、英国两个方面来分析，中国处于封建社会末期，清政府政治腐败，重用庸臣和投降派，排斥林则徐等抵抗派，推行妥协投降政策；经济、军事更是远远落后于英国，军纪涣散，军备废弛，无法抵抗英国的坚船利炮。而与清政府正相反,早已是资本主义国家的英国在完成工业革命后,实力进一步增强。为了在中国开辟其商品市场和掠夺廉价原料而挑起了侵略中国的战争,因此鸦片战争中国失败的根本原因是腐朽的封建国家无法与新兴的资本主义国家相抗衡。鸦片战争中国失败说明了一个深刻的道理:落后就要挨打。今天,中国早已结束了那段屈辱的历史,改革开放的中国稳定繁荣,同学们,作为祖国新一代的接班人,我们要刻苦学习,奋力拼搏,为建设祖国多做贡献,牢记历史的教训,绝不能让屈辱的历史重演。

布置作业

学生提的问题,没有完成的,可以利用星期六全班学生上网的时间,查找有关历史网站的资料,更好的回答这些问题。

(针对学生平时在学习中,存在的问题,也为了扩大学生的知识面,培养他们的自学能力,充分利用网上资源,学校安排每个星期六为全班学生上网的时间,开放有关教育、学习等网站,让学生结合自己的情况,有针对性地进行学习。)

教学思考

1. 应用多媒体教学,实现教育手段的现代化,以提高教学效率是一条科学的、可行的和必行的途径。

2. 利用多媒体交互式教学,教师可以根据学生的不同情况有选择地施教。学生也可以根据自己的兴趣、进度有选择地学习,既可以进行个体学习,也可以与同学协作学习,对培养学生学习自主性和合作精神大有裨益。充分利用因特网上的教学资源,让学生结合自己的情况,有针对性地进行学习,培养他们的自学能力和创新能力。

3. 实践是检验多媒体教学成效的标准。虽然"万事开头难",我们将进一步完善历史多媒体交互式教学,以全面提高学生的素质。①

(四)"四合一"历史课堂教学改革

从2005年起黄石八中探索出一条自主创新的教改特色之路——"四合一"课堂教学改革。

---

① 刘金林:《历史多媒体交互式教学一例》,《湖北省中学历史创新教育专题研讨会案例集》,湖北省中学历史专业委员会,2001年。

图 10 黄石八中校园

刘金林提供

"四合一"是指根据学生有效学习的需要,经个人准备,通过集体讨论,主审人员审批的一个集教学方案、学习方案、练习方案和评价方案于一体的课堂教学改革模式。为了从根本上改变教育改革中出现的矛盾,突破阻碍素质教育的瓶颈,八中决定探索出一条符合当前教育实际情况的教改特色之路,围绕课堂教学为中心,以提高课堂效率,促进学生自我学习能力提高为手段,构建和谐、科学的教育环境,从而达到提高教育质量的根本目的。

根据素质教育目标评价理论,人的素质发展包括四大要素、三大领域和三个方面。四大要素:思想道德、科学文化、身体心理、劳动技能等;三大领域指素质教育发展目标,包含知识认知领域目标、能力形成领域目标和素质培养领域目标;三个方面指素质教育发展水平在各个不同阶段中不同领域的分级要求。"四合一"正是围绕学生综合素质的提高开展有针对性的教学活动,从文稿的制订,教学实施,课后反馈等环节,"四合一"不仅渗透了对学生文化素质的培养,更强调了综合素质整体发展的要求。根据目标评价体系的要求,教师的课堂教学应该有的放矢,进行有效劳动。

"四合一"教学改革主要分为:一是改革备课模式,二是改革课堂教学模式,三是改革评价模式,通过三方面的改革构成完善的教学流程。

(一)改革备课模式

为了保证文稿质量,时间上能适应教学的质量和进度,根据"四合一"教学进程,由学科组确定下列内容:确定主备人①;确定讨论时间;确定送审时间;确定成稿时间;确定使用时间。这就改变了以前教师各自备课的情况,每节课确定一个主备人,以他为核心,同一年级的教师一起来备这节课,通过共同修改完善,最终确定文稿。

"四合一"文稿由八大部分构成:教学目标、重难点、教法建议、学法指导、教学练评活动程序、评价反馈、小结与反思、总结性评价等。

"四合一"文稿的主要内容:①制订能测可评的目标,指明师生努力的方向;②提供有效的学法指导,培养学生的自学习惯;③围绕目标组织活动,同步练习巩固成果;④以总结性评价为载体,查测效果形成体系。

(二)改革课堂教学模式

"四合一"课堂教学改变过去教师"一言堂"的教学模式,要求教师让出"主权",学做三类人。意思是明确教师主导和学生主体平等地位,发挥教师的导学功能,调动学生主动参与学习,增强学习的积极性。

要求学生"四学习"。改变单一依赖课堂,由教师灌输的授课模式,将教学全过程贯穿起来:一是学生根据学习目标创设情景或设置台阶,层层深入地引导学生独立看书、自学、思考、探究,使学生通过课前自学对教材先有一个初步了解,发现问题,完成第一次学习;二是在课堂上以诊断性评价为切入口,通过诊断学生学习基础,引领学生讨论交流、合作探究、分析问题,完成第二次学习;三是在教学中以形成性评价为手段,通过形成性评价,检测学习效果,及时得到反馈,解决问题,调控和优化教学过程,完成第三次学习;四是在课后以总结性评价为载体,进行总结和有效的练习,巩固学习效果,完成第四次学习。

(三)改革课堂教学评价模式

"四合一"设"总结性评价"和"形成性评价",以便及时反馈师生的教学成效。评价的目的是以考促学,以考促教,测评的内容要严格取材于"四合一"文稿内容,以达到教学目标具体,测评有的放矢,让学生有奋斗的方向。同时,通过测评反馈实行"周周清"即每周末对一周来学生能掌握的知识、存在的问题进行清理,帮助学生再学习、巩固和强化,帮助教师动态掌握学生的全面情况,有针对性地对学生进行个别教学,辅导学生完成目标教学任务。②

---

① 主备人:是指主持学科组备课的教师,编者注。
② 《黄石八中"教、学、练、评四合一"教学目标评价教改实验手册》,2009 年。

"四合一"历史校本课程开发与研究方案

一、目标

为了进一步推进黄石八中"教、学、练、评四合一"教学改革实验顺利进行,充分利用黄石八中承担人民教育电子音像出版社全国教育科学"十一五"规划重点课题子课题、与湖北师院历史文化学院联合进行新课程研究、创办历史期刊的优势以及网管中心收集的丰富的历史教学资源,进行"教、学、练、评四合一"中学历史校本课程开发与研究实验,将以前的"教、学、练、评四合一"历史文稿提高一个档次,形成"教、学、练、评四合一"中学历史校本课程教材。

二、成立"四合一"历史校本课程研究组

成立"教、学、练、评四合一"中学历史校本课程研究组,由刘金林老师负责,聘请湖北师院历史文化学院院长汪建武教授、历史教学专家朱移德以及郭茂荣校长为校本课程研究组学术顾问,以黄石八中历史教师为主,联合各地骨干教师开展"教、学、练、评四合一"中学历史校本课程开发与研究实验。历史校本课程研究组学术指导、开发研究工作由湖北师院历史文化学院以及《中学历史教学资源》编辑部负责,历史校本课程编写工作由《"四合一"历史校本课程》编委会负责,其中主编:刘金林、胡飞跃,副主编:刘松华、叶红卫,编委:陈实、周雨春、赵璟秋、周润吉。

三、历史校本课程开发与研究工作计划

充分利用八中网管中心收集的丰富历史教学资源,如:新课标初中三年全套历史课本知识要点及 2002 – 2008 年全国各地中考历史试题,特别是 2006 年至 2008 年各地中考历史试题分类汇编,进行"四合一"历史校本课程开发与研究工作。

(一)第一阶段工作(2009.6—2009.12)

1. 编写《"四合一"历史校本课程》九年级《世界历史》内容

2. 编写《"四合一"历史校本课程》八年级《中国历史》内容

(二)第二阶段工作(2010.1—2010.6)

1. 编写《"四合一"历史校本课程》中考复习内容

2. 编写《"四合一"历史校本课程》七年级《中国历史》内容

(三)第三阶段工作(2010.7—2011.7)

1. 编写《"四合一"历史校本课程实验教材》七年级《中国历史》

2. 编写《"四合一"历史校本课程实验教材》八年级《中国历史》

3. 编写《"四合一"历史校本课程实验教材》九年级《世界历史》

图11 《"四合一"历史校本课程》《世界历史》九年级下册

刘金林提供

黄石八中历史学科"四合一"文稿编写体例

第一部分　教与学方案指南部分

1. 课程标准要求

2. 教学目标要求

3. 教学重点难点

4. 教学方法建议

5. 学习方法指导

第二部分　教与学方案实施部分

1. 诊断性评价

2. 教学要点(选项,建议中考年级教学复习时列出教学要点)

3. 教学资源(选项,建议为了更好突出教学重点难点,进行问题探究,可以列出有关教学图表、示意图、地图等教学资源)

4. 活动与探究(要求教学活动不超过 4 个)

第三部分　练习方案

形成性评价(同步练习)

第四部分　评价方案

1. 小结

2. 学习评价(可以将小结与学习评价结合起来以表格的形式呈现)

3. 教学反思

4. 单元总结性评价(每个单元的评价测试题)

5. 阶段总结性评价(月考评价试题)

范　例

第 19 课　俄国、日本的历史转折

教与学指南

课程标准要求	(1)讲述俄国废除农奴制法令的主要内容,认识农奴制改革的历史作用。 (2)简述明治维新的主要内容,探讨明治维新在促进日本向资本主义社会转变中所起的作用。
教学目标要求	(1)认知目标:①俄国 1861 年改革及其历史意义。②幕府统治危机,日本明治维新及其历史意义。 (2)情感目标:①使学生认识到这两次改革的资产阶级性质,认识到它们在本国历史上产生的重大影响。②理解改革对社会进步起到了巨大推动作用。
教学重点难点	(1)重点:俄国 1861 年改革、明治维新及其历史意义。 (2)难点:正确地评价俄国 1861 年改革、日本明治维新。
教学方法建议	(1)用 1 课时完成教学。(2)通过学生预习、理解图表、问题探究等活动,培养学生的自主学习能力,突出学生在课堂学习中的主体性。(3)用比较分析的方法引导学生比较俄国 1861 年改革和日本明治维新的异同以及探究中国戊戌变法与日本明治维新的异同,培养学生比较分析问题的能力。

学生学习重点	(1)俄国 1861 年改革的内容及历史意义。(2)明治维新的内容及历史意义。(3)比较俄国 1861 年改革和明治维新的异同。(4)比较中国戊戌变法与日本明治维新的异同。
学生学习指导	(1)学生预习课文,完成诊断性评价。(2)通过问题探究、理解图表等活动,学会比较分析历史事件的方法,掌握学习重点。(3)进行同步练习,开展学习评价,完成本课学习任务。
"教、学、练、评四合一"历史文稿教学步骤	第一步:根据课程标准的要求以及学生学习重点指南,引导学生独立看书、自学、思考,使学生通过预习课文,对教材有一个初步了解,在课堂上以诊断性评价为切入口,通过诊断学生基础知识的掌握程度,完成第一次学习; 第二步:通过教师引导学生掌握教学要点,指导学生理解历史图表,引领学生讨论交流、合作探究,分析问题,完成第二次学习; 第三步:在教学中以同步练习为手段,选择最新的典型中考试题,检测学习效果,完成第三次学习; 第四步:在教师的指导下,以小组为单位开展学习评价,进行本课总结和有实效的评价。该学习评价方案以学生综合素质为目标,采用灵活有效的评价方法,注重学生学习过程和学习结果的全程评价,巩固学生学习成果,完成第四次学习。

诊断性评价

1.＿＿＿＿世纪中期,日本＿＿＿＿颁布改革诏书,大化改新开始。大化改新是日本从＿＿＿＿向＿＿＿＿过渡的标志。

2.面对严重危机,＿＿＿＿年,沙皇＿＿＿＿不得不签署＿＿＿＿的法令。

3.＿＿＿＿是沙皇自上而下实行的＿＿＿＿的改革,有利于资本主义的发展,是俄国近代历史＿＿＿＿上的重大转折点。

4.＿＿＿＿世纪中期的日本,仍是＿＿＿＿落后的封建国家。实权掌握在＿＿＿＿手中。

5.＿＿＿＿年,一支＿＿＿＿舰队闯入日本港口。第二年,日本被迫在不平等条约上签字。

6.推翻幕府以后,＿＿＿＿实行了一系列资产阶级性质的改革,被称为"＿＿＿＿"。

教学要点

一、俄国 1861 年改革

1.背景:农奴制严重阻碍了俄国资本主义发展,农奴暴动严重威胁着沙皇和贵族地主的统治。

2. 目的:为了维护贵族、地主的利益。

3. 内容:1861 年沙皇亚历山大二世签署废除农奴制法令。

(1)农奴在法律上是"自由人",地主再也不许买卖农奴和干涉他们的生活。

(2)农奴获得"解放"时,可以得到一块份地,但他们必须出钱赎买这块份地。

4. 性质:沙皇自上而下实行的资产阶级性质的改革。

5. 意义:农奴制的废除有利于资本主义的发展,改革虽然留下了大量封建残余,但加快了俄国资本主义的发展,是俄国近代历史上的重大转折点。

二、日本明治维新

1. 历史背景

(1)内因:①19 世纪中期的日本,是闭关锁国且落后的封建国家。②天皇大权旁落,实权掌握在幕府将军手里。③西方列强入侵,国内矛盾激化。④中下级武士主张以武力推翻幕府统治,并取得成功。

(2)外因:1853 年,一支美国舰队闯入日本港口;第二年,日本被迫签订不平等条约;西方列强入侵,民族危机加深。

2. 时间和内容

(1)时间和人物:1868 年,明治天皇实行了一系列改革。

(2)改革措施:①政治方面:"废藩置县",加强中央集权。②经济方面:允许土地买卖,引进西方技术,鼓励发展近代工业。③社会生活方面:提倡"文明开化",即向欧美学习,努力发展教育。

3. 性质:资产阶级性质的改革。

4. 意义:明治维新使日本从一个闭关锁国的封建国家,逐步转变为资本主义国家,摆脱了沦为半殖民地国家的命运,是日本历史的重大转折点,日本强大后走上了对外侵略扩张的军国主义道路。

学习图表

俄国1861年改革和日本明治维新比较简表

	比较点	俄国	日本
不同点	背景	由于农奴制的阻碍,到19世纪中期,俄国的资本主义工业发展缓慢,落后于其他主要资本主义国家。农奴境况十分悲惨,暴动频繁,严重威胁着沙皇和贵族地主的统治。	19世纪中期的日本,是闭关锁国、落后的封建国家。外国势力的渗透,激化了日本的国内矛盾,幕府统治岌岌可危。一部分中下级武士开始接受西方的先进技术和思想,主张以武力推翻幕府的统治,并取得成功。
	内容	废除农奴制,解决农民土地问题。	政治、经济、社会生活方面的改革。
	目的	沙皇亚历山大二世为维护自己的统治,迫不得已而进行改革。	明治维新是为了发展资本主义,摆脱外来侵略而进行改革。
相同点	①时代相同:都发生在19世纪中期的"自由"资本主义发展阶段。②性质相同:都是自上而下的资产阶级性质的改革。③结果相同:都走上了资本主义发展的道路,改革都不彻底,两国都保留了大量的封建残余势力。		

问题探究

中国戊戌变法与日本明治维新有什么异同?

同步练习

一、选择题

1.(2009年·连云港卷)关于1861年俄国农奴制改革的表述,不正确的是( )

A. 俄国农奴获得了人身自由　　B. 农民可以无偿得到一块"份地"

C. 不得再任意交换和买卖农民　　D. 使俄国走上了发展资本主义的道路

2.(2009年·佛山卷)下面是19世纪六七十年代俄国机器制造业统计表,导致其变化的主要原因是俄国( )

时间	企业数	工人数量	产值(千卢布)
1860年	99	11600	7954
1879年	287	42000	51937

A. 赢得了克里米亚战争　　B. 解放了黑人奴隶　　C. 废除了农奴制　　D. 实行

了五年计划

3.(2009 年·常德卷)下列改革,就性质、结果和影响而言最为相似的是( )

①日本大化改新 ②俄国 1861 年改革 ③中国戊戌变法 ④日本明治维新

A.②④ B.①③ C.②③ D.②④

4.(2009 年·安溪卷)19 世纪末日本人以穿西装、打领带、吃西餐为时尚,这是哪项改革的结果( )

A.“废藩置县” B. 文明开化 C. 殖产兴业 D. 允许土地买卖

5.(2009 年·内江卷)俄国废除农奴制的改革和日本明治维新的影响相同的是( )

A. 使本国走上资本主义道路 B. 保留了“天皇制”

C. 解放了农奴 D. 摆脱了美、英、法等国的殖民统治

6.(2009 年·甘孜卷)明治元勋大久保利通说:“大凡国之强弱,决定于人民之贫富,人民之贫富决定于物产多寡而物产之多寡又起因于是否鼓励人民之工业。”这段话体现的治国思想是( )

A. 对外掠夺 B. 工业立国

C. 学习西方 D. 鼓励人民富起来

7.(2009 年·南安卷)明治维新取得成功的主要原因是( )

A. 倒幕力量强大,推翻了幕府统治 B. 改革措施全面,行之有效

C. 西方列强忙于侵华,无暇干涉日本 D. 人民支持改革势力

二、材料解析题

8.(2009 年·东营卷)革命或改革往往是由于某种旧制度阻碍社会经济的发展而发生的,它是落后国家通向现代化的“桥梁”。懂得改变,是一种智慧。结合所学知识,回答问题。

(1)19 世纪 60 年代,下列国家发生的革命或改革,都废除了阻碍其发展的旧制度,产生了深远的历史影响。按要求完成下表。

国家	革命(改革)名称	废除的旧制度	领导人物	历史影响
美国				维护了国家统一,为美国跻身于世界强国之列奠定了基础
俄国	1861 年改革			加快了俄国工业化的历史进程,俄国历史的转折点
日本			明治天皇	

（2）19世纪末,中国进行的改革尤为艰难,仁人志士抛洒热血,却无力回天。这次改革的名称是什么? 它和上述国家的革命(改革)性质是否一样,为什么?

学习评价

采用自我评价、小组评价、教师评价相结合的方式

学习小结及效果评估	学习小结及评价结果			
1. 最感兴趣的内容				
2. 本课重要时间				
3. 本课重要人物				
4. 本课重要事件				
5. 本课最重要问题				
6. 一句话概括本课主题				
7. 学习小结总体评估	(　)	A. 很好	B. 一般	C. 不大理想
8. 预习自主学习评估	(　)	A. 很好	B. 一般	C. 不大理想
9. 问题探究探讨评估	(　)	A. 很好	B. 一般	C. 不大理想
10. 同步练习总体评估	(　)	A. 很好	B. 一般	C. 不大理想
11. 本课学习总体评估	(　)	A. 很好	B. 一般	C. 不大理想

下面以《俄国、日本的历史转折》说课稿为例,谈谈黄石八中历史"四合一"教学模式具体内容。

《俄国、日本的历史转折》说课稿

一、教材分析

《俄国、日本的历史转折》是新课标九年级《世界历史》上册第19课的内容。俄国、日本通过资产阶级性质的改革,基本上扫除了封建制度的严重障碍,为本国资本主义的发展铺平了道路。1861年改革,是以沙皇为首的统治者为克服农奴制危机,巩固自己的统治,而被迫实行的自上而下的资产阶级性质的改革。此次改革,加快了俄国发展资本主义的步伐,成为俄国历史上的一个重大转折点。明治维新是日本的资产阶级改革运动,它使日本从封建社会进入到资本主义社会,由落后的封建国家逐渐变成一个资本主义国家。特别是通过改革,摆脱了沦为半殖民地国家的命运,是日本历史的重大转折点,日本强大后走上了对外侵略扩张的军国主义道路。近代俄国、日本通过资产阶级改革,迅速崛起,成为资本主义强国,在世界历史发展中占有重要地位,也为以后世界各国的改革发展提供了积极

的借鉴作用。

在这里强调爱国主义等不仅体现在中国历史、黄石地方历史文化教学过程中,也体现在世界历史教学中,近代俄国、日本的强大对中国有重大的影响,让学生认识到改革开放是强国之路,也要借鉴世界各国人民是怎样爱国、强国的。

二、教学目标

课程标准要求:(1)讲述俄国废除农奴制法令的主要内容,认识农奴制改革的历史作用。(2)简述明治维新的主要内容,探讨明治维新在促进日本向资本主义社会转变中所起的作用。

根据课程标准要求,确定本课的教学目标。

1. 认知领域目标

①俄国 1861 年改革的主要内容及其历史意义;②幕府统治危机,日本明治维新及其历史意义。

2. 情感领域目标

①通过本课的学习,使学生认识到这两次改革的资产阶级性质,认识到它们在本国历史上产生的重大影响;②理解改革对社会进步起到的巨大推动作用。

三、教学重点难点

本课教学重点:一是俄国 1861 年改革及其历史意义,二是日本明治维新及其历史意义。

俄国 1861 年改革是以沙皇为首的统治者为克服农奴制度危机,巩固统治,而被迫实行的改革。第一,19 世纪中期,在欧洲工业革命的影响下,俄国资本主义工业有了一定发展,但受到农奴制度的严重阻碍。农奴没有人身自由,工厂中缺乏大量自由的劳动力;农奴收入微薄,购买力很低,使得工业发展缺乏广阔的国内市场。第二,残酷的封建剥削激起广大农奴的反抗,农奴暴动接连不断,动摇了沙皇和贵族地主的统治。在这样的情况之下,统治者意识到,废除农奴制度势在必行,而且"这件事自上而下进行比自下而上要好得多",于是被迫实行改革。第三,改革的主要内容客观上为资本主义发展创造了条件。农奴获得"自由",为工厂提供了大量自由劳动力;农奴获得份地时支付的巨额赎金,转化为资本主义生产急需的资本。因此,1861 年改革加快了俄国发展资本主义的步伐,成为俄国历史上一个重大转折点。

明治维新是日本历史上划时代的资产阶级改革运动,它使日本由落后的封建国家逐渐变成一个资本主义国家。首先,这次改革是在倒幕运动取得胜利后,由明治天皇政府实行的,代表了新兴资产阶级改革力量的政治立场。其次,改革措施涉及政治、经济、社会生活等各个领域;废除了藩主对领地和人民的统治权,实现了中央对地方的统一控制和管理;大力发展资本主义工商业,使日本经济力量迅速增强;提倡欧美资产阶级文明,接受西方思想观念,打破了封建传统思想的束缚,促进资产阶级意识形态的形成,这些改革措施使日本社会产生了深刻的变化。最后,明治维新通过军事改革,建立了一支近代化的军队,摆脱了西方列强的武力威胁,加强了国防,也为日本的对外侵略扩张创造了条件。

为了更好地突出本课的教学重点,在教学过程中的【教学要点】【学习图表】【问题探究】以及【同步练习】材料题设计中都充分体现了俄国1861年改革、日本明治维新的教学重点内容。

本课教学难点:正确评价俄国1861年改革、日本明治维新。教材内容叙述比较简单,可以通过精心设计和引导,使学生认识到这两次改革促使俄国和日本社会发生的巨大变化,从而成为本国历史上重大的转折点。本课主要利用【学习图表】突破教学难点,通过《俄国1861年改革和日本明治维新比较简表》可以更好地理解俄国和日本改革的性质相同,都是自上而下的资产阶级性质的改革。结果相同,都走上了资本主义发展的道路,改革都不彻底,两国都保留了大量的封建残余势力,进一步掌握正确评价这两次改革的积极作用和不足之处。

为了使学生学习任务更明确、更具体,根据课程标准以及教学目标、教学重点难点的要求,确定了学生学习重点,也就是教学重点难点的具体化,即学生应该重点掌握的具体问题:(1)简述俄国1861年改革的内容及历史意义。(2)简述明治维新的内容及历史意义。(3)比较俄国1861年改革和明治维新的异同。(4)比较中国戊戌变法与日本明治维新的异同。

四、教法建议

1. 用1课时完成教学。

2. 通过学生预习、理解图表、问题探究等活动,培养学生的自主学习能力,突出学生在课堂学习中的主体性。

3. 用比较分析的方法引导学生比较俄国1861年改革和日本明治维新的异同以及探究中国戊戌变法与日本明治维新的异同,培养学生比较分析问题的能力。

从年龄和心理特点来看:初三学生已十四五岁,他们有强烈的好奇心和求知欲,但他们的兴奋点往往集中在直观教具或有趣的历史事件上。在上课时,要紧紧抓住学生这一年龄和心理特征,加强历史教学的直观性和趣味性,充分利用多媒体教学,提高学生学习的主动性,在教学中努力探索出多媒体教学与四合一文稿相结合的更实用的教学方法。

五、学法指导

1. 学生预习课文,完成诊断性评价。

2. 指导学生看图、阅读理解有关图表、进行问题探究,学会比较分析历史事件的方法,培养学生分析、归纳问题的能力。

3. 通过讲练结合、小组讨论,培养学生积极思考、参与教学活动的能力和方法。

4. 进行同步练习,以小组为单位开展学习评价,培养学生合作协作的团队精神。

本课学法指导,力求体现新课标理念,以学生为主体,采用多种学习方式,让学生积极主动的参与整个教学过程,力争突出本课重点、难点。

六、教学练活动程序

【诊断性评价】

略,见第34页。

答案:1. 农奴制 资本主义工业 2. 1861 亚历山大二世 废除农奴制 3. 1861年改革 资产阶级性质 4. 19 闭关锁国 幕府将军 5. 1853 美国 6. 明治天皇政府 明治维新

设计意图:根据课程标准的要求以及学生学习重点指南,引导学生独立读书、自学、思考,使学生通过预习课文,对教材有初步了解,在课堂上以诊断性评价为切入口,通过诊断学生基础知识的掌握程度,完成第一次学习,在学生预习课文、自主学习过程中展示有关的历史图片,提高学生学习的兴趣。

【教学要点】

略,见第34页。

【学习图表】

略,见第36页。

【问题探究】

中国戊戌变法与日本明治维新有什么异同?

点拨:相同点:背景相同:改革前中、日两国都面临着严重的社会危机。性质相同:都是由统治者自上而下进行的资产阶级性质的改革。都在政治、经济、文化教育上采取了重大措施。都有利于本国资本主义的发展。

不同点:依靠力量不同:维新变法依靠一个无实权的皇帝;明治维新是在推翻幕府统治之后天皇掌握实权的情况下进行的。结果和影响不同:维新变法以失败而告终,中国仍面临着严重的民族危机;明治维新使日本摆脱了沦为半殖民地国家的危机,从一个闭关锁国的封建国家逐步转变为强大的资本主义国家,并很快走上了对外侵略扩张的道路。

设计意图:【教学要点】【学习图表】【问题探究】是整节课的重点,通过教师引导学生掌握教学要点,指导学生理解有关历史图片、表格,进一步认识俄国和日本改革的内容及其历史意义以及如何正确地评价两国改革,达到突出教学重点难点的目的。让学生学会比较分析历史事件的方法,培养学生分析、归纳问题的能力。特别是列出教学要点和学习图表,实际上是把本课学习笔记呈现出来,节约学生写笔记的时间,让他们有更多的时间自主学习、进行问题探究探讨,可以高效率地完成第二次学习。

通过教学探索,改变了以前"四合一"历史文稿设计活动多、思考问题多,学生虽花了大量时间,教学重点也没有很好掌握。现在把学习笔记都给学生,一般只设计一个学生不容易掌握的重点问题,既节约了时间,又提高了学习效率,由于这部分提供的是教学资源,教师可以根据不同班级的特点灵活运用。

七、训练与评价方案

【同步练习】

略,见第36页。

参考答案:一、选择题:1. B　2. C　3. D　4. B　5. A　6. B　7. C　二、材料解析题:8. (1)

国家	革命(改革)名称	废除的旧制度	领导人物	历史影响
美国	南北战争	黑人奴隶制度	林肯	
俄国		农奴制度	亚历山大二世	
日本	明治维新	幕府制度(幕府统治)		使日本迅速崛起,是日本历史的转折点,日本走上发展资本主义道路。

(2)名称:戊戌变法(或百日维新);性质:都是资本主义性质。

设计意图:在教学中以同步练习为手段,选择最新的典型中考试题,既有突出本课基础知识的选择题,又有突出俄国1861年改革、日本明治维新,联系中国戊戌变法的材料解析题。通过学生练习,检验了学习效果,让学生完成了本课的第三次学习。

【学习评价】

略,见第38页。

设计意图:在教师的指导下,以小组为单位开展学习评价,进行本课总结和有效评价。该学习评价方案以学生综合素质为目标,采用灵活有效的评价方法,注重学生学习过程和学习结果的全程评价,巩固学生学习成果,完成第四次学习,具体学习评价方案及说明后面有详细阐述。

说课设计总结:本课采用的"教、学、练、评四合一"历史文稿,充分体现了课堂教学以学生为主体的新课程教学观念,通过教师引导学生自主学习、合作探究,课堂80%的时间以及学习的主动权交给学生,使学生很顺利地完成了"四次学习"。本课充分利用多媒体教学手段,运用历史图片、历史图表,通过学生合作与探究,培养学生分析解决问题的能力。这种以学生自主学习为核心的教学方法,明确了学习任务和学习重点,使每个学生的学习时间、学习次数、思考深度得到加强。具有目标明、方法优、易操作、效果好、适用广的特点。通过教学,充分调动了学生的积极性,以学生为主体,突出教学重点、突破教学难点,有利于完成新课程标准规定的教学目标。

黄石八中"教、学、练、评四合一"中学历史课堂教学模式是一个集教学方案、学习方案、练习方案和评价方案于一体的课堂教学模式,特别是该模式的学习评价方案以学生综合素质为目标,采用灵活有效的评价方法,注重学生学习过程和学习结果的全程评价,在教学实践中取得了良好的效果。

一、"四合一"历史课堂学习评价方案充分体现了新课程改革的基本理念。

我们在多年的教学实践中,探索出了"教、学、练、评四合一"历史课堂学习评价方案,该评价方案以表格的方式呈现。

从"教、学、练、评四合一"历史课堂学习评价方案表格呈现的内容,看到该学习评价方案充分体现了新课程改革的基本理念。我们在教学实践中是以《基础教育课程改革纲要(试行)》和《全日制义务教育历史课程标准(实验稿)》为依据设计制定的这一评价方案的。2001年教育部颁布《基础教育课程改革纲要(试行)》指出,要"建立促进学生全面发展的评价体系",制定评价方案时应紧紧围绕学生真正的全面发展这一核心而进行。《全日制义务教育历史课程标准(实验稿)》指出,"历史教学评价应以学生为中心,要注意学生的个性差异,让学生了解《课程标准》的要求以及评价方法与过程,并引导学生参与评价过程,以便发挥学生的主体作用。评价不仅要考查学生在历史知识、历史技能的掌握和情感态度与价值观的变化等方面是否达到《课程标准》的要求,还要注意考查学生历史学习的过程与方法,避免将历史知识的掌握程度作为唯一的评价内容。"依据这些要求,结合学生历史学习的实际情况,制定了该学习评价方案。

二、"四合一"历史课堂学习评价以学生为中心,由学生来评价"自己"的学习。

一方面,"四合一"历史课堂学习评价方案评价的重点是以学生为中心的学习过程评价,包括对学生预习自主学习评估、活动与探究评估,具体主要是对学生平时在学习实践活动中解决问题的过程和能力(学生的参与程度,如学生参与活动的主动性、自觉性等方面;参与活动的行为水平,如学生能否制订解决问题的方案,能否形成有效地解决问题的思路,能否检验并解释结果等)及课堂表现(包括课堂纪律、发言情况,课前预习情况等)方面进行评价。而对学生在实践活动中解决问题的过程和能力的综合评价,采用形成性评价这一具体形式实现,即采用过程性评价与形成性评价相结合。新课程所倡导的教学评价强调从关注教师教的情况转变为更多地关注学生学的情况;从关注学生学习的结果,转变为更多地关注学生学习的过程,关注他们在学习过程中的思维、情感、态度等因素和谐发展。评价的目的在于调节学生的心理行为,激励学生进步,促进学生全面发展。因而该学习评价方案采用积极客观的评价方式,有利于学生产生自我成就感,对学习充满信心,从而激发自主学习的意识,获得走向成功的动力。

另一方面,"四合一"历史课堂学习评价方案主要由学生参与评价,由学生来评价自己的学习。

"教、学、练、评四合一"历史课堂学习评价方案采用自我评价、小组评价、教师评价相结合的评价体系。以自我评价、小组评价为主,由学生参与评价。自我评价指学生对自己在学习活动中的优点和不足进行评价,让学生参与到评价中来,有助于发挥学生的主体作用,充分调动学生的学习积极性,提高学生自我管理和调控能力。而自评和小组评价、教师评价相结合,更能全面、客观地评价一个学生。重视学生的自评和小组评价,有利于树立学生的自尊、自信,有利于学生之间的合作共处,相互尊重、理解,取长补短,有利于学生认识自我,也有利于学生的自主学习和自我完善。提倡积极的评价,防止消极评价,充分发挥评价的激励功能,鼓励成功。相信每一个学生都有发展的潜力,爱护每一个学生的自尊,激发每一个学生的上进心。

具体操作是:(1)学生自我评价,学生填写评价表格 1-5 项的学习内容,再根据教师讲解表格 1-5 项的学习内容以及诊断性评价、问题探究、同步练习参考答案的要点,完成表格 7-11 项的评价,评价结果在 A、B、C 三个等级中选择,以在字母前打√的方式呈现。(2)小组评价,4-6 人为一个小组,在小组同学讨论达成评价标准的基础上,推选小组长检查本组学生的自我评价,确定表格 7-11 项的评价结果,并填写在( )中。表格 8-9 项评价还要结合学生预习自主学习及问题探究探讨等活动中的学习态度、积极参与程度确定。特别是表格 11 中的学习总体评价,例如要达到 A 等级,必须是表格 7-10 中有三项达到 A,一项为 B,如果出现两项为 A,两项为 B 或者三项是 A,一项为 C,总体评价结果为 B,其他总体评价结果类推。强调学生学习过程的评价,避免将同步练习测试的成绩作为唯一的评价内容。(3)教师评价,教师要强调总体评价达到 B 等级,才算合格、过关。教师审核各小组总体评价结果,重点审核 A、C 两个等级的总体评价结果,最后公布 A、C 两个等级的学生名单,表扬 A 等级的学生,要求 C 等级的学生把诊断性评价、问题探究、同步练习以及评价表格 1 至 5 项学习小结内容的错误地方改正过来,最终达到人人过关。

以《第 19 课俄国、日本的历史转折》为例,学习评价内容以及结果参考如下:

学习小结及效果评估	学习小结及评价结果		
1. 最感兴趣的内容	日本明治维新		
2. 本课重要时间	1861 年、1868 年。		
3. 本课重要人物	亚历山大二世、明治天皇。		
4. 本课重要事件	俄国 1861 年改革、明治维新。		
5. 本课重要问题	俄国 1861 年改革和日本明治维新分别有什么重要的历史意义?		
6. 一句话概括本课主题	近代俄国和日本的改革。		
7. 学习小结总体评估	(A) √A. 很好	B. 一般	C. 不大理想
8. 预习自主学习评估	(A) √A. 很好	B. 一般	C. 不大理想
9. 活动与探究评估	(B) A. 很好	√B. 一般	C. 不大理想
10. 形成性评价评估	(A) √A. 很好	B. 一般	C. 不大理想
11. 本课学习总体评价	(A) √A. 很好	B. 一般	C. 不大理想

三、"四合一"历史课堂学习评价贯穿整个教学过程,采取教学小结与学习评价相结合的方式。

"教、学、练、评四合一"中学历史课堂教学模式,充分体现了课堂教学以学生为主体的新课程教学理念,通过教师引导学生自主学习、合作探究,使学生很顺利地完成了"四次学习",学习评价方案贯穿"四次学习"的教学过程中。

根据课程标准的要求以及学生学习重点指南,引导学生独立看书、自学、思考、探究,使学生通过预习课文,对教材有一个初步了解,在课堂上以诊断性评价为切入口,通过诊断学生学习基础知识,完成第一次学习。预习自主学习评价就是对这一学习过程中预习课文表现以及诊断性评价完成情况进行评价。

通过教师引导学生掌握教学要点,指导学生理解历史图表,引领学生讨论交流、合作探究、分析问题,完成第二次学习。活动与探究评价就是对这一学习过程中学生的参与程度,参与活动解决问题的能力及课堂纪律、发言情况等进行评价。

在教学中以同步练习为手段,选择最新的全国各地的典型中考试题,检测学习效果,完成第三次学习,形成性评价评估就是对同步练习完成的情况进行评价。

最后在教师的指导下,以小组为单位开展学习评价,进行本课小结和有效的评价,巩固学习成果,完成了第四次学习。学习小结总体评估就是对本课重要时间、重要人物、重要事件以及重要问题等基础知识掌握情况进行评价。这一评价是根据历史教学的特点,要求学生重点掌握基本的历史知识,包括重要的时间、重要人物、重要事件以及重要问题等基础知识。

采取教学小结与学习评价相结合的方式。

"教、学、练、评四合一"中学历史课堂学习评价在教学实践中,按照历史课程改革应有利于建立促进学生全面发展的评价机制,历史教学评价应以学生综合素质为目标,采用灵活多样的评价方法,注重学生学习过程和学习结果的全程评价,充分发挥历史教学评价的教育功能等方面取得了比较好的效果。但在有些方面,如在活动与探究评价中,如何采用更好的评价方式,努力倡导学生积极主动参与教学过程,勇于提出问题,学习分析问题和解决问题的方法,改变学生死记硬背和被动接受知识的学习方式以及如何处理好过程性评价与形成性评价,自我评价、小组评价、教师评价之间的关系以及如何合理安排评价时间等方面,还有待我们在教学实践中进一步研究与探索。①

(五)历史快乐教学的探索

1. 历史快乐教学的探索

"快乐教学"指的是教师在教学过程中以一系列方法、技能和技巧及实验,潜移默化施加影响于学生,激发学生兴趣,使之在快乐中动脑、动口、动手,主动地学习,愉快地完成学习任务。

在教学中采用的快乐教学方法有:

(1)你说他猜活动;(2)知识竞赛;(3)历史纪录片;(4)历史动画片;(5)表演历史情景剧;(8)历史歌曲;(9)历史漫画;(7)历史故事;(8)历史歌谣;(8)历史谜语、成语、歇后语等。这些教学方法改变了传统教学中课堂气氛沉闷、学生厌学的现象,也因此受到了学生的喜欢。由于它缺少系统性和可操作性,没有得到全面推广。

学校为了提高学生的兴趣,1988年11月创办了《史地学习》学生阅读刊物。

---

① 刘金林:《"四合一"历史课堂学习评价的实践与探索》,《"十一五"科研论文选集》,课程教材研究所电子音像教材研究开发中心,人民教育电子音像出版社出版,2011年。

《史地学习》原名《史地文摘》，主要是刊登历史、地理方面的知识性趣味短文、诗歌、谜语、图表以及辅导学习的练习题。学校主办两届地理、历史知识猜谜大赛，还举办了纪念鸦片战争150周年历史知识竞赛，全市有十多所学校的初中学生参赛。《史地学习》创办初期是由学生提供稿件、学生刻写钢板蜡纸，教师审核的手写稿交流期刊，都是刊登学生喜欢的、提高学习兴趣的文章。

图12 《史地学习》1998年第10期封面
刘金林提供

2. 利用网站，开展快乐教学课题研究

充分利用中学历史教学资源网，与全国各地历史教师合作开展课题研究。特别是与广州的李中满(快乐历史教学网站)、杨万全(梦回唐朝网站)等教师合作开展"初中历史快乐教学"课题研究。

一、课题的名称

1. "快乐历史教学"概念的界定

"快乐历史教学"主要指运用多媒体辅助教学,彻底改变过去那种传统的教学模式,将枯燥乏味的课堂变为可视、可玩、可唱的学生乐园——学生上课就是看历史短片,作业就是玩游戏,记忆就是唱歌曲……当然也需要看书、查资料,寓教于乐,充分调动学生学习的主动性和积极性,注重学生情感的熏陶,尽可能地实现历史教学目标。

2. 课题研究对象:人教版初中七、八、九年级历史教学内容及教学情况。

3. 实验学校的基本要求:多媒体设备,如投影、电脑等,能上网。

二、课题研究的目的和意义

江苏锡师附小等多所学校早在20世纪八十年代就提出了愉快教育——强调教师"把微笑带进课堂";鼓励提问、辩论;加强课外活动,倡导在游戏中学习;充分发挥电教设备的优势等。这些举措在我国小学教学中受到普遍的关注和重视,但由于它缺乏具体的可操作性,加上目前师资水平的限制,依然无法推广。

素质教育和新课程改革都需要先进的教学模式做载体。这种教学模式须为学生创造良好的学习环境;在教材的处理上要求教师化繁为简,变深奥为通俗,做到既能促进学生智能最大限度的发展,又不加重学生的负担;在教学方法上要求教师变厌为趣,变被动为主动,既让学生从学习本身体验到快乐与满足,又要求教师注重学习方法和学习规律的探索与指导,让学生从乐学到会学。而快乐教育正是这样一种先进的教学模式,它为当今患有"厌学症"的中小学生找到了有效的良方。

中小学生都喜欢看电视、玩游戏,如果把历史教学融进电视和游戏中,将会极大地提高学生的学习兴趣,而当今先进的多媒体设备和丰富的影视录像资料为这种改革提供了可能。

三、课题研究的理论依据

1. 直观教学原则。传统的历史教学,过多依赖于教师语言的表述,而很多情况下语言难以把过去的事实完整再现于我们面前,因而历史教学就显得单调无味。而多媒体能调动学生各种感官的活动,以直观、大容量、多视角等为特点,具有其他教学方式无法比拟的优势。随着电脑和电脑技术的普及,历史教学将会掀起一场全面的革命——今后的历史教材必将是文字教材和音像教材的结合,多媒体在历史课上的运用,将在保证质量的基础上减轻学生负担,在减轻负担的基础上进一步提高教学质量的设想成为现实。

2. 古代乐学思想。其实我国古代就很重视快乐教育,孔子曰:知之者不如好之者,好之者不如乐之者。在这种思想的影响下,孔子培养了七十二名贤人,也造就了春秋战国时期文化的全面繁荣。

3. 世界教育改革的潮流。20 世纪六七十年代,西方出现了"科学主义"和"人本主义"的论争,寻求二者的理性结合,要求教学既注重培养学生的知识技能,又注重发展他们的个性,使教与学均成为愉快的事情。

四、国内外研究现状、水平和发展趋势

"快乐教学"是当代教育界深入探讨的课题之一,是素质教育的要求,也是学生和教师获得自由发展的有效途径。一直以来,它大都局限于学前教育和小学教育中,而在中学及以上教育阶段涉及较少,且研究较多散见于一篇篇独立的论文中。与之相关性强的一个课题研究是"愉快教学",也是近年来学校课题和教师教育教学论文着力研究的一个热点,这些都充分说明了"初中历史快乐教学"的意义和价值所在。

五、课题研究的目标和构想

(一)把每个单元的历史内容制作成教学录像,把枯燥乏味的文字转化为生动形象的视频,我们称之为"电影历史"。

有关古今中外以历史题材的影视剧和纪录片,但目前还少有直接为中学历史教学编制的教学录像片。因此,本课题将以初中历史新课程标准为依据,根据教学的实际需要,通过剪辑,加上提示,或概括,或质疑,或提出学习目标,或引发讨论,或制成适合课堂教学的短片,或制成互动性强的 CAI 课件,制作完成一系列的教学录像片。

我们要做的工作:

(1)收集与整理与《中国历史》七、八、九年级教学内容有关的图片、视频或电影片段(一般在 2 至 6 分钟),并按单元与课文分类整理。

(2)根据教学内容,分课或分单元制作适用于课堂教学的历史短片。

(二)把重大历史事件或历史发展基本脉络制作成简单的游戏,让学生在玩游戏的过程中参与历史,重现历史,从而加深对历史的理解和认识,加强对学生创新思维的培养,在玩的同时也进行了历史学习,我们称之为"游戏历史"。

我们开发的历史游戏当然不能像《三国》游戏那般复杂,将主要选取一些重大历史事件,让学生随意选取其中某一个角色,参与到该事件的重构中去。另外,我国的古代史,一个朝代连接一个朝代,可采取让学生过关的形式,将某一朝代的主要历史事件和历史知识(依据人教版教材和初中历史新课程标准进行选择、整理)编制成以能力立意的各种习题,只完成一定比例的这个朝代有关的习题,才能进入下一关的游戏,这项工作需要历史教师策划和电脑专业人才的通力配合。

(三)把需要掌握的基本史实或史学观点编成歌曲,并以历史图片或历史短片为背景,谱曲或是利用学生喜闻乐唱的歌曲来填词,让学生看、唱结合,动口动脑,激发学生学习情趣,并帮助他们记忆……我们称之为"歌曲历史"。

历史知识的记忆和积累,在历史教学中具有举足轻重的地位,但也是学生学习历史中普遍感到困难和枯燥的主要原因。妥善地解决这一问题,是实现历史快乐教学的重要一步。课题组一方面充分搜集、利用现有的研究成果,另一方面积极进行历史教学歌曲的编制和创作,同时适当地在教学中引用历史经典歌曲,让歌声陪伴着学生的整个历史学习过程。

(四)历史教具的制作

①搜集《中国历史》七年级、八年级课本中重要文物、人物的图片,或对历史教学有辅助作用的文物图片。

②指导学生利用木材、纸片等材料制作成教具。

2. 历史场景的制作

①精选中国历史上的重大历史事件。

②寻找相关历史事件的尽可能详细的资料,并据此设计、绘制出草图,如原始人群生活的场景图或重大事件发生的情境图。

③用陶泥、石膏、木材等材料制作成场景。

(五)课堂教学模式

在快乐教学思想的指导下,教学模式也应多种多样,如下面所列模式将成为常见:

先布置学生预习,再看历史短片创设出一个历史情境,或看短片后再去看书、查资料,然后讨论:历史剧中哪些内容是真实的? 哪些是虚构的? 这样虚构是否合理? 为什么要这样虚构? 或对某个历史人物、事件展开辩论……看短片可以加强直观记忆,辩论还可以培养学生的历史思维能力和史学意识,对学生综合能力的提高也不无益处。我们将这种教学法称之为"快乐教学法"。

(六)课题研究的方法

1. 归纳法 2. 综合法 3. 文献法 4. 案例法

(七)课题研究的步骤和进程

1. 课题的现有研究成果

梦回唐朝历史教学资源网已收录图片 7000 幅,历史视频 50G(其中包括《中国历史上下五千年》和《百年中国》等经典视频);

李中满老师已把《中国历史》七、八、九年级内容全部编成了速记歌谣和历史

歌词,并录制了部分歌曲视频;

杨万全老师组织学生已制作成教具《山顶洞人群塑》和《河姆渡人群塑》。

2. 课题研究的主要进程和阶段任务:

2006 年 3 月—2006 年 8 月:

①完成课题的申报和开题;

②收集与整理与七、八、九年级上册历史教学内容有关的图片、视频或电影片段,并按单元与课文分类整理;

③为人教版七、八、九年级上册历史教材编制歌词、选曲或谱曲(可充分发动学生参与);

④完成《半坡原始居民群塑》和部分《中国古代农具》教具制作。

2006 年 9 月—2007 年 1 月:

①收集与整理与七、八、九年级下册历史教学内容有关的图片视频或电影片段,并按单元与课文分类整理;

②为人教版七、八、九年级下册历史编制歌词、选曲或谱曲(可充分发动学生参与);

③完成《中国古代农具》教具制作。

2007 年 2 月—2007 年 8 月:

①尝试开发一定的历史教学游戏;

②进行历史短片、历史游戏、历史歌曲与历史课堂教学整合的研究(人教版七、八、九年级上册),并根据教学效果对历史歌曲和历史短片进行加工和修改。

2007 年 9 月—2008 年 1 月:

①继续开发历史教学游戏;

②进行历史短片、历史游戏、历史歌曲与历史课堂教学整合的研究(人教版七、八、九年级下册),并根据教学效果对历史歌曲和历史电影进行加工和修改。

2008 年 2 月—2008 年 8 月:

课题研究总结阶段,收集与整理历史快乐教学论文、历史快乐教学案例,并逐步完善教学素材库。

2008 年 9 月—2009 年 3 月:

完成结题报告,出版成果集,推广研究成果。

(八)课题研究的成果形式

1. 初中历史快乐教学歌曲汇编;

2. 快乐历史教学配套训练册,含历史歌曲、历史短片和历史小游戏;

3.“快乐历史教学网站”,它主要包括两方面的内容:

（1）在课题研究过程中收集及制作的历史短片、历史歌曲、历史游戏，并根据教材内容，按单元进行整理分类。

（2）运用课题研究中收集及制作的历史电影、历史歌曲、历史游戏和历史教具，收集历史课堂教学的课件、教学设计、教学实录、教学反思等其他教学资源。

4. 历史教具；

5. 与课题研究有关的研究方案、专题报告、调查材料、论文、课堂实录、活动记录等原始资料；

6. 课题结题报告。

（九）课题研究成员及分工

顾　问：刘金林——中学历史教学资源网站

课题负责人：廖华红——白云区教育发展中心教研员

课题组长：李中满——快乐历史教学网站

课题副组长：杨万全——梦回唐朝网站

主要成员：罗昕、郑振强、陈洁媛、伍伟雄、谭天欣、王晨辉、朱秀丽、莫荷飞①

中学历史教学资源网借鉴梦回唐朝历史教学资源网、快乐历史教学网等有关快乐历史教学资源，打造"开心课堂——中学历史教学资源网"互联网开心课堂平台。黄石八中利用快乐教学方法以及有关资源，创设开心赛场，促进历史健康课堂的形成。

---

① 李中满：《"初中历史快乐教学"研究方案》，中学历史教学资源网，2005 年 12 月 21 日。

五、黄石特色历史健康课堂的主要内容

（一）黄石特色地方课程是课程平台

《黄石矿冶文化》是学习地方历史文化的校本课程，是"黄石特色"地方课程的核心内容。

黄石特色历史健康课堂以"四合一"教学文稿为核心，开展教学工作。以"教、学、练、评四合一"教学文稿为核心的开心历史课堂，教学模式是一个集教学方案、学习方案、练习方案和评价方案于一体的课堂教学模式。该模式以课堂教学为中心，以提高课堂效率，促进学生自我学习能力提高为手段，构建和谐科学的教育环境，从而达到提高教育质量的根本目的。特别是该模式的学习评价方案以学生综合素质为目标，采用灵活有效的评价方法，注重学生学习过程和学习结果的全程评价，在教学实践中取得了良好的效果。

以"四合一"教学文稿为核心的开心历史课堂教学模式，充分体现了课堂教学以学生为主体的新课程教学观念，通过教师引导学生自主学习、合作探究，课堂百分之八十的时间以及学习的主动权交给学生，使学生很顺利地完成了"四次学习"。

根据课程标准的要求以及学生学习重点指南，引导学生独立看书、自学、思考、探究，使学生通过预习课文，对教材有一个初步了解，在课堂上以诊断性评价为切入口，通过诊断学生学习基础知识，完成第一次学习。

通过教师引导学生掌握教学要点，指导学生理解历史图表，引领学生讨论交流、合作探究，分析问题，完成第二次学习。

在教学中以同步练习为手段，选择最新的全国各地的典型中考试题，检测学习效果，完成第三次学习。

最后在教师的指导下，以小组为单位开展学习评价，进行本课总结和有效的评价，巩固学习成果，完成了第四次学习。

这种课堂教学模式，以学生自主学习为核心，明确了学习任务和学习重点，使每个学生的学习时间、学习次数、思考深度得到了加强。模式具有目标明，方法优，易操作，效果好，适用广的特点。特别是采用比赛的形式，学生在游戏中学到了知识，这种课堂教学模式集娱乐性与知识性于一体，深受学生的喜爱。

(二)历史开心赛场是展示平台

以"四合一"教学文稿为核心，作为剧本，开心赛场为展示平台，多媒体教学设备为技术平台，教师作为导演、主持人，学生作为演员，成为一场愉快开心的历史课堂大舞台话剧。

导演、主持人——教师，设计"四合一"教学文稿、黄石地方文化校本课程，主持班级各组的比赛。(主持人有时为学生)

剧本——"四合一"教学文稿。

演员——全班同学。主角为争夺"历史小博士"，向学生讲解重点问题的各组代表以及参加"你说他猜"活动争选"黄金搭档"的学生。

活动方案(根据学生建议及实践探索，不断改进完善)：

班级教室为"开心历史课堂"大舞台。全班分为三个组进行比赛，总分第一的为冠军。开心赛场分为五关。第一关：抽签积分，学生根据"四合一"教学文稿的要求，自主学习，完成诊断性评价，主持人开通"抽签助手"软件，随机抽签，各组抽到的三位同学的诊断性评价答卷由比赛组长收取，立即评分，三位同学的总分作为小组的基本积分；第二关：争夺"历史小博士"，各组选派代表，当小老师，向全班学生讲解重点问题，主持人根据代表讲解的情况，评分并补充不足部分，最终要评选出本节课的"历史小博士"；第三关："你说他猜选"黄金搭档，各组选派两名同学参加表演活动，一名同学根据多媒体屏幕显示的历史人物、事件、时间、地名等文字提示或者历史图片提示，用历史语言表述(不能出现屏幕显示的相同字)，另外一名同学背对着屏幕，根据前面同学的描述，猜出有关的历史词语，主持人评分，最终要评选出本节课的最佳黄金搭档；第四关：看动画、选快手，主持人播放有关本课历史知识的动画片，同学们看完后，根据主持人出示的问题，进行抢答，回答完整的加分，否则倒扣分；第五关：打开"智慧之门"，这是本节课的学习评价环节，全班学生根据"四合一"教学文稿学习评价的要求，填写有关内容，然后采取自评、小组评价的方式，统计各组的合格人数，主持人根据各组的统计评分，最好计算出各组的总分，评选出本节课的智慧小组，即冠军小组。

图13　历史课堂开心赛场学生主持人主持"你说他猜"活动

刘金林提供

（三）信息化多媒体教学是技术平台

多媒体教学是普遍应用的教学手段,由于它的科学性、先进性、生动直观性等特点,越来越成为课堂教学的最佳选择。它使师生闻其声,观其形,临其境,再现了生活实际,传递了大量信息,加大了课堂容量,给课堂教学注入了新的生机和活力。

美国现代心理学家布鲁纳说:"学习最好的刺激,乃是对所学材料的兴趣。"有了兴趣,学生才能主动、愉快地学习,才能在课堂教学中发挥主体作用和主动精神。运用多媒体教学,使学生产生如见其人、如闻其声、身临其境的感受,催发出学生积极探索的情感,调动学生对历史学科的学习兴趣,从而大大提高课堂教学效率。

充分运用多媒体教学除了作为开心历史课堂的技术平台,还有更加积极的作用。

(1)运用多媒体教学创设生动的教学情境

(2)运用多媒体教学可以突破教学的重难点

教材中的某些内容比较抽象或复杂,年代久远或地域空间概念强,学生感到陌生,教师也难以用语言讲清,使用传统的教学手段很难突破这些难点。而运用多媒体教学资源,可以变抽象为具体,变无声为有声,调动学生各种感官共同作用以强化感知,或帮助其建立起地域空间想象能力,解决了过去许多教师"巧妇难为无米之炊"的苦衷。

(3)运用多媒体教学可以培养学生的思维能力

多媒体资源表现力强,信息量大,可以在课堂再现历史场景,学生通过观察直观画面,展开丰富的想象,进行积极思维,从而培养学生的观察能力、想象能力、综合分析能力、解决问题的能力,促进思维向纵深发展。

(4)运用多媒体教学可以陶冶学生情操、提高学生的思想品德修养

培养学生良好的思想品德和道德情操是学校教育的重要任务。我们在教学过程中,一定要把思想品德教育摆在重要的位置,要挖掘历史教材中蕴含的思想品德内容,对学生进行爱国主义教育、革命传统教育和国情教育等。但是,在课堂教学中使用传统的教学方法,单靠语言来描述,缺乏情景渲染,往往不能使学生产生共鸣,难以发挥历史学科的思想教育功能。

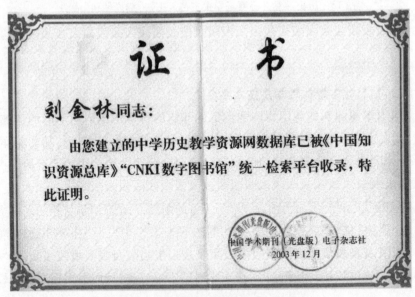

图14 《中国知识资源总库》收录证书

刘金林提供

(四)历史教学资源库是资源平台

以中学历史教学资源网为阵地,联合全国各地历史教师共同开发中学历史教

学资源,已初步建成了中学历史教学资源库。

中学历史教学资源网建站于 2002 年 6 月,以"免费共享资源,一切为了历史教师,一切服务于历史教学"为宗旨。经过网站编辑和全国各地教师多年的努力,已成为全国历史学科的门户网站。中学历史教学资源网 2004 年被百度网站历史网址收录,这是百度网站历史网址当时收录的唯一的一家中学历史教学资源专业网站,随后全国有一百多家网址网站收录推荐,有几十家国家级省市级教育网站收录推荐,中学历史教学资源网已成为全国知名度最高的中学历史教学资源网站。《信息技术教育》等教育杂志对网站进行过介绍。

(五)《中学历史教学资源》期刊是学术平台

为了充分利用网络教学资源为中学历史教学服务,更好地推进新课程改革的进行,我们与湖北师范学院历史文化学院合作,创建《中学历史教学资源》编辑部,在网站上创办《中学历史教学资源》电子期刊,现在《中学历史教学资源》期刊已发展为由湖北省教育厅主管,湖北师范学院主办,湖北师范学院历史文化学院编辑的省级中学历史教学交流刊物。期刊不仅在网站上有电子版,还有印刷版在全国二十多个省区进行交流。期刊以历史教学资源为主线,以课程改革为中心,一切服务于历史教学为宗旨。重点栏目有"新课程研究""教学参考""教学探讨""考试研究""教学案例""多媒体教学""乡土历史"等。

(六)《开心课堂——中学历史教学资源网》是网络课堂平台

中学历史教学资源网除打造中学历史教学资源库这一资源平台、《中学历史教学资源》期刊这一学术平台之外,最终的目标是创建《开心课堂——中学历史教学资源网》网络课堂平台。

开心课堂是一个基于本地的学习课程分享网站,它致力于整合线上线下的师资资源,创建一个无时间、地域限制,即时即刻、自由学习的平台,为广大的学生群体提供了高效便捷的网络学习渠道。

《开心课堂——中学历史教学资源网》以创建开心、快乐历史课堂为核心,以建设图片库、音乐库、动画库、开心资料库、网络互动直播和点播的快乐教学视频库为中心。

六、黄石特色历史健康课堂的目标

(一)务本乐学为历史健康课堂的目标

黄石八中校训是务本乐学。务本乐学作为黄石特色历史健康课堂的目标的理解是:务中华民族五千年优良传统之本,乐东楚大地五十载开心教育为学。

中华民族有五千年的优良传统,后来逐步形成了以儒家思想为核心古代传统思想,这也是当今国学被中国人重视的一个重要原因。中华民族自古就有优秀的家庭道德传统,几千年的儒家思想确立了中国家庭的道德规范。随着社会转型,尤其受到西方思想的影响,人们在努力摆脱过繁的封建家规束缚的同时,也把一些必要甚全有益的家庭美德淡忘了,以致今天不少中国家庭缺乏公认、完整的伦理规范,独生子女成为家庭普遍现象更增强了这种趋势。前些年,日本青少年研究所曾以"你最尊敬的人物是谁"为题,分别对日本 10 所中学的 1303 名高中生、美国 13 所中学的 1052 名高中生以及中国 22 所中学的 1220 名高中生,进行抽样问卷调查。结果日本学生最尊敬的人物:第一是父亲,第二是母亲,第三是历史人物坂本龙马;美国学生最尊敬的人物:第一是父亲,第二是球星迈克尔·乔丹,第三是母亲;中国学生把母亲排在第十位,父亲排在第十一位,远远落在一些影星歌星后面。另据报道,某省人民广播电台的一档节目"我心中的爸爸妈妈"播出不到一个月,就收到 500 多个孩子的来信,其中 90% 表示了对父母的不满。这说明今天中国家庭道德建设存在问题是不容置疑的。①

忘本厌学是中国不少学生的问题所在。以中华民族五千年优秀传统文化、黄石地区三千年薪火相传的矿冶文化、黄石八中五十年的校园文化作为教育之本。让读书声(学生学习兴趣提高、学业进步)、鞭炮声(家长满意,现在改为赞扬声)、劳动号子声(教师艰苦奋斗、勤奋努力的精神)、欢笑声(学生、家长、教师都开心),声声不息。让学生学得开心、玩得开心,让教师教得开心,让家长笑得开心,

---

① 解思忠:《国民素质忧思录》,北京:作家出版社,1997 年。

这是黄石特色历史健康课堂努力奋斗的目标。

图15 黄石八中"务本乐学"校训

刘金林提供

（二）素质教育与应试教育的统一

素质教育与应试教育并非简单对立。《中国教育改革和发展纲要》指出"中小学要由应试教育，转向全面提高国民素质教育"。《纲要》和讲话反映出决策层认为应试教育和素质教育是基础教育两种不同的运行轨道。1997年颁发的《关于当前积极推进中小学实施素质教育的若干意见》提到"改革人才培养模式，由应试教育向全面素质教育转变"，仍然将两者对立起来。

应试教育和素质教育的区别简表

	应试教育	素质教育
教育的对象	主要面向少数学生，忽视大多数学生	面向所有的学生
教育的目的	偏重知识传授，忽视德育、体育、美育、心理教育和生产劳动教育	智育、德育、体育、美育、心理教育和生产劳动教育全面进行

续表

	应试教育	素质教育
能力的培养	只重视技能训练,忽视能力的培养	重视各种能力的培养
教学的方法	以死记硬背和机械重复训练为方法,使学生课业负担过重	启发式、探究式教学,使学生生动、活泼、主动地学习,减轻学生课业负担
学生的评价	筛选性评价,以考试成绩作为评价学生的主要标准甚至作为唯一标准	发展性评价,评价方式多元,评价主体多元
教学的内容	教学内容较难,过于偏重学科体系,忽视综合性及应用件内存,不同程度存在着脱离学生生活实际、忽视实践等问题	降低教学内容的深度和难度,弱化学科体系,重视综合,教学内容结合学生经验、联系实际
教育的着眼点	局限于学校	注重发展性,终身教育、终身学习

到了 1999 年,情况发生了变化,《面向 21 世纪教育振兴行动计划》中是这样谈论素质教育的:"实施'跨世纪素质教育工程',整体推进素质教育,全面提高国民素质和民族创新能力。"不再谈论素质教育和应试教育之间的转轨问题,说明随着素质教育的全面展开,人们对它的认识不断深化,不再简单地将其视为应试教育的对立物,素质教育有了更深刻的内涵。①

历史健康课堂即注重培养学生兴趣,提高学生各方面的能力,又注重学生对知识的主动掌握,努力做到素质教育与应试教育的统一。

(三)黄石特色历史健康课堂目标实施的途径

1. 中国传统文化目标在四合一课堂改革中充分体现

中华民族五千年优良传统之本充分体现在四合一课堂改革中,特别是在黄石八中"四合一"历史校本课程中,以大量图表的形式突出中华民族五千年传统文化的核心内容,《"四合一"中学历史校本课程》中国历史七年级上册为例,列举有关

---

① 金一鸣,唐玉光:《中国素质教育政策研究》,山东教育出版社,2004 年。

表格,突出黄石特色历史健康课堂务本这一目标。

《第1课　祖国境内的远古居民》中国原始人类简表

古人类	时间	工具制造	生产生活	社会组织	火的使用	地点	备注
元谋人	距今约170万年					云南元谋县	最早
北京人	距今70~20万年	打制石器	采集、狩猎	群居	天然火	北京西南周口店	保留猿的特征
山顶洞人	距今约1万8000年	打制石器磨制和钻孔技术,装饰品	采集、狩猎、捕鱼	氏族公社	人工取火	北京周口店龙骨山顶部洞穴	和现代人没什么区别

《第2课　原始的农耕生活》河姆渡、半坡原始居民农耕生活简表

居民	河姆渡居民	半坡居民
时间	距今约七千年	距今约五六千年
地域	长江流域(南方)代表:浙江余姚河姆渡村	黄河流域(北方)代表:陕西西安半坡村
房屋	干栏式	半地穴式
农业生产	种植水稻(世界最早)	种植粟(世界最早)
工具	磨制石器	磨制石器、骨器
陶器	黑陶(刻画猪纹的黑陶钵)	彩陶(人面鱼纹彩陶盆)

《第5课　灿烂的青铜文明》夏、商、西周手工业简表

类别	发展水平	代表作品
青铜铸造业	工艺高超,品种繁多,应用普遍,分布广泛,其工艺技术处于当时世界前列。	后母戊鼎四羊方尊
陶瓷业	我国是世界上最早制作瓷器的国家	
玉器制造业	玉器雕刻工艺达到很高的水平	商朝的玉虎和玉象

《第 8 课 中华文化的勃兴（一）》之文字演变表

汉字萌芽	汉字起源	汉字形成	汉字发展
刻画符号（半坡彩陶）	结绳记事，仓颉造字	甲骨文	金文、小篆、隶书、楷书

《第 8 课 中华文化的勃兴（一）》之天文、历法、医学和文学的成就

分类	成就
天文	商朝甲骨文有许多关于日食、月食的记载
历法	相传四千多年前的夏朝，就有历法（夏历），商朝的历法更为完备，战国时期，测定出一年 24 个节气。
医学	名医扁鹊——望、闻、问、切四诊法一直为中医沿用
文学	屈原和他的代表作《离骚》

《第 9 课 中华文化的勃兴（二）》春秋战国时期诸子百家简表

百家	诸子	时期	主张	著作
儒家	孔子	春秋晚期	提出"仁"的学说，主张"爱人""为政以德"，主张"因材施教"，谦虚好学，"温故而知新"。	《论语》《春秋》
	孟子	战国	提出"春秋无义战"，笼统反对一切战争，要求统治者用"仁政"治国，轻徭薄赋。	《孟子》
道家	老子	春秋晚期	认为一切事物都有对立面，对立的双方可以互相转化，主张以柔克刚。	《道德经》
	庄子	战国	主张顺其自然，"无为而治"。	《庄子》
法家	韩非子	战国	主张改革，提倡法治，建立君主专制的中央集权制。	《韩非子》
墨家	墨子	战国	主张"兼爱""非攻"，反对侵略战争，支持正义战争。	
兵家	孙武	春秋	"知彼知己，百战不殆"。	《孙子兵法》

《第10课 "秦王扫六合"》秦朝巩固统一的措施

	措施	影响
政治	创立专制主义中央集权制度	在我国沿用了两千多年,对中国历史产生深远的影响。
经济	统一货币、度量衡	对于促进各地的经济文化交流和维护国家统一有极为重要的影响。
文化	统一文字	
	焚书坑儒	摧残了文化,制约了人们的思想。
军事	北筑长城、开发南疆	秦朝疆域广大,成为我国历史上第一个统一的多民族的中央集权国家。

《第12课 大一统的汉朝》汉武帝的大一统

	背景	措施	效果
政治	汉初分封的诸侯国,还有相当的势力	颁布"推恩令",削弱封国势力。	诸侯国再也无力与中央对抗
思想	诸子百家的各派人物还很活跃,他们批评皇帝的政策,指责中央,对中央集权很不利	"罢黜百家,独尊儒术";举办太学,以儒家的五经为主要教材。	儒家学说成为封建文化的正统思想

《第15课 汉通西域和丝绸之路》张骞、班超通西域

重要人物	时间	背景	主要事迹	结果与意义
张骞	公元前138年、公元前119年	汉武帝准备联络大月氏人夹击匈奴。	公元前138年,张骞首次出使西域,没有达到目的;公元前119年,张骞再次出使西域,访问了许多国家。各国回访长安。	汉朝和西域的交往从此日趋频繁,促进了双方的经济文化交流。公元前60年,西汉设立西域都护,总管西域事务。
班超	公元73年	东汉初年,北匈奴重新控制西域。	班超帮助西域各国摆脱了匈奴的控制,被东汉政府任命为西域都护。	进一步加强了西域和内地的联系。166年,大秦使者访问洛阳,这是欧洲国家与我国的首次直接交往。

《第16课 昌盛的秦汉文化(一)》秦汉文化成就简表

	人物	朝代	成就	影响
造纸	蔡伦	东汉	改进造纸术	我国人民对世界文化的巨大贡献
数学		东汉	《九章算术》	最早的数学名著, 其中某些内容在当时具有世界先进水平。
天文	张衡	东汉	地动仪	世界公认的最早的地震仪器
医学	华佗	东汉	"麻沸散"和"五禽戏"	"麻沸散"是世界医学史上的创举
	张仲景 (医圣)	东汉	《伤寒杂病论》	阐述了中医的理论和治病原则

《第17课 昌盛的秦汉文化(二)》之秦汉时期的文化艺术成就

	宗教	思想	史学	艺术
秦	神仙方术	鬼神思想		秦始皇陵兵马俑
西汉	佛教传入中原地区	神仙学说 "天人感应"	司马迁编 《史记》	茂陵石刻
东汉	道教在民间兴起	王充《论衡》 否认鬼神存在	《汉书》	画像砖

《第17课 昌盛的秦汉文化(二)》之佛教、道教简表

		佛教	道教
不同点	起源地	印度	中国
	教义	主张因果报应,期盼来世	主张修身养性,追求现世幸福
共同点		有利于维护现存的统治秩序,成为中国传统文化的重要组成部分	

《第21课 承上启下的魏晋南北朝文化(一)》之我国古代数学成就简表

朝代	内容	成就	地位
商朝	13个数字(一至万)	"十进位"计算方法发明	当时世界领先地位
春秋	使用算筹	四则运算	
汉朝	《九章算术》	总结了周、秦至东汉初期 的数学成就	我国现存最早数学名著
南朝	祖冲之圆周率	首次将圆周率计算精确 到小数后第七位	当时世界领先地位

《第21课 承上启下的魏晋南北朝文化(一)》之三国两晋南北朝时期主要科技成就简表

姓名	朝代及称谓	主要成就	地位
祖冲之	南朝数学家和天文学家	(1)计算圆周率到小数点后第7位 (2)著有《缀术》	计算圆周率领先世界一千年
贾思勰	北朝著名农学家	著有《齐民要术》	我国现存最早最完整的农书,也是世界农学史上最早的巨著之一。
郦道元	北魏杰出地理学家	著有《水经注》	以注录水道系统为纲,一部综合性的地理学专著。

《第22课 科学技术与思想文化(二)》魏晋南北朝时期重要艺术成就表

项目	主要代表	历史地位
书法家	王羲之,《兰亭序》	"书圣",天下第一行书
画家	顾恺之,《洛神赋图》和《女史箴图》	"三绝"
石窟艺术	山西大同云冈石窟和河南洛阳龙门石窟	古代艺术宝库

黄石八中"教、学、练、评四合一"中学历史课堂教学模式集教学方案、学习方案、练习方案和评价方案于一体,将多媒体教学、图表教学、快乐教学以及中国传统文化及黄石地方文化深度融合的历史课堂教学模式,对实现黄石特色历史健康课堂立德树人的教学目标有重要的作用。①

2. 黄石地方文化在校园文化中充分展现

让黄石地方文化成为黄石八中校园文化的重要组成部分,学校矿冶文化墙、班级文化图书角、校本教材、普及讲座、知识大赛、小记者团、小导游员等,黄石地方文化成为黄石八中校园最亮丽的一道风景线。

---

① 刘金林主编:《"四合一"中学历史校本课程》中国历史七年级上册,湖北师范学院历史文化学院、黄石八中"四合一"教科所,2011 年。

图16 黄石八中矿冶文化墙

刘金林提供

图17 黄石八中开展矿冶文化普及讲座

刘金林提供

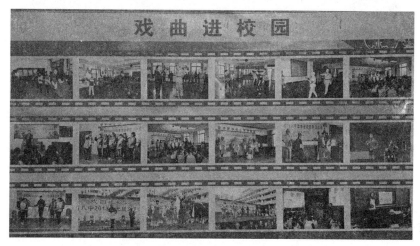

图18 黄石八中戏曲进校园活动展板
刘金林提供

3. 务本乐学贯穿于黄石特色历史健康课堂中

黄石八中与湖北师范大学、人教社合作,刘金林主持独创中学历史课堂教学黄石地方特色教学模式。黄石八中校园地方文化成为全国普通中学最具特色的校园文化之一,地方特色文化普及之广、参与者之多、学术水平之高、影响之大,在全国中学中罕见。如湖北省教育厅推荐的《黄石特色历史开心课堂的实践与探索》申报2018年基础教育国家级成果奖成果在全国独具地方特色;主讲《第21课让我们共同来感受历史——走进黄石矿冶文化》,将"知黄石、爱黄石、兴黄石"地方特色立德树人主题贯穿课堂始终;指导青年教师周润吉说课《洋务运动》荣获全国一等奖,突出了张之洞创办大冶铁矿,振兴近代黄石等地方文化特色。

图19 刘金林主讲《第21课让我们共同来感受历史——走进黄石矿冶文化》研讨课

黄石八中网管中心提供

第21课 活动课:让我们共同来感受历史
——走进黄石矿冶文化

活动内容:

本课为人民教育出版社出版、教育部组织编写的义务教育教科书《中国历史七年级上册》第21课《活动课:让我们共同来感受历史》的内容。

本活动课结合地方特色历史文化开展教学,让学生感受身边的历史,通过学生走进黄石矿冶文化,以黄石八中矿冶文化墙为中心,了解我们城市的历史文化。

活动目标:

通过学生观看黄石矿冶文化视频,开展讲解黄石八中矿冶文化墙、小记者报道、知识比赛、小导游讲解等活动,让学生了解黄石是中国"青铜古都""钢铁摇篮""水泥故乡",黄石人民在千百年的矿冶实践中创造了光辉灿烂的矿冶文化,使黄石成为闻名世界的"矿冶文明之都"。培养学生热爱家乡、热爱祖国的感情,让学生从身边做起,宣传与保护黄石的矿冶文化及工业遗产,积极参与工业旅游等活动,让"知黄石、爱黄石、兴黄石"贯穿课堂始终。

活动任务:

将学生分为"青铜古都""钢铁摇篮""水泥故乡"三大组,开展讲解黄石八中矿冶文化墙、小记者报道四大工业遗产及重要地位、知识比赛即你说他猜矿冶历史人物、小导游讲解工业强市及工业旅游等活动。通过创建开心赛场,将"知黄石、爱黄石、兴黄石"主题贯穿活动始终。

活动时间：

1课时。

活动过程：

一、讲解黄石八中矿冶文化墙

"青铜古都""钢铁摇篮""水泥故乡"三大组选定主持人，负责本组学生参与活动。

青铜古都组负责黄石八中矿冶文化墙展板一、展板二的介绍，钢铁摇篮组负责展板三、展板四的介绍，水泥故乡组负责展板五六、展板七的介绍。

展板一：黄石是中国青铜文化的发祥地，中国近代工业的摇篮，被誉为"青铜古都""钢铁摇篮""水泥故乡"。

黄石矿冶文化三千年薪火相传，代表着我国古代矿冶文化的精华，是中华民族文化的重要组成部分，在全国乃至世界矿冶史上有着独特的历史地位。

铜绿山古铜矿遗址、汉冶萍煤铁厂矿旧址、华新水泥厂旧址、大冶铁矿东露天采场四大矿冶工业遗产，是黄石地区众多矿冶工业遗产的典型代表，2012年入围中国世界文化遗产预备名单。

展板二：中国古代青铜文明发祥地

古代黄石地区是我国青铜原料的重要生产基地。铜绿山古铜矿遗址的发掘，为中国古代青铜器研究和中国考古学开辟了一个新的领域，著名考古学家、中科院院士夏鼐先生在纽约向世界宣布："铜绿山古铜矿的发现和发掘，对了解我国古代的社会生产，尤其是青铜业的生产具有重要意义。"

展板三：中国近代工业摇篮

钢铁摇篮：湖广总督张之洞和近代实业家盛宣怀在黄石创办了大冶铁矿、大冶钢铁厂，揭开了中国近代钢铁工业的新篇章，黄石成为近代中国钢铁工业摇篮。

水泥故乡：1907年，清政府批准兴建湖北水泥厂，黄石成为中国水泥工业的发祥地之一。1946年在黄石兴建中国最大最先进的水泥厂——大冶水泥厂，后改名为华新水泥厂，被誉为"远东第一厂"，黄石成为中国"水泥故乡"。

煤炭摇篮：1891年张之洞在黄石开办王三石煤矿，黄石成为湖北煤炭工业的摇篮。利华煤矿修建了中国第一条翻越高山的架空索道，源华煤矿成为湖北省规模最大的煤矿。

展板四：中国现代重工业基地

1949年新中国第一工业特区——大冶工矿特区建立，1950年改名为黄石市。华中钢铁公司(即大冶钢厂)被中央确定为第二大钢铁工业基地，华新水泥厂已是远东第一水泥厂，黄石电厂成为中南第一电厂，黄石成为中国现代重工业基地。

展板五、六：毛泽东主席视察大冶铁矿

1958 年 9 月 15 日上午，毛泽东主席视察大冶铁矿。视察其间，毛主席手托铁矿石的珍贵的镜头被随行摄影师拍下。如今，这块铁矿石已被珍藏在大冶铁矿博物馆中。

毛主席视察大冶钢厂

1953 年 2 月 19 日，毛主席视察大冶钢厂时，对黄石负责同志说："希望你们把这个厂办大办好！"

1958 年 9 月 15 日，毛主席再次视察大冶钢厂，了解到钢铁产量质量大幅度提高，非常高兴。这次视察黄石，他称华新水泥厂，是"远东第一"。

展板七：黄石工业遗产走向世界

2012 年黄石矿冶工业遗产入围中国世界文化遗产预备名单，黄石成为中国唯一拥有古代、近代和现代工业遗产走向世界的城市。黄石矿冶工业遗产主要包括铜绿山古铜矿遗址、汉冶萍煤铁厂矿旧址、华新水泥厂旧址、大冶铁矿东露天采场四大工业遗产。

铜绿山古铜矿遗址是迄今世界上发现的规模最大、采掘年代最长、冶炼工艺水平最高、文化内涵最丰富的古铜矿遗址。大冶铁矿东露天采场从三国时期吴王孙权开始开采，特别是在近代成为中国钢铁工业摇篮——汉冶萍煤铁厂矿有限公司的发源地。汉冶萍煤铁厂矿旧址是中国近代最大钢铁联合企业——汉冶萍公司最核心的工业遗产。华新水泥厂旧址是我国保存规模最大、最完整的水泥工业遗产。

教师讲解：重点矿冶历史人物简介

张之洞，中国钢铁工业的创造者，湖广总督，在黄石创办了大冶铁矿、王三石煤矿、汉冶萍铁路等。

盛宣怀，中国著名实业家，大冶钢铁厂的创办人，汉冶萍煤铁厂矿有限公司董事长。

翁文灏，中国第一位地质学博士，主持开发黄石地区铜矿，曾任华新水泥股份有限公司董事长。

王涛，中国第一位水泥总工程师，华新水泥厂的创始人，被誉为"水泥大王"。

吴健，中国第一位钢铁冶金工程师，曾任大冶钢铁厂厂长。

二、小记者报道四大工业遗产及重要地位

青铜古都组小记者：工业遗产为铜绿山古铜矿遗址，地位是世界上发现的规模最大、采掘年代最长、冶炼工艺水平最高、文化内涵最丰富的古铜矿遗址。

钢铁摇篮组小记者：工业遗产为汉冶萍煤铁厂矿旧址、大冶铁矿东露天采场，地位是亚洲最早、最大的钢铁联合企业的工业遗产。

水泥故乡组小记者:工业遗产为华新水泥厂旧址,地位是远东第一水泥厂、中国保存最完整的水泥工业遗产。

三、知识比赛,即"你说他猜"矿冶历史人物

让每组每次派两人参与"你说他猜"矿冶历史人物活动,共进行两轮比赛。

青铜古都组活动:楚庄王(利用铜绿山铜矿资源成为春秋五霸的霸主)。

翁文灏(近代决定开发黄石铜矿资源的国民政府资源委员会负责人)。

钢铁摇篮组活动:张之洞(在黄石创办大冶铁矿的湖广总督)。

盛宣怀(在黄石兴办大冶钢铁厂的中国著名实业家、汉冶萍公司董事长)。

水泥故乡组活动:程祖福(湖北水泥厂的创办者)。

王涛(中国第一位水泥总工程师,华新水泥厂的创始人,"水泥大王")。

四、小导游讲解工业强市及工业旅游

让每组派一人充当小导游讲解本组工业强市的措施及开展的工业旅游活动。

青铜古都组:工业强市措施是以大冶有色金属公司为中心打造全国有色金属精深加工基地。通过参观铜绿山古铜矿遗址博物馆、创建考古遗址公园及青铜小镇开展工业旅游。

钢铁摇篮组:工业强市措施是以新冶钢公司为中心打造全国特钢基地。通过参观黄石国家矿山公园、汉冶萍煤铁厂矿博物馆开展工业旅游。

水泥故乡组:工业强市措施是以华新水泥公司为中心打造全国建材水泥工业基地。通过参观湖北华新水泥厂遗址博物馆开展工业旅游。

五、知黄石、爱黄石、兴黄石,创建中国最美工业旅游城市

教师进行活动小结,强调知黄石、爱黄石,是为了兴黄石,学生要投身到兴黄石的行动中去,宣传普及黄石矿冶文化,争当小记者、小导游,保护身边的工业遗产等,现在认真学习也是为了将来振兴黄石。

教师展示黄石铁路及工业遗产地图,通过学校教师及社会各界的多年努力,我们保护了2012年计划要拆除的汉冶萍铁路,现在黄石市旅游部门利用这条铁路,开通小火车旅游,将汉冶萍煤铁厂矿旧址、华新水泥厂旧址、大冶铁矿东露天采场、铜绿山古铜矿遗址四大工业遗产连接起来,打造中国最美工业旅游城市。

小结:(欣赏黄石矿冶文化旅游节主题曲《心中炉火正通红》)

黄石八中矿冶文化成为全国普通中学最具特色的校园文化之一,具有普及广泛、参与者众多、学术水平高、影响大等特点。

课后活动

要求学生利用周末或者假期时间,参观黄石博物馆、华新水泥遗址博物馆、铜绿山古铜矿遗址博物馆、黄石国家矿山公园等场馆,写一篇矿冶文化小作文。

七、学生眼中的历史健康课堂

在创建黄石特色历史健康课堂的过程中,学校非常重视学生的看法及建议,从 2005 年开始,就尝试借鉴中央电视台"开心辞典"栏目的比赛方式,创建开心赛场,打造历史开心课堂。在十多年的实践与探索过程中,教师不断与多媒体教学、"四合一"课堂教学、黄石地方文化教学相结合。在 2011 年 1 月,学校要求学生写一篇"你眼中的历史课堂"短文,以七年级上学期一个学期的历史开心课堂的实践过程为内容。从收集的三百余篇学生历史作品来看,97% 的学生对历史开心课堂表示满意。在这里选取几篇代表性的作品展示,让学生们介绍当时开心课堂的探索过程。我们也在学生提出的建议及不断实践与探索进程中,改进与完善黄石特色历史健康课堂的构建。

趣味历史

在我小时候总是听到各种各样的历史故事,总是津津有味地听着,有一种身临其境的感觉,从那时候我就爱上了历史。初中开设了历史课,更别提有多高兴啦。这不,历史课开始啦!

情景一　默写比赛

屏幕上出现了题目,一声令下同学们都胸有成竹写着。有的同学奋笔疾书,有的望着题目,有的托着下巴冥思苦想。同学们都认真对待这比赛,很快时间到了,三个小组长站起,等着屏幕上出现的序号。"是我吗?"一位同学惊奇地说,他喜滋滋地交上了默写纸,满心欢喜等着结果。"耶!""哎!",看着黑板上出现的分数,真是有人欢喜、有人愁啊。

情景二　你说他猜

今天我们来玩"你说他猜",一句话,激起了全班同学的兴致。"好,第一组",两位同学信心十足地走向前去。屏幕上出现了"战国七雄"。那位说的同学似乎有些措手不及,"就是,有一个时期有几个国……""啊! 有国字!"两人垂头丧气的下了台。台下欢笑声、叹息声交织成一片,奏出了一曲最和谐的课堂协奏曲。

情景三　抢答

"这一次抢答,每一题为500分。"话音刚落,教室里同学们窃窃私语。"上不上,500分!""可是万一错了,可是要扣这么多分。""你说我们组有人上吗?"谈论什么的都有,同学们都在为"抢答"这一环节着急呢!"我",一位同学勇敢地举起来手。"请说出四次以少胜多的战役名称及起时间。"题目说出来,那位同学略加思索便流利的道出答案,醒目的500分挂在了黑板上,多么令人快乐……

情景四 观看动画片

"接下来是看动画片",一片欢呼声响彻教室。"好,跟我来,我们去了解屈原。"屏幕上的小精灵说,同学们都目不转睛地盯着屏幕想,接下来老师会出什么题目?

这就是趣味历史!

图20 趣味历史课堂

黄石八中网管中心提供

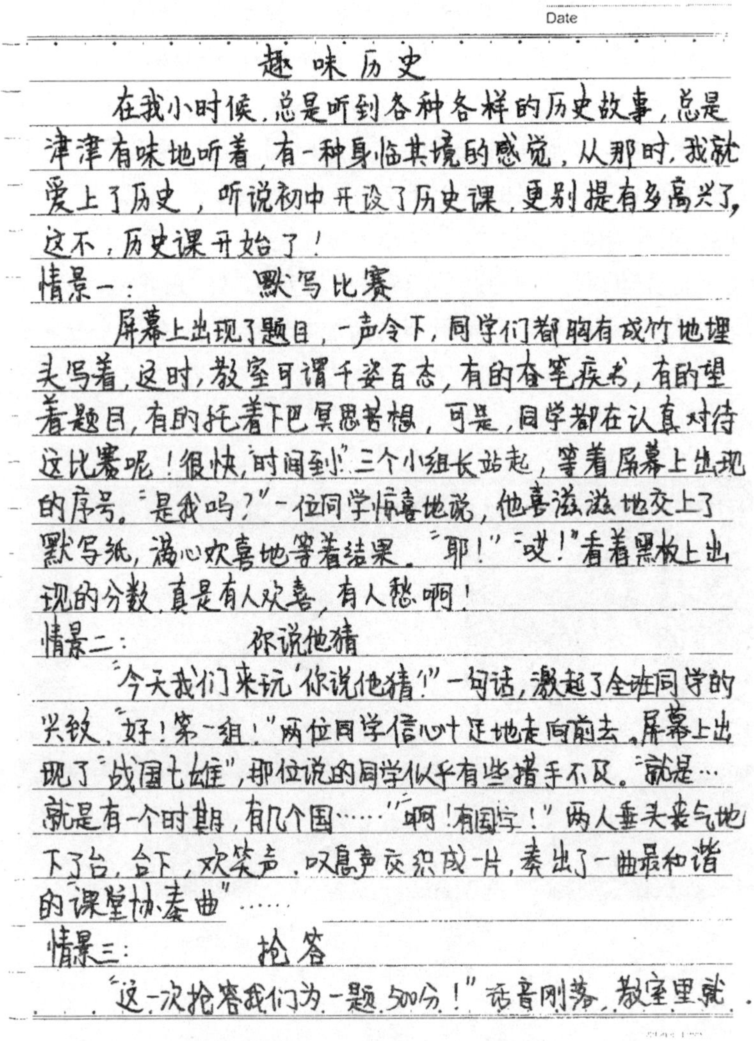

Date

趣味历史

在我小时候,总是听到各种各样的历史故事,总是津津有味地听着,有一种身临其境的感觉,从那时,我就爱上了历史,听说初中开设了历史课,更别提有多高兴了,这不,历史课开始了!

情景一: 默写比赛

屏幕上出现了题目,一声令下,同学们都胸有成竹地埋头写着,这时,教室可谓千姿百态,有的奋笔疾书,有的望着题目,有的托着下巴冥思苦想,可是,同学都在认真对待这比赛呢!很快,时间到,三个小组长站起,等着屏幕上出现的序号。"是我吗?"一位同学惊喜地说,他喜滋滋地交上了默写纸,满心欢喜地等着结果。"耶!""哎!"看着黑板上出现的分数,真是有人欢喜,有人愁啊!

情景二: 你说他猜

"今天我们来玩'你说他猜'"一句话,激起了全班同学的兴致。"好!第一组!"两位同学信心十足地走向前去,屏幕上出现了"战国七雄",那位说的同学似乎有些措手不及。"就是…就是有一个时期,有几个国……""啊!有国字!"两人垂头丧气地下了台,台下,欢笑声,叹息声交织成一片,奏出一曲最和谐的课堂协奏曲"……

情景三: 抢答

"这一次抢答我们为一题50分!"话音刚落,教室里就

图21 学生手写稿《趣味历史》之一

刘金林提供

74

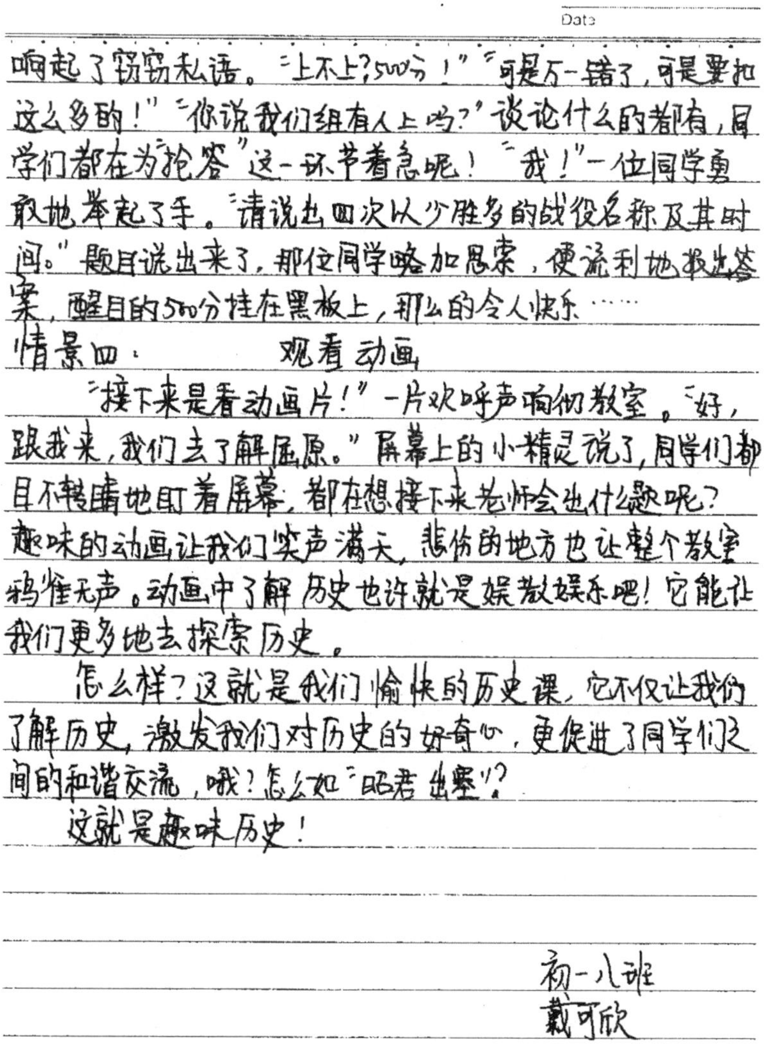

Date

响起了窃窃私语。"上不上？500分！""可是万一错了，可是要扣这么多的！""你说我们组有人上吗？"谈论什么的都有，同学们都在为抢答"这一环节着急呢！"我！"一位同学勇敢地举起了手。"请说出四次以少胜多的战役名称及其时间。"题目说出来了，那位同学略加思索，便流利地报出答案，醒目的500分挂在黑板上，那么的令人快乐……

情景四：　　　　观看动画

"接下来是看动画片！"一片欢呼声响彻教室。"好，跟我来，我们去了解屈原。"屏幕上的小精灵说了，同学们都目不转睛地盯着屏幕，都在想接下来老师会出什么题呢？趣味的动画让我们笑声满天，悲伤的地方也让整个教室鸦雀无声。动画中了解历史也许就是娱散娱乐吧！它能让我们更多地去探索历史。

怎么样？这就是我们愉快的历史课，它不仅让我们了解历史，激发我们对历史的好奇心，更促进了同学们之间的和谐交流。哦？怎么如"昭君出塞"？

这就是趣味历史！

初一八班
戴可欣

图22　学生手写稿《趣味历史》之二
刘金林提供

该生2013年9月考入省重点高中黄石二中，2016年7月考入华中科技大学。

冯诗雨
七零三班

知识的"战场"——历史课

进入初中后，我们多了几门学科，其中最让我感兴趣的要属历史课了。

"三个火枪手"

每次上历史课时，老师总会举办各种各样的游戏、竞赛。而我们第二组里就有"三个火枪手"——胡泰格、喻天成和杨澈。回答问题时他们三个最积极，而且正确率也非常高。我的同桌胡泰格非常喜欢历史，尤其对三国时期最感兴趣，他的课外阅读量很大，也多与历史有关。每堂课上的"你说他猜"活动，我们组都是胡泰格和喻天成上去，为我们组赢得几百分。我们组的这"三个火枪手"历史方面十分优秀，值得我们学习。

"反败为胜"

上历史课时，当竞赛到达高潮阶段，各组分值相差十分大的时候，老师便会出一道较难的题目，分值也较高。而这时那些分数偏低组的同学也都争先恐后地举手——反正都快输了，还不如拼一下。而很多次都是即将输的小组"反败为胜"，而历史课也总伴随着一阵的欢呼喝彩声中落幕。

"历史动画片"

有时，我们会在上完本课内容后看一下历史动画片。我们常常被动画片中的人物那奇特的语声语调和外貌逗得哈哈大笑。但在欢声笑语中，我们也从历史动画片中学到了许多不一样的历史知识。

这就是我们的历史课，十分有趣、奇妙的历史课。因为常常举办比赛，同学们的积极性很高。抢答时你不让我，我不让你。我喜欢历史课——这个充满欢乐的知识"战场"！

图 23　学生手写稿《知识的"战场"——历史课》

刘金林提供

该生 2013 年 9 月考入省重点高中黄石二中，2016 年 7 月考入厦门大学嘉庚学院。

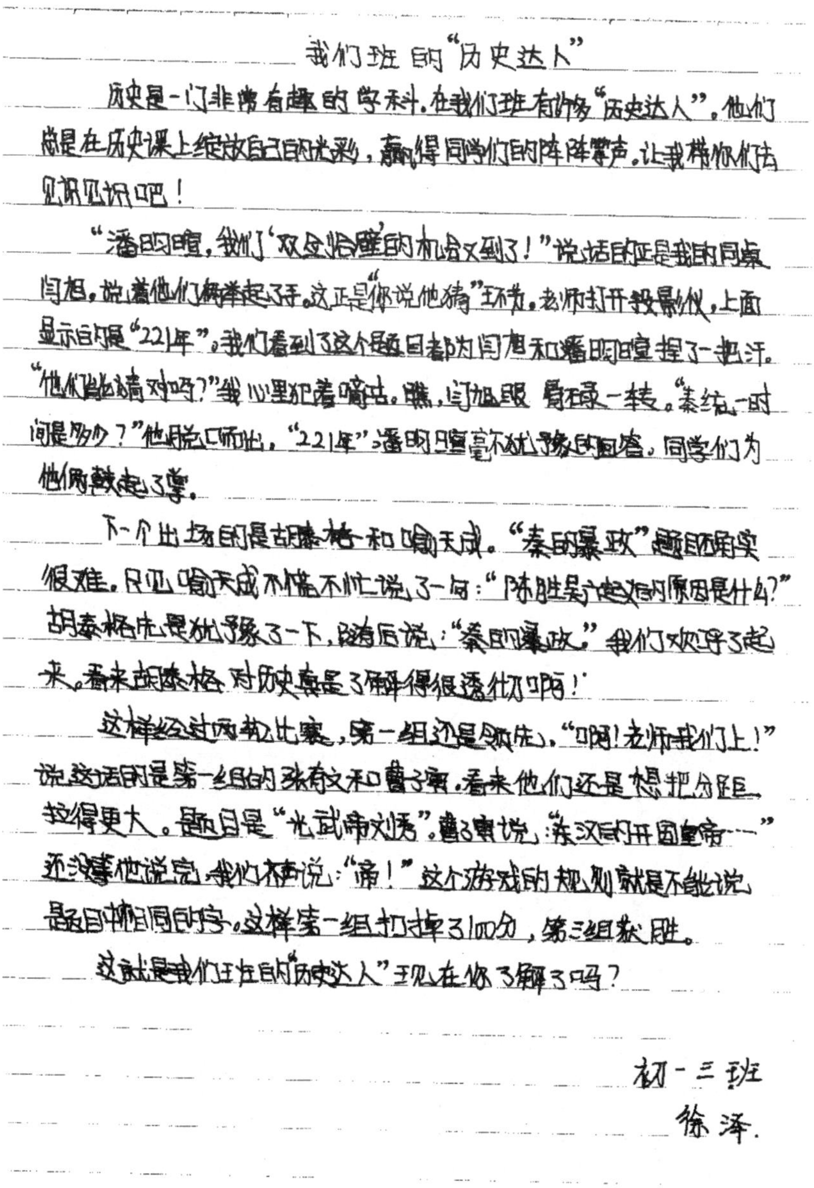

我们班的"历史达人"

历史是一门非常有趣的学科，在我们班有许多"历史达人"，他们总是在历史课上绽放自己的光彩，赢得同学们的阵阵掌声，让我带你们去见识见识吧！

"潘明暄，我们'双色赌壁'的机会又到了！"说话的正是我的同桌闫旭，说着他们便举起了手，这正是你说他猜"环节，老师打开投影仪，上面显示的是"221年"，我们看到了这个题目都为闫旭和潘明暄捏了一把汗。"他们能猜对吗？"我心里犯着嘀咕，瞧，闫旭眼骨碌一转。"秦统一时间是多少？"他刚说口而出，"221年"潘明暄毫不犹豫的回答。同学们为他们鼓起了掌。

下一个出场的是胡泰格和喻天成。"秦的暴政"题目其实很难。只见喻天成不慌不忙说了一句："陈胜吴广起义的原因是什么？"胡泰格先思索了一下，随后便说："秦的暴政"我们欢呼了起来。看来胡泰格对历史真是了解得很透彻啊！

这样经过两轮比赛，第一组还是领先，"哎呀！老师我们上！"说这话的是第一组的张存文和曹子萌。看来他们还是想把分距拉得更大。题目是"光武帝刘秀"。曹子萌说："东汉的开国皇帝……"还没等他说完，我们大声说："帝！"这个游戏的规则就是不能说题目相同的字，这样第一组扣掉了100分，第三组获胜。

这就是我们班的"历史达人"现在你了解了吗？

初一三班
徐泽

图24 学生手写稿《我们班的"历史达人"》
刘金林提供

该生 2013 年 9 月考入省重点高中黄石二中,2016 年 7 月考入武汉科技大学。

八、学生历史健康课堂成长档案

在创建黄石特色历史健康课堂的过程中,教师不断收集学生对历史课的看法与建议、学生的历史作品,了解学生学习历史的有关情况,逐步形成了黄石特色历史健康课堂的学生成长档案。为了不增加全体学生的学业负担,教师只安排少数学生创建成长档案。他们主要是两类学生,一类是对历史非常感兴趣的,愿意参加历史课外活动兴趣班的学生,通过创建成长档案,参加社会实践活动,促进他们更好地全面发展;一类是极少数有违反纪律的学生,通过创建成长档案,要求在家长的督促下,完成黄石特色的社会实践活动,培养他们爱家乡、爱长辈等传统美德,养成良好的学习习惯,促进他们健康成长。

图25　学生传统节日手抄报作品

刘金林提供

九、黄石特色历史健康课堂实践与探索的成效

1. 大大提高了学生学习历史的兴趣

改变了传统教学中课堂气氛沉闷、学生厌学的现象,得到学生的喜欢。从调查《学生眼中的黄石八中历史课堂》有关材料来看,历史课堂成为学生的开心课堂,如2011年3月收集的部分学生手写的文章《趣味历史》《知识的"战场"——历史课》《我们班的"历史达人"》《我们组的"黄金三搭档"》《历史让我欢喜让我忧》等表达了学生对历史课的热爱。

图26 在历史课堂中开展"你说他猜"黄石矿冶历史人物活动

刘金林提供

学生学习兴趣的提高带动了学生整体素质的提高,近年来,八中中考成绩捷报频传。多年来分别获得了市教育局和区教育局的"教学质量优秀奖""教学质量提高奖",连续获得市教育局"'四高一低'综合评分第一名",连续多年上省重点人数突破百人大关,八中毕业生成为各类高中重点"争录对象"。用高中教师的话

讲,八中学生的整体素质高,学习能力强,后劲足。据初步统计八中近年来升入高中后考入一类大学率超过70%,赢得了社会一致赞誉。学生毕业进入社会以后,综合素质强,很多成为各行各业顶尖人才。

2. 培养了学生爱家乡、爱国的感情,热爱父母长辈等传统美德进一步提升

通过"黄石特色"矿冶文化地方课程、校本课程等的教学以及学生的社会实践活动,中华民族的传统美德进一步提升。

爱家乡及爱国主义教育是学校务本教育的主旋律,学校进行升旗活动、国旗下宣誓、国情教育,采用讲座、主题班会、祭扫烈士墓、知识竞赛、黑板报、画展、影评、电视等多种教育活动形式,增强学生爱家乡、爱国的热情。

爱心教育是学校务本教育的永恒主题。八中经常组织学生开展为贫困学生等捐款献爱心活动,"省下一点零用钱,献上一片热诚心"。几年间,黄石八中多次成功地策划了师生爱心大行动。如为了救助刘源浩、胡琳等同学,八中师生捐款几万元,八中师生还先后为阳新大王中学、龚家巷小学、"保护母亲河行动"、汶川地震、八中贫困生奖学基金等捐款共计十几万元,给贫困学生送去问候和社会的温暖,而每一次活动都不同程度地激发了学生的爱心。

图27 黄石八中学生开展"早读经典"活动,学校重视历史文化传统教育

刘金林提供

黄石八中涌现出许多美德少年,如2016年6月在中央文明办、教育部、共青团中央、全国妇联、中国关工委联合开展的"学习和争做美德少年"活动中,万懿芷作为湖北美德少年,荣登"百名美德少年事迹展"。2017年一季度黄石楷模榜单中,年龄最小的是八中812班美德少年吴思宇,第六届"黄石美德少年"名单中有孝老敬亲美德少年夏先锋等。

3. 取得了大量教育教学及地方文化研究成果

通过开心课堂的构建,普通教师成为专家,参与课题研究的有三位黄石八中教师被高校聘请为客座兼职教授,公开出版"黄石特色"学术专著五部,其中一部荣获湖北省政府颁发的社会科学优秀成果二等奖,发表教育教学及地方文化研究论文50余篇,制作历史多媒体课件出版获奖100余件。

黄石特色历史开心课堂的构建推动了黄石八中的课堂教学改革,近年来,八中"四合一"课堂教学改革带动学校教师既教又研,利用集体备课、教师说课、学情分析、案例研究、教学反思和全国学习交流等平台,教师们的教科研热情高涨,教科研水平也不断提高。2005年教学改革以来,教师发表和获奖的论文累计1000余篇,个人和学校屡次获得国家、省、市、区各级各类教改教研等先进荣誉,学生各级各类竞赛获奖近2000人次。

4. 加强与高校、研究机构合作,学校成为研究与实验基地

黄石八中与湖北师范大学、人民教育出版社(课程教材研究所、人民教育电子音像出版社)长期合作,开展课题研究、创办期刊网站等,使学校成为地方文化研究基地以及课题研究实验基地。

从2001年承担人民教育电子音像出版社历史多媒体教学研究课题开始,学校先后申报并完成"十五"教育部重点课题子课题《中学新课程历史教学资源的开发与研究》、"十一五"教育部重点课题子课题《中学历史新课程教学资源库的建设与研究》、"十二五"教育部重点课题子课题《基于信息化学习方式的"四合一"教学资源的研究与实验》的研究任务,黄石八中先后被确定为全国"十一五"教育部重点课题实验基地、"十二五"教育部重点课题实验基地。学校与湖北师范大学合作,创建《中学历史教学资源》期刊,开展多项湖北省高等学校人文社会科学重点研究基地地方文化课题研究。黄石八中已成为黄石港区矿冶文化研究中心、黄石港地方文化研究会等研究机构所在地,成为黄石矿冶文化研究基地。

5. 得到了国内同行的高度评价

从2005年开始,黄石八中依托《中学历史教学资源》期刊,聘请武汉大学、人教社等40余位专家为期刊特约编委,与全国二十多个省区历史同行进行交流。

2010年,学校在"中国·黄石首届国际矿冶文化旅游节全市中小学矿冶文化

知识大赛活动中,黄石八中被评为优秀组织单位。

　　黄石八中以"务本乐学"为核心的健康课堂得到全国同行的广泛认同,围绕该成果的推广,黄石八中先后举办了全国讲学稿研究会第二届年会和省初中校长年会以及省、市、区各级经验交流会,累计参会的学校近1000家,成果受到高度评价,同时得到了应邀到会做专题报告的上海市顾泠沅教授、教育部中学校长培训中心陈玉琨、沈玉顺等专家教授的高度肯定。有近110所学校同步使用"四合一"校本课程,3000多人来校学习,网上下载或点击内容达50000余次。《中国教师报》介绍了该成果;省市相关媒体专题报道近50次。

图28　全国讲学稿研究会二届一次会议黄石八中交流会
黄石八中网管中心提供

　　6. 促进资源共享,形成丰富多彩的具有地方特色的校本课程资源,得到极大的推广

　　经过多年的探索与实践,《中学历史教学资源网数据库》已被清华大学、中国学术期刊(光盘版)电子杂志社等组建的《中国知识资源总库》统一检索平台收录。成为全国唯一加盟《中国知识资源总库》的中学历史教学资源数据库。黄石八中与清华大学清华同方光盘股份有限公司及其电子出版社签订了数据库代理服务协议书,《中学历史教学资源网数据库》作为《中国知识资源总库》的一部分向社会提供检索服务,优质资源得以共享,丰富多彩的具有地方特色的校本课程资源为黄石八中教学改革奠定了基础。

　　学校先后同西藏、新疆、四川、山西等地区的中学合作,不仅向合作学校无偿提供"四合一"校本课程,还多次派出骨干教师直接到实验学校指导。这些基地学校所取得的成绩在当地引起巨大反响,得到当地主管部门的高度赞赏,西藏电视台、内江日报、四川新闻网、湖北日报等媒体均有报道。学校多次评为援疆先进单位和支援西部地区教育先进单位,先后接受了省内外200多名校长来八中挂职培训,成为"国培"示范基地。

图 29 国培计划——湖北省初中骨干校长培训班开班仪式在黄石八中隆重举行

黄石八中网管中心提供

中　篇　黄石中学地方历史文化学科体系的构建

一、黄石中学地方历史文化学科概况

（一）黄石中学地方历史文化学科的简介

1. 中学地方历史乡土教材《黄石历史》简介

由黄石市教研室组织编写的中学乡土教材《黄石历史》，在我市使用二十余年来，对促进中学生了解黄石、认识黄石、热爱黄石，对学生进行爱国主义教育和国情教育起到了推动作用。由于市教研室即市教科院领导、教研员的重视以及参与编写同志的努力，《黄石历史》的编写工作也不断进步与完善。在这里简单介绍一下《黄石历史》的编写与完善的情况。黄石历史从 1987 年 12 月编写完第一册古代史部分，现已出现过五个版本，即 1987 年版本 20 课，1991 年版本 36 课，1993 年版本 37 课，1997 年版本 40 课，1998 年新版本 36 课。

前四种版本为《黄石历史》原版本，在原版本使用十年之际，市教研室组织教师进行了较大修改和补充。1998 年新版本共 36 课，其中有 11 课保持了原版本的原貌，绝大部分课文是经过较大幅度修改和增加的，九八年新版本一直使用到现在。

第一，《黄石历史》新版本基本上保持了原版本的精华。

新版本中有关黄石历史的重要遗址、战场、人物、事件等，基本上保持了原版的原貌。如铜绿山古矿冶遗址、西塞山古战场、三楚第一山——东方山、黄石地区资本主义萌芽、辛亥革命先驱——曹亚伯、震惊全国的"二·二七"惨案、模范的大冶兵暴等课文，除少数文字有所增减外，基本上保持了原版本的内容。

第二，体现了黄石历史的特点，以近代史为主。

黄石以"矿冶之城"著称，是湖北省重要的工业中心、中国重要的原材料基地。而对黄石现在影响最大的就是近代史内容，新版本压缩了古代史部分的内容，体现了黄石近代工矿业、工人运动史的特点。古代史部分由原来 17 课缩减为 10 课，对黄石历史有重要影响的，如铜绿山古矿冶遗址、西塞山古战场、三楚第一山——东方山等保留下来，特别是近代史中的"张之洞与黄石工矿业、近代黄石五大厂矿、下陆大罢工、林育英建党在黄石、大革命时期黄石工农运动、抗击夏斗寅叛军斗争、黄石人民护厂斗争、中国保尔吴运铎与黄石、人民音乐家冼星海在黄石"等课文反映了黄石工矿业的发展、黄石工人阶级的壮大及在工人阶级中建党、工人罢工、工人抗日运动以及护厂斗争,突出了黄石以近代史为主的特色。

第三,《黄石历史》新版本增加了现代史部分的内容,使黄石历史内容更加完整。

《黄石历史》原版本只有古代史、近代史部分的内容。新版本增加了:"黄石地区的解放、共和国上将——王平、毛泽东视察黄石、新中国领导人与黄石、江南明珠的崛起"等课文,使黄石历史更加完整。

第四,《黄石历史》新版本增加了阳新历史的内容,黄石市区、大冶市、阳新县三部分比例恰当。

1997 年 1 月阳新县划归黄石市管辖,完善了黄石历史的内容。

第五,《黄石历史》新版本对思考与练习做了较大改进。

《黄石历史》原版本思考与练习只有填空与问答等题型,新版本增加了选择题、填表、连线等题型。①

《黄石历史》新版本已经使用了二十余年,特别是黄石矿冶文化以及工业遗产、工业旅游方面存在不足,黄石中学地方历史文化学科的构建也是为了进一步完善《黄石历史》。

2. 黄石地区的历史沿革

黄石市管辖的大冶市和阳新县有着悠久的历史。阳新自汉高帝六年(前 201 年)始置县,初名下雉,属江夏郡。大冶县始建于宋乾德五年(967 年),境内矿产丰富,冶炼业发达。967 年,李煌为南唐国主时,升青山场院,并析武昌三乡与之合并,设置大冶县。

夏、商时,市地属荆州之域。

西周时称鄂,为鄂侯领地。周夷王七年(前 887 年),楚王熊渠(子爵)攻杨粤至鄂(今鄂州、大冶),封其子熊红为鄂王,市地为楚国鄂王辖地。春秋战国属楚、秦。

秦昭襄王二十九年(前 278 年),分南郡竟陵以东及江南置江夏郡,从此鄂地南移属江夏。秦始皇二十六年(前 221 年),秦置鄂县,属南郡,市地在鄂县。

汉高帝六年(前 201 年)置下雉县,江夏郡统有鄂、下雉等 14 县,市地在鄂县、下雉县境内。

---

① 刘金林:《浅谈黄石乡土历史教材的编写与完善》,《历史文化教育资源》,2013 年 1—2 期。

三国时期,蜀汉章武元年、魏黄初二年(221年),孙权自公安迁都于鄂(今鄂州),改鄂为武昌,并分鄂之南建阳新县,以武昌、下雉、阳新、柴桑、沙羡、浔阳六县为武昌郡,市地在武昌郡之下雉县、阳新及武昌县境内。

魏黄初四年(223年),孙权将郡治迁至夏口(今汉口)。又改武昌郡为江夏郡,市地在江夏郡之武昌、阳新县境内。

西晋太康元年(280年),改江夏郡为武昌郡,以武昌、柴桑、鄂县、阳新、沙羡、沙阳、高陵等七县属地。市地在武昌、鄂县、阳新三县境内。不久,武昌与鄂县合并,仍为武昌县,市地在武昌、阳新两县境内。

东晋元帝建武元年(317年)江州由豫州移至武昌。至孝武帝太元九年(384年),始移浔阳。安帝义熙八年(412年),下雉县并入阳新县。市地在武昌、阳新两县境内。

南朝宋孝建元年(589年),改阳新为富川,不久又改富川为永兴,市地在武昌、永兴两县境内,梁置西陵县于此,后废。

唐代市地在鄂州武昌、永兴两县境内。唐末,南方九国兴起,市地在吴国境内。唐哀帝天佑二年(905年),吴王杨行密将永兴县和武昌划出一块地盘置青山场院,进行大规模采矿、开炉冶炼,市地在吴国鄂州境内。

五代十国时市地在鄂州武昌县、永兴县境内,后梁、后唐时属吴国,后晋、后汉、后周、北宋初时属南唐。

宋乾德五年(967年),南唐始建大冶县。从此,自宋至民国时期市地隶属兴国路、兴国州、武昌府。

1914年,改兴国州为阳新县,市地属湖北江汉道,1933年,划归湖北省第二行政督察区。

1938年,大冶沦陷,日军在大冶建立伪政权,并在石灰窑和黄石港两镇建立"石黄示范区",国民党大冶县政府流亡毛铺等地。1945年8月15日,日本投降,国民党大冶县政府接管,复置石灰窑和黄石港两镇,隶属大冶县辖。1948年,将石灰窑和黄石港两镇合并为石黄镇,隶属于大冶县。

1949年5月1日,中国人民解放军解放石黄镇。不久,经中原临时人民政府批准,设置湖北大冶特区办事处,直属中原临时人民政府,10月,成立湖北省大冶工矿特区人民政府,1950年8月21日,成立省辖黄石市。

1949年5月大冶县解放,湖北省设置大冶专区,专署驻大冶县城关镇,到年底管辖8县1特区,即大冶县(城关镇)、阳新县(城关镇)、崇阳县(城关镇)、通山县(城关镇)、咸宁县(城关镇)、武昌县(武汉市)、鄂城县(城关镇)、通城县(城关镇)、大冶工矿特区。中南军政委员会1952年撤销大冶专区,1959年大冶县划归黄石市管辖,1997年阳新县划归黄石市管辖。

黄石地区管辖的一市(大冶)一县(阳新)的行政区划自公元前221年秦置鄂县以来,有了统一的地区行政区。特别是北宋时期兴国军(明清时期的兴国州)的设立,地区统一版图基本形成与相对固定。这一相对统一的行政区为大冶学的形成和发展提供了有利的地理环境和发展空间。

2. 黄石中学地方历史文化学科的概念

(1)黄石中学地方历史文化学科的含义及主要内容

黄石中学地方历史文化学科是以历史上的大冶地区为核心,以矿冶之学为主要内容的一门地方文化学科,又称为"大冶学"或者"黄石学"。这不仅仅是一门研究地方文化的学科,实际上是以更宏大的背景、更广阔的视野,从整体史的角度,来研究中国古代以青铜原料铜为核心的矿冶史以及中国近代以钢铁工业为核心的重工业史为主要内容的具有地方特色的一门学科。该学科在中国古代矿冶史以及中国近代工业史的研究方面具有非常典型的意义。

黄石中学地方历史文化学科研究的主要对象包括大冶青铜文化,以青铜原料铜为核心的采矿与冶炼文化。大冶铁器文化,以大冶铁矿为核心的采矿与冶炼文化。大冶工业文化,即大冶近代重工业文明,包括大冶钢铁文化、大冶煤炭文化、大冶水泥文化、大冶有色文化、大冶电力文化等。此外,还包括地方民俗文化、红色文化、宗教文化等。

黄石中学地方历史文化学科研究的地域范围包括:核心地区为古代及近代的大冶县,中心地区除大冶县外,还包括阳新县、鄂城县的地域,扩展地域即近代史上的汉冶萍地区包括武汉、黄冈、咸宁等鄂东地区,湖南株洲、岳阳、长沙、湘潭以及江西萍乡、九江等地。更广的范围包括与汉冶萍有关的上海、重庆地区,以及长江中游的铜矿带、铁矿带等地区。大冶学不同于大冶文化,它超越了大冶文化的狭小地域范围,特别是钢铁工业不仅影响长江流域、全国,甚至影响到亚洲、世界,大冶学研究的范围更加广阔。

黄石中学地方历史文化学科研究的主要内容是"两点、一线、六摇篮"。两点指铜绿山古铜矿遗址、汉冶萍公司;一线是指三千年的矿冶史这条主线;六摇篮是指具体内容,即青铜摇篮(古代青铜文化以及矿业开发史)、钢铁摇篮(近代钢铁工业史)、水泥摇篮(近代水泥工业史)、煤炭摇篮(近代煤炭工业史)、电力摇篮(近代电力工业史)以及铁路摇篮(近代城市铁路史)。

(2)黄石中学地方历史文化学科形成的独特环境

矿产资源丰富以及地理位置优越是大冶学形成的独特环境,两者的完美结合在中国古代创造了铜绿山青铜文明,在近代创造了闻名世界的大冶奇迹,是中国近代重工业的摇篮,在现代创建了闻名全国的大冶特区,是新中国第二钢铁工业基地的发祥地。

黄石地形趋势是西南高、东北低,由西南向东北倾斜,地形破碎,局部地方形成不完整的山间盆地。岗地坡度一般较为平缓,沿江一带标高较低。延绵于湘鄂赣三省边境的幕阜山脉,在阳新境内有大小山峰411座。进入大冶,分为大同山(又称南山)、天台山、龙角山、云台山、茗山、黄荆山等去脉。境内较大的山有东方山、黄荆山、云台山、父子山、七峰山等。最高峰为阳新境内的七峰山主峰南岩岭,海867.7米,次高峰为大冶太婆尖,海840米,最低处为阳新境内的富水南城潭河床,海8.7米。长江自北向东流过市境,北起与黄石接址的鄂州市杨叶乡艾家湾,下迄阳新县上巢湖天马岭,全长76.87公里。市境内由富水水系、大冶湖水系、保安湖水系及若干干流、支流和258个大小湖泊组成本地区水系。最大的水系为阳新境内的富水水系。富水河发源于通山,由西向东,流入长江,全长196公里,流域面积5310平方公里,在市境内河段长81公里,流域面积2245平方公里。大冶湖水系流域面积1339平方公里,保安湖水系流域面积570平方公里。市境内河港纵横,湖泊、水库星罗棋布,大小河港有408条,其中5公里以上河港有146条,总河长1732公里。湖泊258处,主要湖泊有11处,即:磁湖、青山湖、大冶湖、保安湖、网湖、舒婆湖、宝塔湖、十里湖、北煞湖、牧羊湖、海口湖,总承雨面积2469.76平方公里。水库266座,总库容25.05亿立方米,全市水资源总量42.43亿立方米,其中地下水资源量为8.05亿立方米。市区形状成"人"字形,三面环山、一面临江,风光绮丽的磁湖镶嵌区中心,是一个盆地城市。城区中心地段海一般在20米左右。

黄石主要矿产储量丰富,分布相对集中。铁、铜、金、煤、石灰石等本市的优势矿产,探明储量丰富,找矿远景较好,且主要矿产的储量分布十分集中,全市小型以上的铁、铜、金矿床共190多处,丰富铁矿、铜矿、金矿的储量均占全省首位,是我国重要的铁矿和有色矿产生产基地。黄石矿产资源无论在储量上还是产量上均在全省乃至全国占有重要的地位,资源优势和经济优势十分显著。矿种配套程度高。黄石有丰富的铁矿、铜矿、金矿、煤矿,还有熔剂石灰岩、白云岩和冶金用矿等丰富的冶金辅助原料矿产。此外,还有丰富的水泥石灰岩、水泥配料、玻璃用砂岩、富碱玻璃原料、天青石等,品种配套程度高,易立足于本地资源形成钢铁、有色和建材工业为主体的系列产品。共(伴)生矿产多。综合回收利用潜力大。黄石铁、铜矿床多共(伴)生有多种有益组分。如铜铁矿,除铜、铁外,还共(伴)生有金、银、钴、硫、钼等有益组分,可综合开发和回收,使一矿变多矿,资源和经济效益十分显著。

黄石地区矿产资源丰富、独特的地理环境和区位优势,为古代矿冶开发,特别是近代重工业的产生和发展和近代化工业城市的形成奠定了坚实的基础,为以矿冶文化为核心的大冶学的形成提供了有利的条件。

(二)黄石地方历史文化研究的起源——汉冶萍公司研究

1. 汉冶萍简史

大冶是汉冶萍公司的核心,是汉冶萍公司的发源地和归属地,没有大冶就没有汉冶萍公司,没有汉冶萍公司就没有近代大冶工业奇迹,大冶与汉冶萍公司相互依存的关系,是任何城市都不可能做到的,这是汉冶萍研究作为大冶学研究重点的主要原因。

汉冶萍公司简史不仅仅是一部亚洲最早、最大的钢铁联合企业的曲折发展史,它还是一部近代大冶重工业的曲折发展史,是一部近代中国民族钢铁工业的曲折发展史。

汉冶萍公司历史要从1875年,盛宣怀在广济设立湖北开采煤铁总局开始。湖北开采煤铁总局在阳新等地开采煤矿、发现大冶铁矿,计划在大冶县黄石港吴王庙创办第一家现代化钢铁企业,为中国钢铁工业的诞生创造了有利条件。

张之洞于1890年6月在武昌建立湖北铁政局,在黄石创办大冶铁矿、王三石煤矿、道士洑煤矿、李士墩煤矿以及兴国锰矿。大冶成为中国钢铁工业的发源地。随着汉阳铁厂、大冶铁矿等的建成投产,近代中国钢铁工业正式诞生。1908年,盛宣怀奏请清政府批准合并汉阳铁厂、大冶铁矿、萍乡煤矿而成立汉冶萍煤铁厂矿有限公司,成为中国以及亚洲最早最大的钢铁联合企业。

大冶钢铁厂,由汉冶萍公司于1913年开始筹建,1916年10月正式定名为汉冶萍煤铁厂矿有限公司大冶钢铁厂。1917年,两座当时亚洲最大的450吨高炉破土动工,从此大冶地区实现了近代采矿和冶炼相结合,成为中国近代最大的钢铁工业基地。

随着抗日战争的爆发,资源委员会与兵工署会同组建钢铁厂迁建委员会,进行大渡口钢铁厂的迁建工作。钢铁厂迁建委员会主要任务是:拆卸汉阳钢铁厂之炼铁炉、炼钢炉、轧钢设备、动力机器,拆卸大冶钢铁厂矿的动力机器、机器修理厂、翻砂厂以及铁路运输工具等、拆卸六河沟铁厂在谌家机之炼铁炉。大渡口钢铁厂于1942年全部建成,成为当时西南地区最大的一座钢铁联合企业。

1938年10月,日军占领大冶,大冶厂矿全部落入日本之手。日本制铁株式会社在大冶厂矿设立"大冶矿业所"(简称"日铁")。1945年9月,国民政府接收"日铁"。1946年7月,国民政府在黄石成立"资源委员会华中钢铁有限公司筹备处"。1948 年 7 月 10 日,华中钢铁有限公司正式成立。

华中钢铁公司是汉冶萍公司的唯一继承企业,汉冶萍公司全部厂矿资产(包括大冶钢铁厂、大冶铁矿、汉阳铁厂等)、股权以及档案等都由华中钢铁公司继承管理。当时大冶集中了由鞍山、抚顺、本溪、石景山等地来的大批冶金技术人员。资源委员会先后将重庆资渝钢铁厂、青岛炼铁厂等设备拆运到华钢。至此,华中钢铁公司成为国民政府筹建的最大钢铁工业基地。

1950 年初,重工业部召开全国钢铁工作会议,提出在大冶建设中国第二个钢铁工业基地,初定名为大冶钢铁厂(代号"三一五厂")。1952 年 5 月 1 日,重工业部决定成立由华钢领导的筹建大冶钢铁厂的办事机构"三一五厂筹备处",新中国第二个钢铁工业基地在大冶筹建。华中钢铁公司的兴建、扩大,推动了黄石建市进程,使黄石市成为新中国成立初期重要的钢铁工业中心、中南地区最重要的重工业城市。

2. 汉冶萍公司研究

百余年来,有关汉冶萍公司的研究一直没有停止。其历程大体上可以分为两个阶段,从汉冶萍公司的创立至 1949 年为第一个阶段,这一阶段研究总的特点是对企业经营得失的探讨,尤以公司的经营管理者、利益相关者和关心民族工业发展的有识之士的文章居多,其资料性较强学术性则显不足。1949 年新中国成立至今为第二阶段,与前一阶段相比,无论是研究的深度与广度、成果的数量与质量都有了很大的提高。但对汉冶萍公司后期历史研究的成果较少,将汉冶萍公司研究由企业史研究扩展到钢铁工业史以及重工业史研究、特别是城市史、地方文化史的研究有待进一步加强。

1949 年以前,有关汉冶萍公司的文章大致包括三种类型。一类是由公司的经营管理者撰写,其中既有向社会介绍、宣传汉冶萍公司经营情况,意在提高企业知名度的宣传性文章,也有对公司的经营得失进行反思、总结的理性之论。第二类是关注中国工矿实业发展的有识之士,根据自己所掌握的资料及调查所得,从不同角度撰文探讨汉冶萍公司问题。第三类是一些担心汉冶萍公司对中国乃至世界煤铁市场发生影响从而损害自身利益的各国领事及其他外籍人员,他们通过各种渠道向西方世界传递有关汉冶萍公司的信息,希望引起西方钢铁界的重视。

1949 年以后,学术界对汉冶萍的研究无论是深度还是广度都较以前有很大的发展,整理出版了一批价值较高的资料集,发表、出版了一批有分量的论文、著作。①

---

① 李江:《百年汉冶萍公司研究述评》,《中国社会经济史研究》,2007 年第 4 期。

（三）黄石地方历史文化研究的发展——铜绿山古铜矿遗址研究

1. 铜绿山古铜矿遗址的发掘

铜绿山古铜矿遗址的发掘，解答了我国青铜时代铜原料的来源这一历史性的重大课题，为研究人类矿冶技术发展史提供了珍贵的实物资料。国际著名冶金史专家、美国麻省理工学院史密斯教授说："在这里，我们看到了在世界其他任何地方看不到的奇迹"，中国已故著名考古学家夏鼐称赞它是"中华民族的骄傲"。2001 年遗址被列入"中国 20 世纪 100 项考古重大发现"。

1973 年 10 月 20 日，中国历史博物馆收到湖北省大冶县铜绿山矿革命委员会写来的一封信和寄来一件古代铜斧，揭开了铜绿山古铜矿遗址发现的序幕。1974年，国家文物局决定组织湖北、河南、内蒙古三省区考古队员和中国社科院考古所以及相关大专院校的专家学者参加会战，成立指挥部。从此，中国的考古工作者开始了长达 11 年大规模配合露天开采的考古发掘工作。

1982 年国务院将其列为全国重点文物保护单位。1991 年 8 月，国务院根据专家组论证的意见，批准铜绿山 7 号矿体古矿冶遗址原地保护方案。1995 年，国家文物局又将其列入申报世界文化遗产名录预备清单。1998 年 9 月和 12 月，联合国教科文组织世界遗产委员会的专家分两批前来铜绿山古铜矿遗址，就申报世界遗产名录的准备工作进行了考察。

在国务院、冶金工业部、中国有色金属工业总公司、大冶有色金属公司、铜绿山矿以及湖北省委、省政府、国家文物局、湖北省文化厅、黄石市委、市政府、市文化局、大冶及周边乡镇等单位的重视和支持下，铜绿山 7 号矿体古矿冶遗址原地保护方案得以实施，中国工业遗产的第一座博物馆——铜绿山古铜矿遗址博物馆于 1984 年建成并对外开放。

2. 铜绿山古铜矿遗址研究

大冶铜绿山古矿冶遗址自 1973 年发掘伊始，便已引起中外学界的高度关注。研究主题类型多，既有遗址本身的矿冶技术，也有遗址与社会的联系，还涉及当代的环境与保护；多学科交叉的研究方法，考古学、历史学、化学、物理学、生物学、工程学等的学科方法都有参与；研究方式的跨学科、跨地域合作，绝大部分研究的参与者来自不同的地域。①

---

① 刘建民：《铜绿山古矿冶遗址研究综述》，《湖北师范学院学报（哲学社会科学版）》，2010年第 1 期。

（四）黄石地方历史文化研究的完善——矿冶文化研究

1. 黄石矿冶文化研究概况

黄石地方文化研究成就最大的是矿冶文化研究。2007年湖北理工学院成立矿冶文化研究所,湖北师范学院于2007年在"鄂东矿冶文化研究所"的基础上成立矿冶文化研究中心,湖北省教育厅于2009年12月批准建设省重点人文社科基地"长江中游矿冶文化与经济社会发展研究中心",该基地由湖北理工学院和湖北师范学院共建。从2009年起,《湖北理工学院学报(人文社会科学版)》开设特色栏目"矿冶文化研究"。2011年9月,黄石矿冶文化研究会成立,此外大冶市成立了青铜文化研究会、铁山区成立了矿冶文化研究会、黄石港区成立了黄石港矿冶文化研究中心。黄石地区现已创办的矿冶文化有关的网站有:矿冶文化网——湖北师范学院矿冶文化研究中心网站、汉冶萍网即汉冶萍研究中心网站、地方文化网即地方文化丛刊网站、工业遗产网以及中华矿冶文化网——湖北理工学院长江中游矿冶文化与经济社会发展研究中心网站。

黄石市举办了两届矿冶文化旅游节暨矿冶文化论坛,黄石市政协编辑出版《中国矿冶历史文化名城——黄石》《矿冶文化研究文集》等书,湖北理工学院编辑出版了矿冶文化研究丛书:《黄石矿业开发史》《黄石——矿冶文明之都》《太阳石的文明:黄石煤矿百年历程》《春秋百年——大冶铁矿企业文化启示录》《黄石矿冶文学研究》《黄石矿冶文学作品选》等。汉冶萍网以及汉冶萍研究中心、湖北师范学院编辑出版了《永不沉没的汉冶萍——探寻黄石工业遗产》《汉冶萍档案图集》《汉冶萍历史续编》《黄石城市公园》《汉冶萍旧址博物馆》等书,政协大冶市委员会编辑出版了《中国青铜古都——大冶》《图说铜绿山古铜矿》。大冶市铜绿山古铜矿遗址保护管理委员会编辑出版了中国矿冶考古丛书:《铜绿山古铜矿遗址考古发现与研究》《铜绿山古铜矿遗址记忆》《铜绿山古铜矿遗址文学作品集》。此外,龚长根、胡新生撰写的《大冶之火》、张实撰写的《苍凉的背影——张之洞与中国钢铁工业》、舒韶雄、李社教、刘恒、倪国友的《黄石矿冶工业遗产研究》(湖北人民出版社)等都是黄石矿冶文化研究的重要成果。

2. 黄石矿冶文化概念、内涵

矿冶文化是人类在从事各种矿冶活动中产生的,是人类围绕矿冶业在社会历史实践过程中创造的物质财富和精神财富的总和。

黄石矿冶文化的核心价值应为黄石的矿冶精神。关于黄石矿冶精神的内涵,早在20世纪80年代就曾被概括为"铜斧熔炉精神","铜斧"寓意不屈不挠、开拓进取,"熔炉"寓意融合四方、锤炼精品。随着时代进步,黄石矿冶精神的内涵也不

断被丰富、被挖掘。具体而言,黄石矿冶精神应包括以下几个方面:

劈山凿石的开拓进取精神,矿冶文化衍生的精髓是开拓进取精神。从早期的铜绿山采矿到近代的大冶铁矿,缔造出一个又一个矿冶文明神话,众多的中国矿冶第一、世界第一都在此铸就。这都是黄石矿冶人无坚不摧、与时俱进的开拓进取精神的生动体现,也是黄石矿冶文化的精髓所在。

科学发展、敢破敢立的创新精神,矿冶文化孕育的根源是创新精神。纵观黄石矿冶文明史,同样也是一部科技创新发展史。早在几千年前的商、周时期,祖先依托黄石丰富的矿产资源掘井取矿、置炉冶炼,在这里研究技术、发展生产,体现了创新的精神、卓越的智慧和过人的胆识,创造出了许多令全世界叹为观止的矿冶文明。在新的形势下,发掘黄石矿冶文化,就必须坚持弘扬科学发展、敢破敢立的创新精神,大力提倡"敢试、敢闯、敢冒"的首创精神。

爱岗敬业、勤劳创业的实干精神,矿冶文化的基石是实干精神。矿冶业一直是劳动强度大、风险高的行业之一,矿山作业风吹日晒、尘土飞扬,井下施工不见天日、举步维艰。从商、周时期的铜绿山古矿冶遗址到近代的汉冶萍公司,从大冶铁矿到新冶钢,黄石先辈们正是用铜汤铁水浇铸了黄石矿冶文化的丰碑。发掘矿冶文化,弘扬矿冶精神,就必须继承发扬先辈们爱岗敬业、勤劳创业的实干精神。这既是黄石矿冶文化奠定的基石,更是黄石城市发展、社会进步的不竭动力。

战天斗地的团结拼搏精神,矿冶文化形成的主线是团结拼搏精神。采矿冶炼是一个工序众多、复杂,需要群体参与,组织严密的劳动过程。从探矿运矿、选矿配料、筑炉冶炼等,有众多的环节,众多工匠的参与,没有群体的互相配合,各个环节的环环紧扣,铜铁等矿最终是无法提炼出来的。因而在千百年的矿冶生产实践中,培养锻炼了黄石人团结奋斗、艰苦拼搏的精神,这成为黄石矿冶精神的重要组成部分。

广采博纳、兼收并蓄的开放精神,矿冶文化发展的命脉是开放精神。黄石矿冶文化历史悠久,源远流长,凝聚了无数前辈祖先的智慧和心血。在铜绿山古矿冶遗址,商、周至西汉千余年间不同结构、不同支护方法的竖井、斜井有四百多座;整木雕成的排水槽、蜿蜒连绵;提升矿石用的木制绞车,灵巧精致;各式各样的斧、锤、凿、耙、钻、锄等采矿工具众多,充分体现了能工巧匠的聪明才智,其设计之完整、技术之先进、工艺之精湛,极尽其能者之能,被誉为"世界第一流的古矿冶遗址"。发掘矿冶文化,必须坚持弘扬广采博纳、兼收并蓄的开放精神。古为今用、人为我用、博采众长、补己之短,要乐于、敢于借鉴他人的成功经验和优秀成果为我所用,充分调动方方面面的积极性,不断增强区域的核心竞争力,把事业不断推向前进。

勇于牺牲的无私奉献精神。矿冶业在古代也是一个高危行业,没有勇于牺牲的无私奉献精神,就无法坚持工作在矿山、在井底、在车间矿冶第一线上。没有这些矿冶人数十年如一日,日复一日地艰辛劳作、默默奉献,那一件件精美的洪钟大吕,一样样精工细琢的神兵宝器也无从出炉。直到现代,从新中国成立初期的武汉长江大桥到后来的葛洲坝、三峡水利工程建设,再到"神舟"系列飞船升天,在这些成就的背后,都凝结了无数黄石矿冶人默默奉献的汗水,勇于牺牲的无私奉献精神也成为黄石矿冶文化的一个底色基调。

黄石矿冶文化及核心价值——矿冶精神,是黄石人在千百年的矿冶开采实践中经过千锤百炼形成的,是黄石人宝贵的精神财富,也是加快黄石发展的精神动力。①

中学生活动一:黄石地方文化知多少

活动内容

让学生通过黄石八中矿冶文化墙、黄石乡土教材《黄石历史》《黄石矿冶文化校本教材》等,走进黄石地方文化,了解我们身边的历史文化。

活动目标

通过学生观看黄石八中矿冶文化墙、开展知识比赛等活动,让学生了解黄石丰富的地方文化内涵,培养学生热爱家乡、热爱祖国的感情,让"知黄石、爱黄石、兴黄石"贯穿活动始终。

活动任务

建议各班学生以小组为单位开展黄石地方文化知识比赛,突出黄石地方文化在中国、世界上的历史地位。

活动参考资料

黄石八中矿冶文化墙

---

① 湖北省社会科学专家咨询团:《关于黄石市矿冶文化发展的咨询意见报告》,《黄石社会科学》,2010 年第 1—2 期。

二、黄石中学地方历史文化学科体系构建的学术基础

（一）近代黄石工业档案文献

以汉冶萍公司研究为核心的近代大冶工业史是大冶学学科体系构建的核心内容，大量的近代大冶工业档案遗产是大冶学学科体系构建的学术基础。

1. 近代黄石工业档案遗产概况

近代大冶工业档案遗产主要包括汉冶萍煤铁厂矿公司档案、国民政府资源委员会华中钢铁公司档案、华新水泥股份有限公司档案、源华煤矿股份有限公司档案、利华煤矿股份有限公司和鄂南电力公司大冶电厂档案。大冶近代工业档案遗产具有在全国影响大、数量多、地位高等特点。汉冶萍煤铁厂矿公司档案是中国近代在世界影响最大的企业档案，华新水泥股份有限公司档案是中国近代在亚洲影响最大的水泥企业档案，汉冶萍公司档案2002年入选第一批《中国档案文献遗产名录》，成为国宝档案。

1948年2月，汉冶萍公司经理盛恩颐向国民政府汉冶萍公司资产清理委员会移交了上海汉冶萍公司总事务所的汉冶萍公司董事会、经理处案卷、合同股票、契据账册等共11类档案资料。1948年7月，国民政府在黄石成立华中钢铁有限公司，汉冶萍公司资产由华中钢铁有限公司继承，汉冶萍公司全部档案从上海陆续运抵黄石。1949年5月，黄石解放，新成立的华中钢铁公司对汉冶萍煤铁厂矿公司档案以及国民政府资源委员会华中钢铁公司的档案进行全面接收。1953年3月华中钢铁公司更名为大冶钢厂，大冶钢厂对汉冶萍公司档案进行了系统的整理，大冶钢厂档案室（今新冶钢档案室）曾经是保存汉冶萍公司档案最完整的档案馆。按照国家的有关规定，1962年和1975年大冶钢厂将汉冶萍公司档案移交给湖北省档案馆和黄石市档案馆。这样汉冶萍公司档案就一分为三，第一部分，也是最重要的部分，汉冶萍公司及国民政府资源委员会华中钢铁有限公司档案共6656卷，并含有珍贵照片2箱又83张移交给湖北省档案馆，2002年入选第一批

《中国档案文献遗产名录》,成为名副其实的国宝档案。第二部分是国民政府资源委员会华中钢铁有限公司档案371卷,移交给了黄石市档案馆,并且包括汉冶萍公司以及华中钢铁公司时期的珍贵照片。第三部分是1949年至1953年华中钢铁公司以及处理汉冶萍公司资产的档案材料,现在保存在新冶钢档案室。当然,汉冶萍公司还有少部分的前期重要遗产,如:汉冶萍煤铁厂矿有限公司最重要的印章,至今仍保存在新冶钢档案室。

国民政府资源委员会华中钢铁公司档案包括:湖北省档案馆和黄石市档案馆馆藏的国民政府资源委员会华中钢铁有限公司以及新冶钢档案室少部分档案。华新水泥股份有限公司档案主要在黄石市档案馆馆藏,少部分在华新水泥股份有限公司档案室。源华煤矿股份有限公司档案包括:黄石市档案馆和黄石工矿集团有限公司档案室馆藏的源华煤矿股份有限公司档案。利华煤矿股份有限公司档案主要在黄石市档案馆馆藏。大冶电厂档案包括:黄石市档案馆馆藏大冶电厂档案和湖北省档案馆馆藏的鄂南电力公司档案有关大冶电厂的部分档案。

2. 汉冶萍公司档案

湖北省档案馆馆藏的汉冶萍档案,即LS56全宗,分15个目录,共有档案6656卷,上架排列长度100余米,并含有珍贵照片2箱及单存83张。档案起止年代自清光绪十五年至民国三十七年(1889年至1948年),时间跨度有60余年。

这批档案、资料,由数量众多的奏、札、谕、呈、电报、公文、私函等构成。主要有三大类:

(1)经理处档案。这部分数量最多,价值也较高,主要包括:规章制度、经营管理、销售运输、计划报告、产业设备、人事任免、机构设置、债捐交涉等内容。

(2)董事会档案。是公司最高权力机关产生的关于各类事项的议案、决议,以及与公司内外联系的函电,分总务、银钱、厂务、煤务、矿务、杂件六类。

(3)财会档案。包括公司会计所、商务所产生的清册、股票存根、地(矿)契据、单据票证等。

此外,还有国民政府资源委员会华中钢铁公司、迁建委员会的部分有关档案;公司刊行的各种资料汇编;公司收集的有关公司内容的剪报;反映公司情况的影集;以及部分图纸、地图、收发文簿、尚未立卷的杂件等。[1]

汉冶萍公司档案是目前研究汉冶萍公司历史的最原始材料。2002年被列入第一批《中国档案文献遗产名录》。

---

① 湖北省档案馆:《汉冶萍公司档案史料选编》,中国社会科学出版社,1994年。

3. 华中钢铁公司档案

黄石市档案馆馆藏的华中钢铁有限公司档案,全宗共有档案 371 卷,案卷排列长度 10.5 米,档案起止年代 1946 年至 1951 年。

档案内容主要有:国民政府资源委员会、华中钢铁有限公司关于成立汉冶萍资产清理委员会、华中钢铁有限公司筹备处、华中钢铁有限公司及设置内部机构、干部任免通知;该公司年度工作计划、总结,基本情况调查、处务会议记录、联席会议记录、职工名册、职工年报表、职工工资报表、统计表、职工福利条例及财务、基建、固定资产、物料、地产年报表,股权、股东登记,技工、艺徒培训、员工管理的考核制度、章则、办法;关于接收大冶铁厂、日铁、汉阳铁厂、象鼻山铁厂土地、房产、设备清册及经过等材料;日铁大冶矿业所资产估计,大冶铁厂原有建筑被日本拆毁、运走的损失报告,购买汉口长春街地皮材料,上、下窑房地出租租约、华钢征购土地、拆迁民房计划,处理三菱酒精厂物质清册,盛恩颐与日方交换意见笔录;中日合办矿业及大冶铁矿砂由美商承购协议,购买、运输萍乡焦煤,调拨、借用机械设备协议;硫、砂、锡分析,建设医院、办公室工程预决算;华钢筹集绥靖军警联防、成立警务机构,警士补充、提升、警士名册,军警临时警戒、戒严、配备枪支弹药等的规定、通知;关于华钢警士与电厂工人纠纷劳资纠纷及交通器材、通信器材被盗的处理情况等。

该全宗还有新中国成立后该公司改名为华中钢铁公司的部分档案。其主要内容有:重工业部、大冶工矿特区、华钢等关于机构设置、更名、人员编制、干部任免的通知,干部、职工登记表、统计表,工程技术人员、大学生录用的通知,公司年度工作总结,生产、工程会议记录,平炉建筑、防空、水压机工程会议记录,开展生产竞争、生产事故处理以及失业工人救济、安置、军转干部等材料。

4. 华新水泥股份公司档案

黄石市档案馆馆藏的华新水泥股份有限公司档案,全宗共有档案 837 卷,其中外文档案 61 卷。档案起止年代 1934 年至 1949 年,案卷上架排列长度 19 米。

档案主要内容有:华新水泥股份有限公司成立、变更、发展概况,人事任免情况;公司章程、营业执照及与有关公司签订的合约、契约;有关单位印信启用、销毁的通知及华新水泥股份有限公司战时损失统计;华新水泥股份有限公司战时水泥供应情况及公司董事会记录,水泥经营概况;有昆明厂、华中厂接收、重建情况,公司资本调整、投资调查,水泥产销、运输、库存计划、红利分配、财产估计、财产保险及内部组织系统人事、管理、调遣、物资购买、转让的通知;公司各类账表、清单、单据、存根、说明书、申请书、证明书等;本公司编制的华新发展史,《中国水泥工业》《我国水泥工业之过去与未来及华新水泥概况》等文本;公司股东会议记录,股东通讯录、股东名册,股票发行、认股、过户、分红情况;本公司与所属各厂、办事处及其他公司、厂家有关业务、财务往来函、联营契约,职工福利有关规定,华新水泥公司、大冶水泥厂关于复厂、原材料工具管理、生产计划、设备情况的概述、摘要、制度、办法,华新善后救济总署关于美国订购水泥制造机器的请示批复,华新关于向国外订购设备、物资器材的函、电,华新、美国有关进出口物资的发票、合同、函(外文),大冶水泥厂进口设备装箱单(外文)等。

5. 源华煤矿公司档案

黄石市档案馆馆藏的源华煤矿股份有限公司档案,全宗接收进馆的档案,从1927年起至1949年止,共183卷,案卷上架排列长度4.3米。

档案主要内容有:源华煤矿公司介绍、富源、富华与源华煤矿股份有限公司章程、源华煤矿地理位置图、源华公司、湖北大冶煤矿保管处、大冶县政府、工矿区劳资评审委员会关于机构建立、更改、人事调派、任免、产煤数量、煤价的电、函、令,湘鄂赣区煤业同业工会,源华公司关于报送出席全国煤业公会代表、理事会议,源华矿创办状况,公司关于股东大会选举董事及战后恢复生产等问题的函稿、名单、源华公司沿革概况及购买日本赔偿物资契约。源华董事会关于员工伤病假、抚恤监督及各办事机构的组织规程、办法,源华认股、增股、换发股票、分配报告、报表,干部聘任、调派、员工履历调查、大冶县接收敌伪财产委员会收入募捐清册、公司1946年至1949年收发文、资料登记簿、公司与各单位物资往来单据等。

6. 利华煤矿公司档案

黄石市档案馆馆藏的利华煤矿股份有限公司档案,全宗共有档案371卷,其中会计档案176卷。档案起止年代1921至1953年,案卷上架排列长度8米。

档案主要内容有:利华煤矿公司介绍、利华煤矿股份有限公司章程、利华煤矿地理位置图、利华煤矿股份有限公司各类账表、报表、账簿、统计表、清册、成本表、各类图纸、照片、业务往来函、契约、合同、议定书、申请书、判决书;本公司矿区管理,矿区现状调查表,产量盈亏情况,营运情况以及抗战时期矿区破坏情况调查,利华认股书,股东登记表、股息分配,本公司工人名册、工资表,利华组织系统表,沿革概况等。

7. 大冶电厂档案

黄石市档案馆馆藏的大冶电厂档案,全宗共有档案218卷。档案起止年代1945年至1949年。

档案主要内容有:大冶电厂概况、基本情况调查、统计表,大冶电厂各项管理规章,人事、财产、财务、移交清册,关于创业计划、概算、决算、资金收支及年度工作计划,资源委员会、鄂南电力公司、大冶电厂、武昌水电厂关于人事任免、调派的函电、代电、指令,大冶电厂、大冶铁厂、华钢公司、源华、利华关于设备、租金、电费合约的函件,大冶电厂技术员工、受训员工名册,资源委员会、大冶电厂关于人事任免、调

派、征用、解雇日侨、状况、颁发纪念证的代电、函、调查表,大冶电厂征购胡家湾土地、铁路路基、拆迁房屋、坟地座谈会记录、价值总表及鄂省府拨交、租给大冶电厂的沈家营土地合约、报告等。资源委员会、武昌水电厂、大冶电厂关于勘察武昌、大冶两电厂新址及猫儿山至沈家营一般公路的函、报告,大冶电厂、湘鄂赣区特派员办公室关于由大冶电厂接管大冶铁厂水电、线路设备及大冶电厂借用华钢发电设备、工具仪器的合约等文件,大冶电厂借用、租用华钢的器材、物资的函、清单等。①

黄石市档案馆馆藏的民国时期华中钢铁有限公司、华新水泥股份有限公司,源华煤矿股份有限公司、利华煤矿股份有限公司、大冶电厂五大厂矿的档案是中国重要的近代工业档案遗产,也是中国工业遗产的重要组成部分,特别是华中钢铁有限公司档案是第一批《中国档案文献遗产名录》——汉冶萍公司档案的一个重要组成部分。由于近代黄石地区是汉冶萍公司的发源地和最终的归属地区,是近代汉冶萍地区工业唯一发展壮大的地区,五大厂矿企业关系密切,五大厂矿档案已成为汉冶萍档案整体不可分割的重要组成部分。黄石市档案馆还有民国时期江汉工程局第四工务所、黄石港石灰窑商会、石灰窑邮局以及大冶县、安徽省保安旅等档案,这些档案资料是研究近代汉冶萍核心地区工业发展进程的重要原始文献资料,在中国近代工业史研究中占有重要地位。

(二)矿冶考古遗址报告

1. 矿冶考古遗址简介

以铜绿山古铜矿遗址研究为核心的古代大冶矿冶史,是大冶学学科体系构建的核心内容,大量的矿冶考古遗址报告是大冶学学科体系构建的学术基础。

经统计,发现古矿冶遗址 141 处,具有管理矿冶性质的城址 4 处,大冶市境内分布最为密集,已发现古矿冶遗址 121 处、城址 3 处。此外,黄石市城区有 6 处,阳新发现矿冶遗址 17 处、城址 1 处。从时代观察,有先秦时期聚冶遗址 89 处、城址 3 处,先秦以后的遗址共 6 处、城址 1 处,商晚至隋唐采冶遗址 2 处、宋代 2 处,有 42 处遗址仅发现有炼渣,尚难确定时代。目前,发现的 145 处古矿冶遗址及城址

---

① 黄石市档案馆:《黄石市档案馆指南》,1995 年。

分布范围较广,东至本区域的长江边,南至阳新县城银山,西北至梁子湖东南岸。①

根据调查所取得的遗址面积和堆积情况,141 处矿冶遗址中分布面积大小不一,最大为铜绿山遗址,面积达 2.5 平方公里,最小为大箕铺铁屎包冶炼遗址,面积仅 79 平方米。遗址中文化堆积层一般厚 0.2—1 米,最厚达 2—4 米。在 41 处不明时代的冶炼遗址中,有的炼渣厚度达 10 米,个别形成一个大山包,可见当时的冶炼规模是巨大的,如铜绿山遗址的铜炼渣初步估计达 40 万吨,估计提炼的红铜当在 4 万吨左右。② 这些都反映了以大冶为中心的黄石地区古代矿冶业的发达,大量古代矿冶遗址的发掘,为大冶学的古代矿冶史以及青铜文化史研究提供了丰富的内涵。

2. 矿冶考古遗址报告

大冶市铜绿山古铜矿遗址保护管理委员会编《铜绿山古铜矿遗址考古发现与研究》(科学出版社 2013 年 10 月第 1 版)比较系统的汇集了大冶地区的矿冶考古遗址简报。如考古简报有:《湖北古矿冶遗址调查》《湖北铜绿山春秋战国古矿井遗址发掘简报》《湖北铜绿山东周铜矿遗址发掘》《湖北铜绿山春秋时期炼铜遗址发掘简报》《湖北阳新港下古矿井遗址发掘简报》《大冶上罗村遗址试掘简报》《大冶古文化遗址考古调查》《大冶县三处古遗址调查》《大冶金湖古文化遗址调查》《湖北大冶蟹子地遗址 2009 年发掘报告》等。考古新发现的简报有《湖北省大冶市铜绿山古铜矿遗址保护区调查简报》《大冶市铜绿山岩阴山脚遗址发掘简报》《大冶市铜绿山卢家垴冶炼遗址发掘简报》等。

作为矿冶考古遗址报告正式出版比较重要的著作有《铜绿山古矿冶遗址》(文物出版社 1999 年 10 月第 1 版)、《大冶五里界:春秋城址与周围遗址考古报告》(科学出版社 2006 年 6 月第 1 版)、《阳新大路铺(上、下册)》(文物出版社 2013 年 11 月第 1 版)等。

《铜绿山古矿冶遗址》出版于 1999 年,作为正式发掘报告,较完整地反映了此前关于遗址考古学研究成果。

(三)名人档案文献资料

以汉冶萍公司为核心的近代大冶工业史是大冶学学科体系构建的核心内容,而张之洞、盛宣怀是近代大冶工业的开拓者和奠基者,张之洞、盛宣怀等人的著作

---

① 黄石市博物馆:《铜绿山古矿冶遗址》,文物出版社,1999 年。
② 龚长根、胡新生:《大冶之火——铜绿山古铜矿遗址》,湖北人民出版社,2008 年。

以及档案文献资料是大冶学学科体系构建的学术基础。

1. 张之洞全集

张之洞以"儒臣"名世,以"有学"自负,终其一生,不仅励精图治,政绩斐然,而且亲治文书,勤于笔耕。他生前已有多种论著刊行,辞世后,其家人、门生及学者一再编辑遗作,出版文集。著述勤奋,兼之刊印及时,使张之洞以近五百万言垂世,成为晚清名臣中留下文字较多的一位。

张之洞作古以后,编辑其遗作出文集者颇多。最先问世的是清宣统二年(1910年)刊印的《张文襄公诗集》。张之洞亲属南皮张氏刻印《广雅堂四种》(十五卷),张之洞的十三子张仁蠡辑印《先文襄公传家遗墨》,后北平琉璃厂荣宝斋、北平琉璃厂清秘阁、通县鼓楼新生工艺社以"专己守残斋"名义将此印行,名曰《张文襄公传家遗墨》,湖北省图书馆有藏。

由张之洞门人或学者所编各类集子,有民国七年(1918年)刊印的许同莘编《张文襄公电稿》(三十二册,六十六卷)。民国九年(1920年)许同莘编《张文襄公函稿》(二册)、《张文襄公公牍稿》(十五册)、《张文襄公奏稿》(二十六册,五十卷)。

张之洞各类著作的集成性文本,有许同莘编《张文襄公全书》,民国八年至民国十年(1919—1921)出版;王树楠编《张文襄公全集》,北平文华斋1920年出版,1928年再版,台北1963年重印。中国书店1990年10月海王邨古籍丛刊以文华斋本为底本缩印《张文襄公全集》。①

1993年河北人民出版社组织编辑《张之洞全集》,并于1998年出版。《张之洞全集》以1928年北平文华斋《张文襄公全集》为底本,广为辑佚张之洞未刊奏折、试卷、书札、诗文、联语、著作、手迹、图片等,并收录"抄本张之洞督楚公牍"等件。《张之洞全集》由张之洞的奏议、电报、公牍和专著等构成,其中奏议72卷,收录了张之洞从同治十二年十月至宣统元年八月期间上奏朝廷的奏折和谢折;电奏13卷,收录了自光绪十年闰五月至三十三年八月期间的电报奏稿;公牍84卷,收录了从光绪八年的二月至三十三年八月期间的咨札、批牍和谕示;电牍100卷,收录了自光绪十年六月至宣统元年六月期间张之洞致总署、致外省、致本省、致外洋、致亲友朋僚等方面的电报;诗文著述30卷,收录了有《劝学篇》《辅轩语》《书目答问》以及古文、读经札记、书札、骈体文、诗集等著述;附录6卷,包括传记资料、著录序跋、张之洞著述编纂与流传及版本等,与正文前后呼应,便于读者知人论世。全集总计,正文299卷,附录6卷,达790余万字。该书既是张之洞丰富多

① 冯天瑜、何晓明:《张之洞评传》,南京大学出版社,1991年。

彩人生历程的写照,又是晚清社会沧桑变迁的缩影,是研究中国近代政治、经济、军事、外交和文化教育等方面的第一手资料,具有重要的学术价值和史料价值。

武汉出版社《张之洞全集(共 12 册)》编辑组于 1989 年 4 月成立,确定以北平文华斋 1928 年刊刻的王树楠编《张文襄公全集》为底本进行编辑,搜集工作的足迹遍及可能藏有张之洞文献之所,多年的搜寻,得新文献九千余件。在编辑整理中,除去重复者、经考证实非张之洞所作者、有疑待考证者以及不符合《张之洞全集(共 12 册)》收录原则(反映张之洞的生平、思想、行动和他生活的环境)者,余下的补入底本。《张之洞全集(共 12 册)》收录文献共 14453 件,比底本多 7802件,比河北版多 3473 件。

2. 盛宣怀档案

"盛宣怀档案"(简称"盛档")是盛宣怀家族自 1850 年至 1936 年的文献记录,包括 17.5 万件、1 亿余字的档案史料。"盛档"被学界认为是研究我国近代史,尤其是研究洋务运动史、中国近代资本主义发展史、中国近代实业思想史的原始史料。

上海图书馆收藏的"盛档",有盛宣怀的履历、照片、生辰八字,他的日记、书稿、信函,他撰写的几乎全部文字底稿,他收到的来函、来文、来电,他的房产、私人产业、日常生活账单和支出凭证,甚至他送礼的清单和名录。"盛档"中不仅仅保存了与盛宣怀直接相关的文件,还保存了盛宣怀父亲盛康的大量档案和盛氏后裔的档案。

"盛档"文献牵涉到近代中国的政治、社会、外交、军事、金融、实业、教育等各个方面,涉及的重要人物有李鸿章、张之洞、左宗棠、翁同龢、端方、丁汝昌、唐廷枢、徐润、沈葆桢、曾国荃、梁启超、谭嗣同、孙中山、袁世凯、黄兴、黎庶昌、唐廷枢、徐润、郑观应、经元善、虞洽卿、辜鸿铭、刘鹗、胡雪岩、潘祖荫、马相伯、詹天佑等几百人;涉及的近代实业机构有:湖北煤铁总局、荆门矿务总局、金州矿务局、汉阳铁厂、大冶铁矿、萍乡煤矿、轮船招商局、上海华盛纺织总厂、中国电报局、中国通商银行、中国铁路总公司、汉冶萍煤铁总公司、南洋公学、中国红十字会等;涉及的历史事件有:洋务运动、义和团运动、辛亥革命、中日甲午战争、中外商务谈判、四川保路运动、东南互保事件等。无论是从数量还是内容上来说,称"盛档"为"中国第一私人档案"、中国近代史料的一座宝库,绝非虚言。

1916 年盛宣怀去世,其后人和幕僚们开始整理和保存盛宣怀生前遗留的所有物件,此即后来被史学界称作"盛档"的盛宣怀档案原貌。20 世纪二三十年代之间,为编辑宣怀文集,盛氏的后人及幕僚再次整理"盛档",并于 1939 年出版《愚斋存稿》,陆续有增补,最终成书共有 112 卷。其中收录 1896 年到 1911 年之间的盛氏遗稿中的奏稿和电稿两部分,而更多的公文、信函、账册、地图、照片、条约、诗文、日记、章程和合同等等,则未及编录。《愚斋存稿》只收盛宣怀的"手稿",别人写给盛宣怀的信件、发给盛宣怀的电报则未被收入。

1960 年由中华书局出版了 30 多万字的《盛宣怀未刊信稿》,这是 1949 年后最早出版的"盛档"资料。至 1997 年,香港出版了王尔敏主编的一系列盛宣怀函电文献,计为《近代名人手札真迹》《近代名人手札精选》《清末议定中外商约交涉》《盛宣怀实业朋僚函稿》及《清季外交因应函电资料》。1999 年,上海图书馆历史文献研究所编辑的《盛宣怀档案名人手札选》由复旦大学出版社出版。

2004 年,八卷本《盛宣怀档案资料选辑》出完最后一卷,1975 年开始的第二次大规模整理"盛档"宣告结束。至此,已经出版的《盛宣怀档案资料选辑》等 800 多万字,加上《愚斋存稿》和《盛宣怀未刊信稿》200 多万字,总共 1000 多万字,约占整个"盛档"的十分之一。[①]

(四)历代地方志文献资料

黄石地区"四区一市(大冶)一县(阳新)"的行政区划自从南唐时期大冶县的设立,特别是北宋时期兴国军(明清时期称兴国州)的设立,地区统一版图基本形成与相对固定。大冶县志和兴国州志成为研究黄石地区地方历史文化的重要历史资料,也是大冶学学科体系构建的学术基础。

1. 历代大冶县志

大冶自公元 967 年建县以来,纂修县志达十次。其中:明朝四次。永乐十五年(1417 年)、宣德年间(1426 – 1435 年)、嘉靖十九年(1540 年)、万历十二年(1584 年)各修 1 次。清朝 4 次。康熙二十二年(1683 年)、同治六年(1867 年)、光绪八年(1882 年)、光绪二十一年(1895 年)各修 1 次。以上 8 次皆出版印刷。但清朝康熙十二年(1673 年)纂修的大冶县志只有抄本。由于年代久远,明永乐十五年、宣德年间、万历十二年等 3 次纂修的《大冶县志》已无从查找。

(1)明嘉靖大冶县志

全志共七卷。赵萧修,冷儒宗纂。嘉靖大冶县志由序、凡例、图域、目录和志构成。知县赵萧,徐应华,冷儒宗分别作序。全志分七卷。卷一域地志、卷二田赋志、卷三建设志、卷四祠祀志、卷五秩官志、卷六人品志、卷七附录。

(2)清康熙大冶县志

清康熙大冶县志九卷本

---

① 上海图书馆"珍档秘史——上海图书馆藏盛宣怀档案展"专题网站。

该志由谢荣修,胡绳祖纂。

清康熙大冶县志十二卷,首一卷本

该志由陈邦寄修,胡绳祖纂。康熙大冶县志首一卷包括余国柱、胡绳祖、陈邦寄写的序,胡绳祖写的后序。收录了张仕可、郭逵、徐应华写的旧序。还包括凡例、姓氏表、目录、大冶县志图(县境图、县治图、县署图、儒学图、八景图);卷一地城志、卷二建置志、卷三田赋志、卷四治忽志、卷五秩官志、卷六官绩志、卷七选举志、卷八人物志、卷九至卷十一艺文志、卷十二逸事志。

(3)清同治大冶县志

该志十八卷、首一卷。胡复初修,黄丙杰纂。该志卷首包括胡复初作序,冯修藩题跋,职名,目录,赵鼎、张仕可、郭逵、陈邦寄、余国柱、胡绳祖作的原序和胡绳祖作的后序,明永乐十五年修志职名,凡例和大冶县志舆国(县治图、县城图、县署图、儒学图、八景图);卷一疆域志、卷二山川志、卷三建置志、卷四田赋志、卷五学校志、卷六祭典志、卷七秩官志、卷八宦绩志、卷九治忽志、卷十人物志、卷十一及卷十二烈女志、卷十三至卷十六艺文志、卷十七逸事志、卷十八补录艺文志。

(4)清光绪续修大冶县志

清光绪续修大冶县志十卷首一卷

该志由林佐修,陈寇洲纂。

清光绪大冶县志续编七卷首一卷末一卷本

该志由林佐修,陈鳌纂。首卷包括由林佐、陈鳌作序,设有例言、大冶县志续编目录、大冶县志续编姓氏、舆图、图说。卷一官师志、卷二户口志、卷三祠祀志、卷四建置志、卷五学校志、卷六人物志、卷七详异志、末卷附录。

清光绪大冶县志后编二卷

该书由陈鳌纂。全志书内容。陈鳌作序,卷一包括城池、仓敖、学校;卷二包括祥异、官职、选举、人物、烈女、艺文等。①

2. 历代兴国州志

(1)《兴国州志》历代修志简介

阳新修志兴于宋,盛于清。史载,宋代至晚清纂修和民国重刊地方志12次。

第一次,宋绍熙元年至绍熙五年1190—1194年,知军赵善宣主修,教授潘廷立编纂《富川志》6卷。

第二次,宋淳祐元年至淳祐四年1241—1244年,知军李寿朋主修《富川志》10卷。

---

① 纪宏祺:《历代＜大冶县志＞考略》,大冶史志网。

第三次,元大德元年至大德十一年1297—1307年,本籍马镛纂修《兴国志》未成,其子马涛续修。因无资刻印,未能出版。

第四次,明永乐二年1404年,知州钱泉、州同汪深主修,马国州编纂《兴国州志》11卷。

第五次,明嘉靖三十三年1554年,知州唐宁主修,州同林爱民编纂《兴国州志》7卷。

第六次,明天启四年1624年,兴国州通判马敳(福建侯官人)编修《(天启)下雉纂》册,内载疆域分野、建置沿革、里坊、八景、山川、楼观、寺宇、风土、物产、店铺、赋役和社会生活等。

第七次,清康熙四年1665年,知州杨遵主修,冯之图编纂,1675年王之宾增补续修《兴国州志》2卷。

第八次,清雍正十三年1735年,知州魏钿主管,顾星等编纂《兴国州志》10卷,首1卷。

第九次,清同治十三年1874年,翰林院编修陈光亨主持编纂《兴国州志》36卷,分装12本。

第十次,清光绪十五年1889年,翰林院编修王风池、翰林院庶吉士刘凤纶将陈光亨纂修《兴国州志》进行续补纂修,仍为36卷,首1卷,分装16册。

第十一次,清光绪三十年1904年,贺祖蔚主修,刘凤纶续补《兴国州志》3卷,首1卷。

第十二次,民国三十二年1943年,汪伪政府阳新县县长石先绪主持重刊光堵《兴国州志》,改名《阳新县志》。

(2)现存《兴国州志》概况

《兴国州志》(嘉靖三十三年)

全志7卷,分装4本(木刻),遗失1本,幸存3本,藏北京图书馆。卷一(遗失)。卷二:沿革、疆域、风俗、山川、坊都、关津、陂塘、古迹、坟墓。卷三:户口、田赋、贡课、庸调、物产。卷四:公署、学校、秩祀、兵防。卷五:秩官列传。卷六:人物列传. 卷七:样异、杂考、方外。

《兴国州志》(康熙四年)

全志分上下卷。上卷:州图、沿革、分野、疆域、山川、州城、坊里、市镇、关津、田赋、户口、土产、风俗、儒学、祀典、公署、铺司、秩官、科第、贡库。下卷:文章、名贤、人物、忠孝义节、隐遗、流寓、古迹、样异、仙释、杂考。

《兴国州志》(雍正十三年)

全志除首卷外,分10卷。内分州图、建置、疆域、山川、城池、户口、田赋、物产、学校、祀典、秩官、科贡、武勋、乐律、乐器、人物列传、忠孝节烈、艺文、祥异等。北京图书馆和安陆县图书馆均收藏原印本。湖北省图书馆和县志办公室存复印本。

《兴国州志》(同治十三年)

全志 36 卷分装 12 册。卷一:名图。卷二、三、四:舆地。卷五、六、七:政典。卷八、九:学校。卷十、十一:祀典。卷十二、十三:官师。卷十四、十五、十六、十七、十八:选举。卷十九:恩例。卷二十、二十一、二十二、二十三、二十四:人物。卷二十五、二十六、二十七、二十八、二十九、三十:烈女。卷三十一:时事。卷三十二、三十三、三十四、三十五:艺文。卷三十六:杂志。原印本存北京图书馆.

《兴国州志》(光绪十五年)

全志 36 卷·首 1 卷,分装 16 册。目录与同治版相同,只是各门类加以增补。

《兴国州志续补》(光绪三十年)

依光绪十五年《兴国州志》,续补 3 卷和首 1 卷。卷首设序、目录、秩官、职官、选举、武举、武职、例考职官、恩赐,卷一、卷二人物志,卷三艺文志。①

中学生活动二:黄石地方文化图书馆共创者

活动内容

让学生通过家长、亲朋好友或者图书馆、互联网,收集、了解黄石地方文化的图书、杂志,包括电子图书,共同创建班级地方文化图书角、学校地方文化图书馆或者电子图书馆。

活动目标

通过学生收集、了解黄石地方文化的图书等活动,让学生了解黄石悠久丰富的地方文化,培养学生热爱家乡情感以及保护家乡地方文化文献遗产的意识。

活动任务

建议各班学生在创建班级图书角的同时,收集黄石地方文化的图书、杂志,在图书角开设地方文化专栏。条件成熟的情况下,学校可以共创黄石地方文化图书馆或者电子图书馆。

活动参考资料

阅读:百度文库《电子图书馆》。

---

① 　湖北省阳新县县志编纂委员会:《阳新县志》,新华出版社,1993 年。

三、黄石中学地方历史文化学科体系的核心内容

（一）古代黄石矿冶史与矿冶遗址

1. 古代大冶矿冶史

商周时期铜绿山古矿冶史

根据文献记载和考古发掘，在先秦时期，有三大铜矿冶基地：以大冶为中心（包括阳新、鄂州、江西瑞昌等）的铜绿山基地；以安徽铜陵为中心（含贵池、青阳等）的大工山基地；以山西垣曲为中心的中条山基地。在这三大基地中，水平最高的是铜绿山古矿冶基地。在铜绿山古矿冶基地的四个矿区中，又以大冶铜绿山古矿冶遗址最为突出。铜绿山的产铜输出范围相当广，从考古发现的实物分析，商周王朝从铜绿山获得大量铜料。楚国由小变大、由弱变强，铜绿山丰富的铜矿资源起了至关重要的作用。

春秋时期至西汉黄石矿冶业的三座古城

黄石地区的矿冶业自古就很发达。早在 2000 多年前，先民就在现大冶域内，先后修筑了三座古城，加强对这一地区矿产资源和采矿冶炼行为的管理。

五里界古城位于大冶市东南部的大箕铺镇五里界村。为省级重点文物保护单位。是一座南北向长方形土筑城垣的城址，面积 124740 平方米。城址周围有21 处居住遗址和冶炼遗址。

湖北省文物考古研究所于 2003 年 6 月对其进行了局部考古发掘。揭露出来的遗迹有春秋时期的建筑台基 4 座、房基 2 座、奠基坑 1 座、水井 1 口、灰坑 26 个、灰沟 12 条。出土的遗物一类是陶器和石器等一般的生产、生活器具；另一类是炼铜活动留下的冶铜原料与炼渣等遗物。冶铜原料主要有铜矿石和冶铜掺和料方解石。研究表明，五里界城（城垣）建筑在两周之际，春秋中期偏晚废弃。

鄂王城地处大冶市金牛镇高河管理区胡彦贵自然村。为第五批全国重点文物保护单位。城址平面呈不规则长方形，面积 53972 平方米。鄂王城内的地层堆积仅分为近现代文化堆积层和战国时期文化堆积层两层。所见遗迹有烧制筒瓦

的陶窑和房屋建筑基址。80 年代初文物普查时,在城外的西面和东面台地上发现了墓葬群和古文化遗址。在城址东、东北及东南面约 12 - 18 公里的闵家山、张家墩、舒家山,发现有新石器时代晚期至东周的文化遗址。城内的遗物有陶器、铜器、铁器和金器,均为生产工具、建筑材料、生活用具、货币和兵器,这些遗物的年代早到春秋,晚至西汉,但大部分为战国时期。因此,鄂王城的时代为战国。

草王嘴城位于大冶市金湖街道办事处田垅村。为省级重点文物保护单位。城址平面呈不规则长方形,面积约 55000 平方米。草王嘴城四周城垣保存较好。从城外发现的一口陶井圈水井的纹饰和形制观察,可能为西汉时期。城内遗物有陶器和铜器,分有生产工具、建筑材料和生活用具,生产工具有 7 件。建筑材料以泥质灰陶为主。生活用多是陶器,只有 1 件铜壶。另外,在垣外东南角的田垄自然村有铜炼渣堆积。草王嘴城采集的遗物及城内文化堆积层内包含、分布的遗物以西汉时期的为主,可以确定草王嘴城建筑于西汉初期,使用于西汉早中期。

对三座古城进行比较,可以看出,它们具有面积都不大、使用的年代相对较短、有便利的地形和水上通道、周围都有铜矿或密集的冶铜遗址,形成以城址为中心的遗址群等共同点。只是在城址平面形状、年代、所处地理位置、城址规模、使用年限等方面不同。它们与大冶地区古代铜矿的分布和采冶有密切的关系,是当时的采矿冶炼管理中心,是春秋、战国、西汉为管理大冶地区铜矿的采冶而修筑的城址。在不同的时代,随着采矿冶炼重心的转移,随之修建一座城堡对铜矿开采和铜的冶炼等生产销售环节进行管理。三座城址以五里界城的时代为最早,这表明目前发现的我国最早建筑管理铜矿采冶生产的城址出现在春秋时期。

东汉时期至清代中叶黄石矿冶业的发展

东汉时,铜山口、龙耳山、东角山等处有铜的采冶,三国时期,黄石地区冶炼发展成为以铁为主,综合冶炼业。据《中国铁矿志》记载:"黄武五年(公元 226 年)吴王孙权采武昌之铜铁铸刀剑万余。"《隋书·食货志》记云:"晋王广又听于鄂州白绖山(今黄石白雉山)有铜筭处,锢铜铸钱,于是诏听置十炉铸钱。"唐天祐二年(公元 905 年),吴国武昌节度使秦裴置"'青山场院'(今大冶市鸿宾桥一带),公家仰足"。《太平寰宇记》古逸本载:"大冶县白雉山,西南出铜矿,自晋、宋、梁、陈以来置炉烹炼。"

宋代,黄石在兴国军(今阳新县)之境。《元丰九域志》云:"兴国军大冶县,富民一钱监,一铜场。"《宋史·地理志》载:"大冶有富民钱监及铜场,宋初,钱监仅四,大冶之监其一。宝丰场(今磁湖处)在县北。距县 90 里(指大冶市),出胆水,浸铁成铜(今水法冶金技术)。"

南宋淳熙十年(1184 年),官府在铁山设"铁山寨"。明洪武七年(1374 年),

朱元璋置"兴国冶"。

清代中叶,铁山之南的得道湾至土桥一带便已炉渣累累。1971 年至 1972 年,仅在铁门坎一处,就回采清代炉渣 16.48 万吨。

黄石地区的冶铁炼钢及铸造活动,其面积之广,规模之大。矿点之多,产量之高,都是空前的。先后出现了"铜场""钱监""青山场院""铁冶所""铁务"等采冶铸造场地和组织管理机构。①

2. 古代大冶矿冶遗址

(1)铜绿山古铜矿遗址

位于大冶市区以南 3 公里处,它的范围包括铜绿山、大岩阴山、小岩阴山、柯锡太村、螺蛳塘、乌鸦扑林塘等地,南北长 2 公里,东西宽约 1 公里。铜绿山古铜矿遗址,经春秋、战国直至西汉,历时千余年,是迄今世界上发现的规模最大、采掘年代最长、冶炼工艺水平最高、文化内涵最丰富的古铜矿遗址。

1973 年,在铜绿山古矿冶遗址中,发现了大规模的古代采铜矿井、炼炉和大量的炼铜遗留的炉渣。在古矿井内还发现了大批木铲、木槌、铜斧、铜锛、铁斧、铁锄等采矿工具和陶制生活用品。遗址中还清理出西周晚期至春秋早期的炼铜竖炉八座。炼渣厚达 3 米,总重量约四五十万吨。古矿井最深处距地表达 50 余米,不同时代、不同结构采用不同木构井巷支护方法的采矿井巷三百六十多条(个),井巷木护支架保存完好。对炼铜竖炉和炼渣的分析证实,当时已成功进行了还原冶炼。炼渣的含铜量大都低于 0.7%,粗铜的含铜纯度在 93% 以上。这说明,当时的冶炼技术已达到很高的水平。初步估算,从铜绿山大约炼出了十二万吨粗铜。有的学者断言:商周时期中原地区所用的铜主要来自以铜绿山为中心的长江流域一带,这雄辩地说明了我国古代劳动人民在采矿和冶炼技术方面的伟大成就。

(2)铜绿山古铜矿遗址博物馆

全国重点文物保护单位、中国 20 世纪 100 项考古大发现之一、湖北省省级爱国主义教育十大示范基地之一。是一座展示中国古代铜矿采冶发展史的专题型遗址类博物馆。博物馆于 1984 年建成并对外开放。

博物馆展览大厅长 36 米,宽 30 米,高 14 米。400 平方米的考古发掘现场内,清晰地展示了春秋时期运用木铜绿山古铜矿遗址博物馆制榫接方框支架维护的竖井 70 个,平巷 66 条,盲井、斜井各 1 个。它们纵横交错,层层叠压,再现了当时开拓井巷采掘矿石的情况。排水巷道和木制水口,蜿蜒其间,一件件出土的工具依然放置在当时使用的地方。大厅四周墙裙上复原的地质剖面,与遗址现场浑然

---

① 詹世忠主编:《黄石港史》,中国文史出版社,1992 年。

一体,加强了大厅的现场感。设置在大厅南侧的辅助陈列室,运用出土文物、矿石标本、照片、图表、模型等反映了遗址的地质地貌、发掘经过、年代测定、采冶结合等状况,并陈列有出土器物。此外,大厅外东南向深约 20 米的地下,还保护有西周至春秋时期 2000 平方米采矿遗存。

遗址博物馆占地 5000 余平方米。内有《铜绿山古铜矿春秋时期采矿遗址陈列》《铜绿山古铜矿遗址采矿技术陈列》《铜绿山古铜矿战国至汉代采矿遗址复原陈列》和《铜绿山古铜矿遗址冶炼技术陈列》等专题陈列。

(二)近现代黄石钢铁工业史与钢铁工业遗产

1. 近现代大冶钢铁工业史

(1)近代钢铁工业的诞生

张之洞于 1889 年到武昌就任湖广总督,当时清政府准备修建卢汉铁路,需要大量的钢轨,为了发展中国民族工业,抵御外国钢铁进入,他于 1890 年 6 月在武昌建立湖北铁政局,督办购机、设厂、采矿、开煤四大事宜,汉阳铁厂在大别山下动工兴建,1893 年 9 月建成投产。1890 年在黄石铁山设立大冶矿务局,任命林佐为总办、李增荣为铁山运道委员,购山买地,兴建工程,勘修从铁山至石灰窑的运矿铁路,开筑卸矿码头。1892 年大冶铁矿运矿铁路竣工通车,铁路全长 30 余公里,是湖北省境内第一条铁路。1891 年 4 月张之洞派张飞鹏开办王三石煤矿,在大冶设立王三石煤局,开采煤矿。1893 年汉阳铁厂、大冶铁矿、王三石煤矿等的建成,标志着中国近代钢铁工业的诞生。

(2)盛宣怀创办汉冶萍公司

1896 年清政府无力维持官办企业,让盛宣怀接办汉阳铁厂和大冶铁矿,改为官督商办。为解决燃料困难,1898 年在江西开发萍乡煤矿。1908 年,盛宣怀奏请清政府批准合并汉阳铁厂、大冶铁矿、萍乡煤矿而成立汉冶萍煤铁厂矿有限公司,由官督商办转为完全商办。汉冶萍公司成为中国以及亚洲最早最大的钢铁联合企业。

大冶铁矿位于黄石市铁山区,1890 年由湖广总督张之洞报请清政府开办。当时探明大冶铁矿储量丰富,仅露天部分就达 2700 多万吨,矿石品位极高,含铁率高达 64%。1893 年大冶铁矿投入生产,这是中国近代第一家用机器开采的大型露天铁矿,成为汉阳铁厂的原料基地。1892 年大冶铁矿运矿铁路竣工通车,铁路全长 30 余公里,是湖北省境内第一条铁路,也是中南地区第一条铁路。1896 年大冶铁矿由官办改为官督商办,由盛宣怀招商承办。到 1906 年,铁矿年产量增加到18 万多吨,员工多达 3000 人。区共由 6 个大矿体组成,自东向西依次为尖山、狮子山、象鼻山、尖林山、龙洞和铁门坎,储量比较丰富。

（3）汉冶萍公司兴建大冶钢铁厂

大冶钢铁厂,由汉冶萍公司于1913年开始筹建。厂址选在大冶石灰窑东部一公里处的袁家湖一带（现新冶钢厂址）。1916年10月正式定名为汉冶萍煤铁厂矿有限公司大冶钢铁厂,厂长李维格,副厂长吴健。大冶钢铁厂正式成立后,立即开始大规模的建厂施工。1917年,两座当时亚洲最大的450吨高炉破土动工,一号化铁炉在1922年6月24日举火开炼,二号化铁炉到1923年4月5日出铁,从此,大冶钢铁厂进入了生产时期,平均日出铁335吨,投产后的铁产量居全国之首。从此黄石地区实现了近代采矿和冶炼相结合,成了中国近代著名的钢铁工业基地。1924年3月15日,大冶钢铁厂与大冶铁矿合并,定名为大冶厂矿。

（4）抗战时期的钢铁工业

汉冶萍厂矿的拆迁

蒋介石于1938年2月7日下令:"汉阳铁厂应择要迁移,并限3月底迁移完毕"。同年3月,资源委员会与兵工署会同组建钢铁厂迁建委员会,进行大渡口钢铁厂的迁建工作。

钢铁厂迁建委员会主要任务是:拆卸汉阳钢铁厂之炼铁炉、炼钢炉、轧钢设备、动力机器,拆卸大冶钢铁厂矿的动力机器、机器修理厂、翻砂厂以及铁路运输工具等、拆卸六河沟铁厂在谌家机之炼铁炉,以便迁川建厂,并于四川省南川县、贵州省桐梓县一带,开采煤矿,于綦江县开采铁矿。

大渡口钢铁厂的兴建

从1938年9月,100吨高炉破土动工,11月20吨高炉开始建设,其他发电、炼钢、轧钢、耐火工程相继开工,大渡口钢铁厂于1942年全部建成。南桐煤矿、綦江铁矿、綦江水道运输处等附属单位亦先后投产,大渡口钢铁厂成为当时西南地区最大的一座钢铁联合企业。

日本侵占时期的大冶矿业所

1938年10月,日军占领黄石,大冶厂矿全部落入日本之手。日本制铁株式会社在大冶厂矿设立"大冶矿业所"（简称"日铁"）。在黄石投资7000多万日元,扩充和修建了装卸码头,修建了35万吨的贮矿场和安装了日卸矿5000吨的卸矿机两座。对得道湾、下陆、石灰窑三处的车站进行改建。修复了石灰窑至铁山一线的铁路。把大冶钢铁厂改称"大冶新厂",设立邮电局、配给部、火力发电所、变电所、警护队等。在发电所安装了3000千瓦发电机两座,架设了发电所至铁山约30公里长,6.6万伏的高压线路。将原来厂内的自来水、氧气制造、制冰设备修复与扩充,又在厂内修建了医院、演艺馆、游泳池、酿造厂、学校、家属住宅、职员住宅和

"苦力"宿舍等设施。据不完全统计,1938年至1945年间,日本侵略者从大冶厂矿掠走的铁矿石多达500万吨。

(5)华中钢铁有限公司——国民政府筹建的南方大型钢铁工业基地

1945年9月,国民政府接收"日铁"。1946年7月,国民政府在黄石成立"资源委员会华中钢铁有限公司筹备处",筹备处主任程义法,副主任刘刚。1948年7月10日,华中钢铁有限公司正式成立,张松龄任代总经理,刘刚、丘玉池任协理。

华中钢铁公司是汉冶萍公司的唯一继承企业,汉冶萍公司全部厂矿财产(包括大冶钢铁厂、大冶铁矿、汉阳铁厂等)、股权以及档案等都由华中钢铁公司继承管理。当时黄石集中了由鞍山、抚顺、本溪、石景山等地来的大批冶金技术人员。资源委员会先后将重庆资渝钢铁厂、青岛炼铁厂等设备拆运到华钢。至此,华中钢铁公司成为中南地区最大的钢铁工业基地。

(6)华中钢铁公司——新中国筹建的第二个钢铁工业基地

1949年5月15日,中国人民解放军四野四十三军解放了黄石。5月27日,中国人民革命军事委员会武汉市军事管制委员会接管华钢。9月1日,华钢正式定名为中原临时人民政府华中钢铁公司。1950年11月,大连建新工业公司所属大连钢厂迁入华钢,1950年初,中央重工业部召开全国钢铁工作会议,提出在黄石建设中国第二个钢铁工业基地,初定名为大冶钢铁厂(代号"三一五厂")。1952年5月1日,重工业部决定成立由华钢领导的筹建大冶钢铁厂的办事机构"三一五厂筹备处"。新中国第二个钢铁工业基地在黄石筹建。华中钢铁公司的兴建、扩大,促进了黄石建市进程,使黄石市成为新中国建国初期南方重要的钢铁工业中心、中南地区最重要的重工业城市、新中国重要的矿冶工业基地。

(7)钢铁摇篮再续辉煌

1953年华中钢铁公司更名为大冶钢厂,1994年冶钢集团有限公司成立,1997年大冶特殊钢股份有限公司在深交所上市,2004年中信泰富投资有限公司出资收购了冶钢集团有限公司钢铁主业资产,组建湖北新冶钢有限公司。依靠技术创新,新冶钢不仅重新回到了全国特钢行业龙头地位,在国内外特钢行业名声大噪,而且再次擦亮了中国民族的特钢品牌。目前,新冶钢生产的齿轮钢产销量位居国内第二,弹簧钢产销量位居国内第三,轴承钢产销量位居国内第三。正是凭借卓越的产品质量,新冶钢生产的高温合金钢先后送"神舟六号""神舟七号"遨游太空,送"嫦娥"揽月,送"歼十""飞豹"飞天,为国家航天事业和军事工业做出了巨大贡献。新冶钢,日益成为一颗为世人瞩目的、冉冉升起的国际特钢品牌新星,百年钢铁摇篮,再续辉煌。

2. 黄石钢铁工业遗产

(1)汉冶萍煤铁厂矿旧址概况及工业遗产

现状概况

汉冶萍煤铁厂矿旧址主体部分位于黄石市西塞山区湖北新冶钢有限公司厂区内,北边为长江,直线距离长江约 50 米,东邻西塞山约 1 公里,南距黄荆山约 1.5 公里。2006 年被国务院确定为全国重点文物保护单位,该旧址包括:冶炼铁炉、高炉栈桥、日欧式建筑群、瞭望塔、张之洞塑像、汉冶萍界碑等。

目前主要作为整体保护,部分调整再利用。日式及欧式住宅建筑整体较好,一部分作为新冶钢的办公用房;一部分作为历史陈列室用房。

汉冶萍旧址还包括位于黄石市黄石港区的卸矿机和小红楼,以上这些都是全国文物保护单位。

文物价值

汉冶萍煤铁厂矿旧址是我国现存最早的钢铁工业遗址,是中国早期工业化的重要历史文物,是中国近现代发展进程中的重要见证,填补了我国近代早期钢铁工业文物保护中的空白,具有典型性、唯一性和不可替代性。

历史价值

1890 年 6 月,湖广总督张之洞在武昌设立湖北铁政局,督办购机、设厂、采矿、开煤四大事宜,在黄石创办大冶铁矿、王三石煤矿、兴国锰矿,在武汉创办汉阳铁厂,湖北铁政局的成立标志着近代中国钢铁工业正式诞生。1908 年,盛宣怀奏请清政府批准合并汉阳铁厂、大冶铁矿、萍乡煤矿而成立汉冶萍煤铁厂矿有限公司,这是中国近代第一家钢铁联合企业,也是当时亚洲最早最大的钢铁联合企业,中国近代在世界上最有影响的企业。

"第一次世界大战"期间,汉冶萍公司达到空前繁荣。汉冶萍公司创下了多个全国第一:第一家大型钢铁联合企业;第一家大型钢铁股份公司;第一家钢材出口企业;第一家制定国家标准的企业……

汉冶萍的钢铁产品被欧美行家誉为精品。1914 年,在意大利首都罗马举办的世界博览会上,汉冶萍公司的钢铁产品获得最优等奖。1915 年美国巴拿马世界博览会上汉冶萍公司生产的钢铁获名誉奖章。汉冶萍公司生产的钢轨,大量用于中国早期兴建的芦汉、粤汉(今京广铁路)以及津浦(今京沪铁路)等多条铁路,自此结束中国铁路建设之钢轨全部依赖外国的历史。汉冶萍公司还向美国、日本和南洋群岛出口钢铁。1912 年以前,该公司的钢产量占中国钢铁产量的 100%。

1913 年以后随着大冶钢铁厂的兴建,汉冶萍公司的中心就在黄石。1948 年国民政府汉冶萍公司资产清算委员会宣告清算结束,汉冶萍公司名义消亡,实际为在黄石的国民政府资源委员会华中钢铁公司继承。汉冶萍公司的兴衰史正是一部完整的近代中华民族钢铁工业的曲折发展史。

科学价值

汉冶萍公司开近代中国人新法炼钢之先。汉冶萍公司作为我国近代唯一集采矿、生铁冶炼、炼钢、轧钢于一体的钢铁联合企业,为冶金及相关专业的留学生们提供了无可替代的学以致用的舞台。从修复汉阳铁厂1、2号高炉到自行建设4号高炉,经过10多年生产建设经验的积累,这批工程师们已经具备了独立安装和操作新式高炉和其他钢铁设备的能力。中国也因此初步获得了早期现代化钢铁生产和技术经验的累积。正是通过汉冶萍公司培养的这一批本土钢铁工程师,中国近代钢铁技术得以从早期汉冶萍向全国各地钢铁厂扩散。汉冶萍公司1915年10月向美国列德干利制造公司订购800立方米的高炉两座,是当时亚洲最大、最先进的冶炼炉。冶炼铁炉不仅文物价值高,在近代冶金科技史中占有重要的地位。

艺术价值

冶炼铁炉是现存最早的我国近代工业中钢铁冶炼遗址,具有非常高的文物价值。日欧式建筑群是汉冶萍公司历史进程中的重要见证,不仅具有重要的文物价值,而且从建筑学的角度看,其形制在国内是少见的,在中国建筑史上具有很高的价值。瞭望塔、小红楼等也是欧式建筑的代表作品。[1]

(2)汉冶萍大冶铁矿东露天采场概况及工业遗产

现状概况

汉冶萍大冶铁矿东露天采场旧址坐落于黄石市铁山区,东邻三楚第一山——东方山,西接大冶古八景之一"雉山烟雨"——白雉山。其露天采场最大垂直高达444米,东西长2.2公里,宽900米,截面108万平方米。

大冶铁矿始建于1890年,1893年完成基建任务。新中国成立后,1955年开工重建大冶铁矿,1958年毛泽东主席视察大冶铁矿,大冶铁矿成为中国十大铁矿生产基地之一,现为黄石国家矿山公园的重要组成部分。

东露天采场是大冶铁矿的主要采场。由象鼻山、狮子山、尖山三个矿体组成。象鼻山的最高标高为228米,位于东露天采场的西部;狮子山的最高标高为276米,位于东露天采场的中部,尖山的最高标高为250米,位子东露天采场的东部,整个露天采场的封闭圈标高为72米,东露天采场分两期进行开采。

第一期,象鼻山开采的最低标高为零米,狮子山开采的最低标高为负36米,

---

① 刘金林:《黄石工业遗产科普旅游研究》,光明日报出版社,2016年。

尖山开采的最低标高为负 96 米。第二期,开采尖山下部矿体和带采狮子山矿体的小部分,狮子山的最低标高为负 48 米,尖山的最低标高为负 168 米。东露天采场的上部走向长度为 2,200 米,封闭圈的走向长度为 2,000 米。第一期露天坑底的面积为 12,550 平方米,第二期露天坑底面积为 8,150 平方米。

东露天采场于 1955 年开工剥离,当年成立尖山工区、狮子山工区,1956 年 6 月 22 日撤销工区建制,成立穿爆车间、采矿车间,运输车间(汽车运输)。1958 年 7 月合并采矿,穿爆,运输三个专业车间,成立采矿车间。1959 年西露天采场开采,成立西采车间,遂改采矿车间为东露天采矿车间。1961 年又改为采矿车间,1966 年改采矿车间为专业小车间,1971 年合并专业车间,成立采矿营,1973 年恢复东采车间名称。

文物价值

大冶铁矿,经历多年开采后形成天坑落差达 444 米,是全世界第一高陡边坡。人工"天坑"见证了黄石因矿设城的风风雨雨,是城市特色的标志之一。

历史价值

大冶铁矿是历史悠久的老矿,自三国时期开采,至今已有 1700 多年。它具有全国任何矿山无法比拟的历史价值:一是中国第一家用机器开采的大型露天铁矿;二是亚洲最大最早的钢铁联合企业——汉冶萍公司的一个主要组成部分;三是张之洞创办洋务企业唯一保留下来、仍在正常运作的一家;四是毛泽东主席视察过的唯一一座铁矿山;五是中国第一支大型地质勘探队——429 地质勘探队在这里成立,中国第一批女地质队员在这里诞生;六是中国最早聘请外国专家运用地质科学勘探发现的一家大型铜铁矿床;七是 1923 年 1 月,大冶铁矿矿工举行的下陆大罢工是湖北省持续时间最长的以胜利结束的大罢工,为京汉铁路"二七"大罢工提供了组织经验;八是见证日本军国主义掠夺中国矿产资源的第一家铁矿山。

科学价值

勘探矿产资源是汉冶萍公司工程师的重大贡献,他们是独立勘探矿产资源的本土工程师的先驱。1913 年由美国里海大学矿学专业毕业的黄锡赓回国,被派往大冶铁矿充当矿师,他随即对大冶各铁矿进行了详尽勘察,这是由中国矿师首次独立勘察大冶铁矿。1936 年,我国地质学家孙健初奉"中央研究院"地质调查所之命到大冶调查矿产资源,提出铁山尖林山有潜伏矿体存在的论断,新中国成立后得以证实。

坚持不懈地进行绿化复垦,大冶铁矿建成面积达 366 万平方米的亚洲最大的硬岩绿化复垦基地,为生态环境做出了巨大贡献,同时为全国由于矿业开采后产生的生态问题,提供了杰出的保护与复原蓝本,在生态学领域具有极大的示范价值。

艺术价值

东露天采场,被誉为亚洲第一人工"天坑",又称为黄石国家矿山公园矿冶大峡谷,东西长2200米,南北宽550米,坑口面积达108万平方米,相当于150个标准足球场。经过千年的开采,特别是新中国成立以后的大规模机械开采,形成了一个落差达444米的世界第一高陡边坡。专家称:这样规模的露天采场,是世界矿业史上的一个奇迹!现部分建设为黄石国家矿山公园,园内环境优美,建成面积达366万平方米的亚洲最大硬岩绿化复垦基地,景区规划设施较完善,陈列有露天的大型采矿工程设施实物,也有利用废弃的生产工具为原材料的雕塑作品,具有良好的景赏性和艺术氛围。

大冶铁矿东露天采场工业遗产

黄石国家矿山公园

黄石国家矿山公园隶属武钢集团矿业有限责任公司大冶铁矿,是中国第一家国家矿山公园,也是黄石市唯一一家国家AAAA级景区。公园位于黄石市铁山区,规划面积23平方公里。景区四季分明,自然风景秀美、文化底蕴深厚。

景区分为"国家矿山公园主园区"和"大冶铁矿博物馆"两大核心区域。公园主园区有"日出东方、矿冶天坑、石海绿洲、雉山烟雨、矿业博览、井下探幽、芯动乐园、天坑飞索"八大景观,设有"勘探遗迹体验、采矿遗迹观光、生态复垦休闲、矿物自助加工"等多条旅游线路。日出东方广场矗立着中国最大的毛主席石雕像,像高9.15米、重58吨,由12个组件分8层组装,是全国唯一采用这一姿态的个性化主席雕像。雕像身后有10余组铜浮雕文化墙,全面展示铁元素被人类认识、开发、利用过程,以及大冶铁矿作为中国钢铁摇篮的发展全貌;矿业博览园分勘探、采矿、运输、选别四个类别集中展示昔日"开山夺宝"的"巨无霸",并配以中英文对照的文字说明,给冰冷的钢铁设备注入文化的内涵。博览园还陈列了铁梅、结晶、风采、张之洞等雕塑群,集中表现矿冶文化内涵;矿冶天坑经过50多年大规模机械开采,给人扑面而来的震撼;井下探幽使游客零距离观看、参与现代化井下采矿过程,为体验井下采矿、生产生活、认识地层深处之谜提供了新平台;此外,以羊肠小路、观景楼台、通透式围栏等方式,将园内麻雀垴山上的侵华日军碉堡,山中汉冶萍时期炸药峒、侵华日军炸药峒、汉冶萍时期的麻雀垴山隧道与山下的现代化采矿车间进行连接和分割,不仅有效地保护了遗迹遗址,还让游客观赏到现代采矿生产,是名副其实的"思想之旅、认识之旅、探险之旅、科普之旅"。

大冶铁矿博物馆

大冶铁矿博物馆位于全国首批、湖北省唯一一家国家矿山公园——大冶铁矿矿区,占地面积 6400 平方米,建筑面积 2100 平方米,设矿物陈列、古代开采、近代开采、伟人视察等八大系列,陈列实物 483 件、图片 635 幅及 10 余万字文字简介资料,浓缩了 1780 年,特别是近 110 年来矿山的创业史和发展史,是黄石国家矿山公园的一个主要组成部分,是中国第一座陈列矿山历史的博物馆。该馆在地质矿床室共陈列大冶铁矿矿床发掘的各类矿石、岩石标本和化石 237 件,具有十分重要的地质矿床科研和教学价值;在党和国家领导人与冶矿陈列室,用珍贵的图片资料和实物,再现了毛泽东、董必武、叶剑英、彭德怀等党和国家领导人到大冶铁矿视察的情景;在近代开采陈列室,最完整、最全面的展出了亚洲最大最早钢铁联合企业——汉冶萍公司历史照片及图表和实物,浓缩了中国近代"洋务运动"和钢铁工业曲折的发展史;在日本对冶矿资源掠夺的陈列室,用翔实的历史资料和实物,反映和见证了日本对大冶铁矿的侵略和掠夺,是对青少年进行爱国主义教育的基地。

大冶铁矿博物馆是中国第一家铁矿山博物馆。中国矿业联合会会长朱训先生为博物馆题写馆名。2006 年 2 月 22 日正式对外开放,通过了湖北省文物局组织的全省博物馆行业评审,成为湖北省首家按照国家《博物馆管理办法》评审通过的博物馆,被纳入国家文物局管理,成为黄石市青少年校外教育基地。

(3)汉冶萍铁路、码头及其他工业遗产

汉冶萍铁路

又名大冶铁路。1890 年 7 月,张之洞派员在大冶铁山铺成立大冶矿务局,开工建设大冶铁矿采场。为把铁山的矿石运往汉阳铁厂冶炼,决定修筑一条从铁山的老铁山山麓通往石灰窑江边的运矿铁路。同年 11 月,张之洞委派熟悉大冶情形的候补知县张飞鹏负责修筑大冶铁山运矿铁道事宜。

该铁路由德国工程师时维礼设计,铁路器材及机车全部购自德国,筑路工匠均聘自德国。铁路全长 72 华里,1891 年 4 月开工兴筑,1892 年 8 月竣工。全路有 6 条小支路,为开车、歇车、屯车之用,有明桥暗洞 50 余座,设铁山、盛洪卿、下陆、石灰窑 4 车站,下陆车站为中心车站。大冶铁矿运矿铁路通车后,大冶矿务局迁移石灰窑办公,铁山只设采矿处,1908 年,盛宣怀合汉阳铁厂、大冶铁矿、萍乡煤矿成立汉冶萍公司后,大冶铁矿的矿石年产量增加到 30 多万吨,矿局对铁路进行了一次改造,增加运输设备,除原有大火车头 3 辆外,增加小火车头 11 辆,四门大矿车 60 辆,小矿车 162 辆,花车 1 辆,客车 7 辆,棚车 2 辆。在车站增设水柜 2 个,煤院 4 所,车棚 1 所,水塔 2 座。

大冶铁矿运矿铁路是湖北省、也是中南的地区第一条铁路。

下陆车站

是汉冶萍公司现存最早的建筑,坐落在老下陆 1975 年建设的新火车站西约 2 米处。车站前墙有四根罗马柱,屋顶盖黑瓦,站门上方有块铁牌,上书"下陆车站"四个大黑字,传说为湖广总督张之洞题写。

下陆车站是湖广总督张之洞 1891 年 4 月修筑大冶铁矿运矿铁路时兴建的, 1892 年 8 月铁路竣工。下陆为中心车站。在该站装有称量机,过磅矿石,设有煤站、水塔,为机车添煤加水。还设有电话总汇和开车、停车暑刻。同时在车站之南修有车库,以停歇火车。当时有火车头 3 辆,矿车 36 辆,无上盖停慢机大车 1 辆,装运物料停慢机大车 2 辆,二等客车停慢机 1 辆。为了修理机车,在车站附近建设机车修理厂,名下陆机厂。机厂设翻砂间、钳工间、车工间、修理间、轮箍间、锅炉房及待修车库等,机床用锅炉烧蒸汽作动力驱动。

当时以下陆中心车站为中心,在下陆设置了较先进的近代工业设施和设备。技术人员开始全部聘请德国人担任,后来大多从江浙一带工业发达地区聘来,也培养了一批本地人才,火车司机后来多由下陆湾陆姓青年担任。[1]

车站一直使用到 1975 年铁道部门建设新火车站后才停止使用,并加以封闭,屋顶摇摇欲坠。下陆车站则是该铁路设施最齐全的车站,亟待保护。

下陆车站抗战胜利后由国民政府经济部接管,1949 年 5 月划归华中钢铁公司(今冶钢),1958 年 10 月移交铁路部门。

下陆俱乐部

1922 年 10 月底,中共工运领袖林育英化名李福生来黄石地区开展工人运动,大冶铁矿下陆机修厂工人率先在下陆成立了黄石地区第一个工人俱乐部——大冶铁矿工人俱乐部,又称大冶铁矿下陆机修厂工人俱乐部。俱乐部负责任人为赫惠林,后来俱乐部改名为工会。

1923 年 1 月 13 日,下陆机修厂工人罢工开始。罢工的工人以火车笛声为信号,纷纷停下手中的工作,集中到工人俱乐部里。其间,大冶铁矿交通运输全部陷入瘫痪。罢工开始后,汉冶萍总工会为了加强斗争力量,以所属五大工团即大冶铁矿工会、安源路矿工会、汉阳钢铁厂工会、轮驳工会和大冶钢铁厂工会的名义向汉冶萍公司及大冶铁矿提出增加工资、兴办教育等八项要求。铁矿矿方用拖延时间,以饥饿来威胁罢工工人。为了维护工人的生存权利,汉冶萍总工会一方面致函警告矿方,另一方面派安源路矿工会骨干余江涛来下陆指导罢工斗争。2 月 3 日,余江涛、赫惠林等为谈判代表到石灰窑同周楚生谈判。为了把谈判情况及时

---

[1] 马景源:《汉冶萍现存最早的建筑——下陆车站》,《黄石改革与发展》,2008 年第 4 期。

传到下陆，罢工工人想出一个"活电话"的办法，从石灰窑到下陆十五公里的路上，每隔一段距离站一人，传递消息。周楚生再行拖延"考虑答复"，拒不接受条件。消息通过"活电话"很快传到下陆，罢工工人愤怒万分，五百多人的罢工队伍，高举着"争取胜利"的大旗，浩浩荡荡奔向石灰窑，包围了周楚生的大楼。大旗矗立在门外，规定旗举人站、旗放人座、旗摆就喊口号。罢工队伍纪律严整，迫使矿方接受了工人提出的增加工资、兴办教育等条件，下陆大罢工取得了完全的胜利。罢工持续了二十二天，这是黄石工运史上第一次胜利结束的罢工，也是湖北工运史上持续时间最长的一次罢工，并为不久后发生的京汉铁矿"二七"罢工提供了组织经验。下陆从此闻名全国。

华中钢铁公司操车场

今黄石东站，位于西塞山区陈家湾，北临颐阳路，站场面积 57942 平方米，原为黄石站，属武汉铁路局。

黄石车站在清末是石灰窑车站的一个辅助车场。民国二十七年(1938 年)10 月，黄石沦陷后，"日铁"把这里作为操车场，作为机车停留和维修之地。抗日战争胜利后，该操车场由华中钢铁有限公司(含冶钢)接管。1958 年移交给铁路部门，改建为黄石车站。

汉冶萍码头

汉冶萍码头包括老汉矿码头、新汉矿码头和日矿码头。老汉矿码头位于今汽车渡口东侧，有码头阶梯遗址。日矿码头后来建成卸矿机码头。新汉矿码头位于今外贸码头。

汉矿码头位于今汽车渡口东侧。光绪十九年(1893 年)由湖北铁政局大冶矿务运道总局(简称矿局)修建，将铁门坎生产的铁矿砂从矿山经铁路运往码头，装船运往汉阳铁厂，开黄石港口水铁联运之先河。新汉矿码头，位于今外贸码头，矿局于光绪三十四年(1908 年)建成，因为与汉矿码头有别，故将原汉矿码头称为"老汉矿"码头，新建的汉矿码头称为"新汉矿"码头。

1899 年盛宣怀与日本制铁所长官和田签订《煤焦铁矿互售合同》，大冶铁矿既要生产铁矿石供给汉阳铁厂冶炼，又要运往日本换回焦炭，生产规模扩大。大冶铁矿局在石灰窑江岸再修筑一座卸矿码头，名东矿码头(亦称日矿码头)。三座码头均用人工挑矿装船，常年使用挑矿工人 700 多人。1939 年，日本在此兴建卸矿机码头。[①]

老汉矿码头水泥结构的码头阶梯遗址尚在，"冶矿码头"标牌嵌于防洪墙上。

---

① 黄石市交通志编纂委员会：《黄石市交通志》，人民交通出版社，1995 年。

卸矿机码头

位于黄石港十一码头,民国二十八年(1939年)动工兴建,民国三十年(1941年)5月建成投产。两条皮带运输线,日卸矿石5000吨;还有容量55万吨的野外贮矿场1座,2万吨贮矿槽1座。卸矿机的皮带运输机与贮矿槽相连,开动马达,矿石则通过皮带运输机倾入日本运矿轮船。每台卸矿机每小时可卸矿500吨,每日可卸矿5000吨,2台每日可卸矿10000吨。1942年,"日铁"在大冶铁矿采矿145万吨,运回日本141万多吨,卸矿速度大大加快。1954年因洪水淹没码头机械,后被拆除。1976年10月,黄石港务局投资141.96万元,重新修复卸矿机码头,于1981年建成投产。1个泊位,靠泊能力3000吨级,年综合通过能力为28万吨。

(三)近现代大冶水泥工业史与水泥工业遗产

1. 近现代大冶水泥工业史

1907年张之洞出示招商,福建清华实业公司总经理程祖福应招。湖北水泥厂于1909年在黄石建成投产。因资金困难,程祖福向日本三菱公司借款,1913年三菱公司以逼债为名,用武力封闭了该厂。为维护中国民族工业,程祖福奋力抗争,多方努力,借款还清了债务,避免了工厂落入日本人手中。这之后,由于债务原因,1914年湖北水泥厂被启新水泥公司兼并。

1937年7月7日,日本发动侵略中国的卢沟桥事变,抗日战争爆发。不愿做亡国奴的王涛,辞去启新公司职务,1938年来到武汉。国民政府经济部部长翁文灏以经济部之名颁发迁厂命令,王涛临危受命,组织领导了启新华记水泥厂的搬迁及重新在湖南辰溪建厂。

1938年7月,王涛来到黄石带领华记湖北水泥厂工人们搬迁材料、设备,1939年10月,全部机器和材料运抵湖南辰溪。1939年12月华记湖北水泥厂更名为华中水泥厂正式建成投入生产。后来王涛又创办了昆明水泥厂、筹建了江西水泥厂,管理贵州水泥厂。1943年,华中、昆明两厂在重庆召开两公司的股东联席会议,成立华新水泥股份有限公司。会议选举国民政府经济部部长翁文灏为董事长,王涛为总经理。公司设立于昆明,管辖华中、昆明两厂,同时经营管理江西、贵州两厂。

抗战胜利的1945年8月,华新公司迅速成立大冶水泥厂筹备处。1946年9月28日,动工兴建了当时世界最先进的水泥厂——大冶水泥厂。

新中国建立初期,华新不仅加大生产,支持社会主义建设,还捐款130万元,购买了一架战斗机,直接用于抗美援朝前线。1953年华新公司和大冶水泥厂合二为一,更名为华新水泥厂。

1979 年,国家首次颁发产品质量奖牌,华新"堡垒牌"和"五羊牌"水泥双获国家产品质量金奖。1993 年 11 月 28 日,华新成功实施股份制改革,华新水泥股份有限公司成立。

1996 年 3 月,华新和新加坡 RDC 国际私人有限公司、南通港务局等中外共五方合组华新南通水泥有限公司,开始向外拓展。1999 年 3 月,针对国内资本市场融资难的实际,华新大胆面向全球,引入战略投资者,世界水泥巨头瑞士豪西蒙公司和华新结成战略伙伴。

2000 年,华新开始进入一个全新的跨越式发展阶段,制定出以武汉为中心,沿长江逐步向西南和东南延伸,沿铁路逐步向北和向南延伸的"十字形"发展战略。在 21 世纪之初取得了令世人瞩目的历史性巨变最辉煌的一页。目前公司形成以长江黄金水道为轴线,东起上海、江苏,西至云南、西藏的 20 多家水泥分、子公司组成的水泥产业基地,构建了以华中、华东为主市场,西部为延伸市场的格局,提升了公司长期竞争优势,百年华新,再续辉煌。

2. 华新水泥厂旧址概况及其工业遗产

概况

华新水泥厂位于黄石港区红旗桥街道办事处境内,东临长江,西傍磁湖,南接华新路,北靠牛头山(枫叶山),东西长 1 公里,南北平均宽约 100 米,主体厂区周长 4000 米,呈东西向流线型布局,占地面积 774421 平方米(不含矿山)。该厂历史悠久,其前身是商办湖北水泥厂,创建于清光绪三十三年(1907),(厂址在飞鹅山)是我国近代最早的三家水泥厂之一;民国三年(1914),由启新洋灰公司接管,改称华记湖北水泥厂;1935 年,改称启新华记水泥厂;1937 年,由国民党经济部垫付拆迁费将厂迁至湖南辰溪,1939 年改名华中水泥厂;先后与昆明、江西、贵州等水泥厂联营,合股成立华新水泥股份有限公司;1946 年在枫叶山南侧建设新厂(即今华新水泥厂址),名大冶水泥厂,仍属华新水泥股份有限公司;1949 年 5 月 15 日黄石解放,1950 年属中南军政委员会工业部,同年 4 月改名华新水泥厂。

建国前夕,该厂(原大冶水泥厂)仅一条生产线,日产水泥 400 吨。经过 1950 年 - 1957 年的续建、恢复、充实阶段和 1958 年、1975 年两次扩建,使该厂的面貌发生了深刻变化。该厂有三条直径 3.5×145 米的湿法水泥生产线,日产水泥 3000 吨。另建有石棉水泥制管和石棉水泥制瓦两条生产线。建有黄荆山石灰石矿、金盆山泥灰岩矿和牛头山、石壁山砂页岩矿。

该厂产品质量优良,在国内外均享有很高声誉。"五洋牌"出口水泥和"堡垒牌"内销水泥 1979 年双获国家金质奖。"钻石牌"石棉水泥中波瓦,1983 年获国家银质奖。

该厂使用至2005年5月。停产以后就进行了封存,并由企业自己派专人、拨专款进行保护,保留了较完整的近现代水泥生产流水线。

文物价值

华新水泥厂依山而建,树木掩映,车间、厂房、铁轨、道路点缀其间。厂区内生产水泥的流水线尚在,生产设备原样、原处安放。因生产时间长,部分建筑和设备老化,加之停产后闲置,有些厂房破旧,设备锈蚀,但整体上看依然保存较好,符合文物保护的完整性、真实性要求。华新水泥厂见证了中国水泥工业从发展到走向辉煌的历史进程。换个角度,也是我国水泥行业的教科书。

历史价值

华新水泥厂始创于清光绪三十三年(1907年),湖广总督张之洞为了发展中国的民族工业,满足国民建设的需要,决意在湖北创建水泥厂,于是出示招商。著名的爱国实业家、福建清华实业公司总经理,浙江杭州人程祖福上书应招。张之洞得到朝廷的御批,委任程祖福为总办,筹得股银42万两,选址大冶县黄石港明家嘴,购得两套具有世界先进水平的干法回转窑,经过近两年的建设,于1909年5月2日,华新的前身——大冶湖北水泥厂竣工投产。至此,国人兴建的广东士敏土厂、唐山启新洋灰公司和大冶湖北水泥厂三足鼎立,中国水泥工业迈开了可喜的一步。

1937年7月,抗日战争爆发后,国民政府经济部拨款60万元,委托王涛将华记湖北水泥厂迁往后方。王涛率领员工历尽艰辛,终于将其中一条生产线迁到湖南辰溪。1939年12月建成投产。工厂更名为"华中水泥厂",为抗日战争做出了巨大贡献。

1947年冬从美国进口的全套水泥生产设备运抵石灰窑。厂区建设及设备安装历时二年半,于1949年4月基本建成,成为当时远东最大的水泥厂。

原有厂房建筑,原拟全用钢架,后为财力所限不易办到,除重要厂屋(如储料栈)必需用钢架建筑外,其他均改建钢筋混凝土及木架房屋。所需钢料,除在美购到共约一千三百吨外,其余均在国内设法补充(鞍山钢厂等处)全部厂房均如期完成。

科学价值

水泥生产在经历了立窑技术、普通干法旋窑技术后,进入湿法旋窑技术。20世纪40、50年代直径在4—5米、长径比在30—40的窑在国际上推广的比较多。据统计,1994年我国湿法窑有199条。

华新水泥厂旧址内的一、二号湿法加工水泥旋窑已有60多年历史,直径为

3.5 米,长达 145 米,是 20 世纪 40 年代我国最长的水泥窑(江油、耀县的窑 150 米,是 50 年代向德国订购的),由美国爱立司公司进口(于 1945 年 6 月 8 日签订合同,订制日产水泥一千吨之水泥机全套)。所选用的爱立司公司的原料及熟料粉磨系统设备非常先进。当时,粉磨设备采用圈流系统的甚少,该公司从其他工业移植的球磨——耙机——厚浆池——生料库的原料粉磨系统,及二级球磨——选粉机的熟料粉磨系统,仅有南美洲的巴拿马水泥厂订货。后来证明这两个系统在原料粉磨方面比开流粉磨每吨生料减少 20% 电耗,而二级球磨圈流每吨水泥电耗至少少 15%。生产线投入生产后,创造出不计其数的社会价值,且具有丰厚的科研价值。旧址厂区内完整收藏了建厂数十年来所有的工业零件模型与相关资料,在工业发展历史上具有相当丰富的研究价值。

华新人自主研制的"华新湿法水泥旋窑",成为 70 年代直至现在发展湿法窑的主力,独领风骚几十年,是新中国水泥工业发展历史上的一个里程碑。

(3)艺术价值

华新水泥厂旧址是 20 世纪 50 年代工业建筑区风格的典型代表,其内树木掩映,各种工业设施震撼壮阔,给人以强烈的视觉冲击力。至今虽然该厂区停产搬迁,但厂房及各生产线保存完好,厂区保持完整,具有很强的旅游开发潜力和建筑艺术价值。[①]

华新一、二、三号窑

1943 年 5 月 1 日华新水泥股份公司成立后,陆续用公司盈利和现金(包括增加的股本)购买美元,后又借款购买美元,使美元总额达 150 万元,公司将其存入美国花旗银行,以备购置进口设备,作为建设新厂的资金。同时,公司还筹款在湘西购置 14 处山林,以备今后发展之用。1944 年春,公司决定派总工程师张宝华专程赴美,揭开了建设大冶水泥厂的序幕。经考察,华新公司决定向美国爱丽斯·强默公司订购日产 1000 吨水泥的全套设备,即二条湿法旋窑生产线。张宝华会同中国交通银行驻美代表,于 1945 年 9 月 8 日与爱丽斯公司签订合同。同月 17 日,张宝华代表公司与美国麦唐纳建筑公司签订工厂设计合同。该公司以设计水泥厂而著名。建厂所需钢材有 1300 吨也一并在美采购。1945 年 8 月,华新公司成立了大冶水泥厂筹建处。在大冶厂动工之前的 1947 年 6 月,张宝华再度赴美,洽运设备事宜。美制设备及材料总共 3168 吨,9 月经旧金山海港启运,月余后抵达上海。经行政院特许,美国货船于 10 月 28 日经长江直抵大冶石灰窑码头。这是抗战之后,中国第一个全套采用国际先进技术的大型水泥建设项目,被称为"远

---

① 刘金林:《黄石工业遗产科普旅游研究》,光明日报出版社,2016 年。

东第一"。第一条生产线于 1949 年 2 月 28 日点火试窑,4 月 5 日投入生产,至 4 月 9 日产出水泥。1950 年 12 月建成第 2 条生产线并投产。一、二号湿法加工水泥旋窑直径为 3.5 米,长达 145 米,是 20 世纪 40 年代我国最长的水泥窑。为解决兴建大型水泥项目的需要,国家建材工业主管部门认为,华新厂 40 年代后期引进的美国设备仍属于世界先进水平,而且投产后基本掌握了操作技术,如能仿制推广将对新中国水泥工业发展具有积极作用。遂决定以华新厂引进设备为样本,仿制湿法水泥工艺生产设备。建材部水泥工业研究院 1957 年 9 月组织上百名工程技术人员,到华新厂进行现场设备测绘标定工作。经过设计转化,又大量吸收了华新厂在实际操作中的技术革新成果,于 1959 年造出湿法回转窑水泥生产线的国产设备,并兴建于湖南湘乡,这套设备被命名为"华新型窑"。60 年代后,在中国大中型水泥项目建设中,"华新型窑"广泛应用。华新的管理技术随"华新型窑"传播各地,并出口国外,先后帮助朝鲜、柬埔寨、越南、阿尔巴尼亚、巴基斯坦等国建设水泥厂,成为中国水泥工业在 20 世纪的里程碑。1975 年,在以许宣华为厂长的领导班子的组织领导下,华新人自己设计、自行施工扩建了 3 号窑。3 号窑水泥生产线,是华新在计划经济体制下投资规模最大的项目。其规格与前两条窑一样,同为 $\Phi3.5 \times 145$ 米,但设备性能通过国产化已多有改进。在"四人工作三人干,抽出一人搞会战"的口号中,华新员工及家属广泛积极参加 3 号窑建设。1977 年 7 月 1 日,3 号窑建成投产,增加年产 20 万吨熟料的能力。华新人自主研制的"华新湿法水泥旋窑",是新中国水泥工业发展历史上的一个里程碑。[①]

(四)近现代黄石有色金属工业史与有色金属工业遗产

1. 近现代大冶有色金属工业史

近代黄石地区是我国重要的铜矿基地,是国民政府和湖北省政府建设的重点地区。湖北省政府管辖的湖北官矿公署,成立于 1915 年,在黄石地区开发大新铜矿(大冶阳新铜矿)。国民政府资源委员会 1936 年正式公布《中国工业发展三年计划》,建设湘鄂赣为中心的工业基地。在黄石地区重点开发大冶、阳新铜矿……

铜工业是湖北有色金属工业的主体。湖北大冶、阳新一带铜矿资源丰富,自古以来就是产铜的地方,新中国建立以后,国家投资在湖北开采的第一家铜矿是位于阳新与大冶交界处的新冶铜矿,1953 年开始筹建,1957 年建成投产。大冶铜绿山铜矿的开采可以追溯到三千年以前,但由于多种原因的影响,长期以来并未做系统、细致的地质勘探和研究工作,主矿体并未找到,矿床规模及矿产储量也不

---

① 华新厂志编纂委员会:《华新厂志》第一卷,1987 年。

清楚。1959 年湖北省地质局大冶地质队以及 1962 年地质部对以铜绿山为主要地区的铜铁矿床进行了普查勘探，探明铜绿山矿是以铜铁为主，并伴生有金、银、钼、钴、钨、硒、碲、铼、铟、镓、硫等多种元素的大型多金属矿床。这是湖北省矿产资源继 1953 年探明大冶铁矿大型铁矿床以后的又一个重大突破。

1958 年，位于阳新县的赤马山铜矿采用边勘探、边设计、边施工的办法开始建设。经济调整后期，随着经济建设的需要，铜矿开采基本建设又开始大规模地进行。占湖北省铜保有储量一半以上的铜绿山铜铁矿、丰山铜矿和铜山口铜矿等三个大型铜矿于 1965 年前后分别开工建设。

大冶冶炼厂是新中国成立后由国内自行设计、施工并全部采用国产设备建成的第一座大型粗铜冶炼厂，也是湖北唯一的粗铜生产厂家。1958 年 5 月冶炼厂主厂房破土奠基，1960 年 4 月竣工。

1965 年至 1975 年先后对冶炼厂主体设备反射炉、转炉和备料设备进行了三次革新改造。1973 年大冶冶炼厂更名为大冶有色金属公司。从 1968 年起，大冶有色金属公司陆续建成了利用炼铜转炉烟气制酸的 2 个硫酸系列、化肥生产系列、转炉电收尘烟灰综合回收系列和反射炉余热发电系列等大型综合利用设施。

大冶有色金属集团控股有限公司是集采矿，选矿，冶炼化工，压延加工于一体的特大型铜业联合企业，是国内五大铜原料基地之一。

2. 黄石有色金属工业遗产

（1）铜绿山矿工业遗产

铜绿山铜矿坐落大冶市区 6 西南 3 公里处的大冶湖滨，有铁路和公路通往矿区。是大冶有色金属公司的主要铜矿基地，其副产品铁精矿则供给武钢。矿区面积 10 平方公里，矿床面积 3.5 平方公里，共有 12 个矿体，矿带长约 2100 米，宽约 600 米，埋深一般为海拔 30 米水平至负 400 米水平。最深至负 720 米水平。有 2.94 公里长的铁路专用线。主要矿物有黄铜矿、斑铜矿、黄铁矿、磁铁矿、赤铁矿、孔雀石。次为辉铜矿、辉钼矿、白铁矿、闪锌矿、含钴黄铁矿、胶状黄铁矿、褐铁矿、蓝铜矿、赤铜矿、菱铁矿、自然铜等。

矿石工业类型有铁矿石、铜铁矿石、铜矿石、铜硫矿石、钼矿石 5 类。铜铁矿石是矿床的主要矿石类型，占铜总储量的 76.7%，铁总储量的 85.2%。

共和国成立初期，大冶县和黄冈地区 5 个县都在铜绿山办过矿；省公安厅在铜绿山办过实验钢厂，后改为"民冶钢厂"（省民政厅和大冶县合办）。1959 年 5 月黄石市在铜绿山组建矿产公司，同年 10 月收归省冶金工业厅，改名为湖北省大冶铜绿山铜铁矿。1962 年 4 月划归冶金部大冶冶炼厂（大冶有色金属公司）。

为适应大冶冶炼厂冶炼生产发展的需要，决定重新设计，扩大其生产规模。

1964 年 4 月长沙有色冶金设计院组成现场设计组对矿山进行设计,1965 年 8 月完成扩大生产规模的初步设计。

1965 年 4 月,冶金工业部副部长吕东到大冶冶炼厂检查建设准备工作时,决定由建设、设计、勘探单位和有关部门的负责人组成大冶建设总指挥部,加强对铜绿山等铜矿的建设以及冶炼厂扩建工程的组织和指挥。铜绿山铜铁矿露采剥离工程由矿山自行施工,其他工程由十五冶金建设公司总承包,5 月 15 日,露天采场剥离工程开工。1966 年各项建设工程陆续开工。施工中,有北京有色冶金设计总院、铁道设计院、化工设计院、电力设计院、中南建筑设计院、武汉勘探公司、赣东北井巷公司等 13 个单位参加工程会战,黄石市和大冶县动员组织各条战线大力支援。到 1969 年底各项主要工程基本完工,1970 年开始试生产。共投资 1.16 亿元,建设厂房、各项辅助设施及民用建筑 19.44 万平方米,安装设备总重 8200 吨,装机总容量为 19682 千瓦。完成井巷工程 11.12 万米,剥离 452 万立方米。

铜绿山矿办公楼

20 世纪六十末年代兴建,仿苏式建筑。

铜绿山矿露天采场

铜绿山矿露天采场由南北两部分组成,从 20 世纪 60 年代开始开采,1973 年发现铜绿山古铜矿遗址,露天采场东边建有铜绿山古铜矿遗址博物馆。

(2)大冶有色金属公司工业遗产

大冶有色办公楼

大冶有色金属集团控股有限公司位于湖北省黄石市下陆区。公司始创于 1953 年,是国家"一五"时期建设的 156 重点项目之一。公司初期称大冶冶炼厂,是我国第一个五年计划中兴建的五大铜基地之一。所属厂区主要分布在黄石市和大冶市、阳新县境内。

在 1956 年至 1960 年期间,新冶铜矿、赤马山铜矿先后建成,机修、运输等辅助生产单位也相继就绪,一个铜联合企业的框架基本形成。1961 年,冶金部将铜绿山矿划归大冶冶炼厂。1965 年,大冶有色金属公司组织了铜绿山、丰山洞、铜山口"三矿建设",生产矿山铜 2700 吨,粗铜 30500 吨。1970 年以来,建成了我国一流热浓酸洗涤工艺的制酸工程两个系列并投入生产,年生产硫酸(折 100%)9—10 万吨。利用硫酸和磷矿石制成化肥,年产(折 100%)1.8 万吨。

1982 年在反射炉尾部安装了余热锅炉,建成了我国第一个最大的余热发电系统,年发电 2500 万度。1983 年新型电收尘器在反射炉试验成功,收尘率提高到 99% 以上,并从烟灰中提炼出大量的铜、锌、镉、铅、铋等金属,净化了环境,增加了财富。

经过50多年的发展,公司已成长为中国铜工业一支重要的生力军:成为集采矿、选矿、冶炼、化工、压延加工、余热发电、综合回收、科研设计、地勘井巷、建筑安装、机械修造、动力运输等于一体的国有特大型铜业联合企业。公司下辖13家控股子公司、全资子公司和多家参股公司,所属企业遍及国内鄂东南、长三角、珠三角、湖南、新疆、香港等广大地区和吉尔吉斯、蒙古等国,业务范围遍及世界各地。①

大冶有色办公楼位于黄石市下陆区新下陆,共两栋。北侧一栋主体为三层楼,为20世纪50年代末建筑,原为二层楼,当时为苏联专家办公楼,门口有四根立柱。南侧一栋主体为四层楼,为20世纪70年代末建筑,现为大冶有色金属公司办公楼。

新冶铜矿

新冶铜矿坐落于大冶市龙角山镇,亦称龙角山铜矿,矿区三面环山,西北有公路与大冶市和公司所在地新下陆相通,矿区面积4平方公里。

主要矿物为黄铜矿、黄铁矿、磁硫铁矿、磁铁矿、辉铜矿及钼、钨和放射性矿物铀等,按其所在位置不同,分为龙角山、大面、傅家山3个矿床。

龙角山矿床为主要开采区,矿体长900米,厚0.5~30米,平均厚10米,垂直深度400米。

该铜矿是共和国成立后,湖北兴建的第一座铜矿山。矿山探明储量为铜矿石817.78万吨,硫矿石为617.5万吨,钨矿石为856.2万吨;铜金属量70556吨,钨金属量37796吨,硫102.73万吨。

1955年2月北京有色冶金设计总院,根据414地质勘探队提交的国家储量委员会审批的储量报告进行建矿设计。1953年3月18日,中南有色金属管理局在大冶成立新冶铜矿筹备处。1955年动工建设选矿厂,次年建成投产。

该矿在筹建期间,隶属中南有色金属工业管理局,1955年直属中央重工业部,1958年与大冶冶炼厂合并,组成大冶铜厂,后大冶铜厂更名为大冶冶炼厂、大冶有色金属公司。新冶铜矿均为所属矿山,1983年以后,矿山矿产资源枯竭。现在已停产,矿区由大冶有色金属公司转交给大冶市管理,整个矿区的厂房、井口、办公楼及宿舍楼等保存完好。

新冶铜矿旧址是湖北省保存最完整的新中国最早在中南地区兴建的铜矿。新冶铜矿20世纪50—60年代兴建的井口、厂房、办公楼、宿舍楼等历史建筑,不仅历史价值高,艺术、科学价值俱在。新冶铜矿是中国最典型的以矿兴镇,矿衰镇撤的代表,60年前的一座山区小村庄,从全国各地汇聚的上千人的建设大军,使小山

---

① 大冶有色金属公司志编纂委员会:《大冶有色金属公司志》,1993年。

村,变成繁荣的龙角山镇,人口多达近万人,一时成为中南地区的铜矿基地。由于矿产资源的枯竭,龙角山镇被撤销,上千的矿工迁移他乡,厂房、办公楼、宿舍楼基本上是人去楼空,龙角山村又回到了 60 年前,小山村风景迷人,村民还是那样淳朴,唯一增加的是现代化开采后的大量工业遗产。

(五)近现代黄石煤炭工业史与煤炭工业遗产

1. 近现代大冶煤炭工业史

黄石是中国近代煤炭工业的发祥地之一,是江南煤炭工业摇篮。黄石工矿(集团)有限公司是湖北省最大的煤炭工业基地,它是在源华煤矿、黄石矿务局的基础上发展起来的。百年黄石煤炭史是一部开拓创新、曲折发展的历史。

黄石近代煤炭工业开始于 1875 年李鸿章、盛宣怀创办的湖北开采煤铁总局,该局在当时的兴国州(今阳新县)设有分局,在兴国富池镇进行煤炭开采。对黄石煤炭工业有开创作用的是王三石煤矿的兴建。1890 年,湖广总督张之洞在湖北创办钢铁工业,兴建汉阳铁厂,开办大冶铁矿,但冶炼钢铁需要焦煤,必须引西方先进技术,建设新式煤矿。1891 年 4 月张之洞派张飞鹏在黄石大冶设立王三石煤局,开采煤矿。王三石煤矿位于铁山以南 8 公里,当时开采的工人多达千余人,所产煤炭由独轮车运到铁山盛洪卿车站,装火车运到石灰窑江岸码头,再由拖轮运往汉阳铁厂,这是湖北省最早用机器开采的煤矿,由于煤矿遇到断层且积水过多,于 1894 年停办。王三石煤矿的开采促进了黄石地区民营采煤业的发展,使黄石成为湖北近现代煤炭工业的摇篮。

源华煤矿的历史开始于 1909 年富源煤矿的创办。富源煤矿公司,由周晋阶创办,位于黄荆山北麓之桐梓堡(今下窑地区)。富华煤矿公司是涂瀛洲与德国人拉卜葛满合办于 1916 年,矿井在黄思湾,它是湖北省最早使用凿岩机的煤矿。利华煤矿公司由王季良创办于 1927 年,矿井在黄荆山南麓柯家湾。富源煤矿、富华煤矿和利华煤矿公司当时是湖北省规模最大的三大煤矿,它们成三足鼎立之势互相竞争,垄断着湖北煤炭市场,后又开辟了上海市场。在煤炭销售竞争中,利华煤矿处于优势。1935 年富源煤矿井下发生重大事故,造成 29 人遇难,处于破产边缘的富源煤矿决定于富华煤矿合并,1936 年二矿合并,定名为源华煤矿股份有限公司,最终摆脱了危机。

利华煤矿矿区距长江卸煤码头 8.2 公里,中间隔着一座黄荆山,所采煤炭运至江边码头十分困难。为解决公司运输问题,决定建设越山索道,他们从德国进口钢索及其全套设备,于 1934 年建成越山索道,自矿井抵中窑湾码头,长 4.5 公里,该高架索道是中国第一条翻越高山的架空索道。架空索道的成功运用,解决了利华煤矿直接卸煤于江边船上,运煤成本大大降低。利华煤矿在后来与富源、富华煤矿的市场竞争中处于不败之地,索道起了决定性的作用,高空索道是利华煤矿的生命线。

1952年7月源华、利华合并,称源华煤矿公司,后来在此基础上形成黄石矿务局,成为湖北省最大煤炭基地。2004年黄石矿务局实行改制,成立黄石工矿集团有限公司。黄石煤矿人利用自己的实力和影响,走出黄石、走出湖北,向西部发展,利用煤矿人的特色技术及运行管理经验,与贵州六枝等地联合开采。2003年,收购张维煤矿首战告捷。工矿集团成立后陆续收购大田煤矿、柑子坪煤矿和天泰煤矿,成立了鑫楚煤炭运销公司和贵州鑫楚能源开发有限公司。工矿集团正在谋划新的发展战略,吸引资金,把贵州矿区办大办强,使之成为工矿集团持续健康发展的支撑基地、事业基地、就业基地和利润中心,百年黄石煤炭工业再创辉煌。

2. 黄石煤炭工业遗产

源华煤矿办公楼

源华煤矿前身富源煤矿公司创办于1909年,位于黄石黄荆山北麓之桐梓堡,井口距长江边约一华里。1912,夏寿康、周晋阶等人正式举办了大冶富源煤矿股份有限公司。1922年为富源煤矿经营史上的转折年。一是增资白银八万两、股本共计二十万两;二是聘请有理论和实践经验的江西萍乡煤矿的高寿林、陈家庵任富源煤矿的正、副矿师。由于市场竞争,富源煤矿债务危机与重大事故。1935年12月26日,富源煤矿井下发生老窿穿水重大事故,公司副矿师陈定安及高叔谦(矿师高寿林之子)等29人遇难,矿师高寿林因丧子悲痛,离开了富源煤矿。重大事故和高寿林矿师的请退给富源煤矿以致命的打击。1936年与富华煤矿公司合并,组成源华煤矿公司。该办公楼是富源煤矿公司1930年兴建的,1936年称为源华煤矿办公楼,现为黄石工矿集团东井煤矿分公司办公楼。

源华煤矿井口、厂房、小铁路

源华煤矿井口位于黄石市西塞山区,为源华煤矿前身富源煤矿井口,现为黄石市工矿集团公司东井煤矿井口。

源华煤矿厂房为源华煤矿机械修理厂厂房,多为20世纪60—70年代建筑,从源华煤矿机械修理厂到源华煤矿井口间有小铁路连接。

源华煤矿江边铁路、煤场

源华煤矿江边铁路是源华煤矿的前身富源煤矿于1922年修建的从黄荆山上的井口到长江边的运矿铁路专线,全长500米,以铁路隧道的形式通过了汉冶萍铁路和黄石大道,现在保存完好,仍在使用。这是中国保存最完整的最早连接长江的煤矿铁路运输专线。

源华煤矿江边铁路连接了源华煤矿井口和煤仓,煤矿的煤炭通过江边铁路运到煤仓。煤仓为源华煤矿存放煤炭的仓库为 1100 平方米。以前通过源华煤矿码头将煤炭运往各地,现在源华煤矿码头已停止使用,主要通过公路将煤炭运往各地。

(六)近现代黄石电力工业史与电力工业遗产

1. 近现代大冶电力工业史

清光绪三十三年(公元 1907 年)。当时清华实业公司筹办湖北水泥厂时即设立厂电气部,装有发电机三台(两台德制 120 千瓦直流发电机,一台 120 千瓦交流发电机),于清宣统元年(1909 年)5 月建成发电,用于该厂生产、检修及照明。嗣后,汉冶萍煤铁厂矿有限公司大冶钢铁厂(现新冶钢前身)、大冶富源煤矿、富华煤矿、利华煤矿(现湖北黄石矿务局前身)等亦置电机发电自用。1926 年吴松涛等人在黄石港创办"黄石港电气股份有限公司",发电能力为 28 千瓦,是黄石面向社会商业性供电之始。

日本侵略军占领黄石后,为加紧掠夺黄石的矿产资源,于 1939 年修复原大冶铁矿得道湾发电所,1941 年在铁山新建特高变电所和象鼻山变电所,1943 年,在大冶铁厂(现冶钢集团)内建成"日铁发电所"。1944 年得道湾发电所装机扩达 10 台,发电总容量为 1346.5 千瓦。

1945 年,国民政府资源委员会接管"日铁发电所",更名为"大冶钢铁厂发电所",发电量约为 8400 千瓦(后改名为华钢发电所)。1945 年 10 月 15 日大冶电厂筹备处成立,主任黄文治,11 月 20 日筹备处正式接管"日铁"遗留下来的发电设备,到 1946 年 3 月投入运行发电。大冶电厂在恢复发电的同时,又选定沈家营的胡家湾狮子山麓为新厂址,并于 1947 年 7 月 1 日成立大冶电厂新机工程处,由黄文治兼主任。同日,新厂土建工程破土动工。到 1948 年底完成工程的 45%,直到新中国成立前夕,土建工程才基本完工。1950—1952 年,有 3 台机组装成投产,总装机容量 20000 千瓦;后经 1960—1962 年,1975—1976 年两次扩建,初步建成该厂的现今规模。该厂建国初期属武汉冶电业局;1953 年属中南电管局第一发电厂;1956 年复属武汉冶电业局,称黄石发电厂,1958 年交属湖北省电力工业局,2003 年归属中国华电集团公司,现更名为黄石热电厂。

兴建大冶中心电厂,是国民政府抗日战争后经济恢复总计划的一部分。国民政府资源委员会计划建设一个以大冶为中心,上至襄樊、武汉、下至九江、赣南范围内的电力网系。1945 年 11 月 7 日,经过资源委员会电业组和钢铁组的充分协商和讨论后,大冶电厂筹备处与"大冶铁厂保管处"(后改称华中钢铁公司)达成了"租借"处理办法。该办法决定大冶铁厂保管处将其自备发供电设备"暂借"大冶电厂筹备处接管使用,大冶电厂则优先供给大冶铁厂保管处用电。11月20日,大冶电厂筹备处依据上述处理办法,正式接管了大冶铁厂的全部发供电设备。接管的设备计有:3000千瓦汽轮发电机组两套,160匹马力和130匹马力柴油发电机组各一套,全部配、供电设备(包括下陆、铁山变电站)以及小型自来水厂一座。这种借鸡生蛋的方式,在中国近代工业史上是一种创新。黄石电厂后来不断创新,改进设备,用黄石本地煤发电节约成本,建设新厂,20世纪50年代成为中南地区最大的电厂,当时武汉的电力主要靠黄石电厂供应。

1950—1952年,有3台机组装成投产,总装机容量20000千瓦;后经1960—1962年,1975年—1976年两次扩建,初步建成该厂的现今规模。该厂建国初期属武汉冶电业局;1953年属中南电管局第一发电厂;1956年复属武汉冶电业局,称黄石发电厂,1958年交属湖北省电力工业局,2003年归属中国华电集团公司。现更名为黄石热电厂。①

2. 黄石电厂工业遗产

黄石电厂工业遗产位于黄石港区沈家营街道办事处境内,东滨长江,西临黄石大道南至戴司里,北抵铜矿路,呈带形沿江布局。黄石电厂的主要工业遗存有宿舍楼、泵房、厂房、办公楼俱乐部等。

中学生活动三:黄石工业遗产博物馆策划师

活动内容

让学生参观了解黄石市博物馆、湖北水泥遗址博物馆、铜绿山古铜矿遗址博物馆及大冶铁矿博物馆等,策划设计未来黄石的工业遗产主题博物馆或者数字博物馆,包括黄石钢铁博物馆、煤炭博物馆、铁路博物馆、港口博物馆等。

活动目标

通过学生参观了解黄石现有的工业遗产博物馆,策划设计未来黄石的工业遗产主题博物馆等活动,让学生进一步了解黄石厚重的工业文明,加深学生热爱家乡的情感以及保护工业遗产的意识。

活动任务

让学生参观了解黄石现有的工业遗产博物馆和外地有关博物馆,撰写一份未来黄石的工业遗产主题博物馆(黄石钢铁博物馆、煤炭博物馆、铁路博物馆、港口博物馆等)或者数字博物馆策划方案。

---

① 黄石电厂志编纂委员会:《黄石电厂志(1945—1990)》,1992年。

活动参考资料

黄石矿工博物馆策划方案

(一)简介

筹建的矿工博物馆综合展示馆、老照片馆、生活馆、美术馆、人物馆、收藏馆、生活体验馆、煤矿生产体验中心、矿工文化交流中心、矿工文化研究中心、矿工收藏品及生产生活用品交易中心等组成。

矿工博物馆是矿工历史文物、标本、文献、资料的收藏中心,是矿工文化的科普教育、科学研究和宣传教育机构,也是矿工创业创新基地、文化交流体验娱乐中心以及工业遗产旅游的基地。

(二)创建矿工博物馆的意义

传承矿冶历史文化,突出黄石矿工文化特色的需要

黄石从商周时期至今,矿冶文化源远流长,三千年绵绵不绝,千百年来薪火相传的矿冶文化代表着我国矿冶文化的精华,是中华民族文化的重要组成部分,在中国乃至世界矿冶史上有着独特的历史地位。

黄石矿工文化是矿冶文化的一个重要组成部分,创建矿工博物馆,不仅可以传承矿冶文化,更可以突出黄石矿工文化的地方特色。

突出黄石近代工人运动历史地位的需要

黄石是中国近代矿冶工业中心,是近代工人阶级最集中的地区之一,是近代工人运动中心,在中共领导人林育英、刘少奇、周恩来、彭德怀、陈潭秋等以及贺龙等领导、指导下的黄石工人运动犹如熊熊烈火,燃遍三楚大地,近代黄石矿冶史就是一部工人阶级运动史。

创建矿工历史文化街区,是申报国家历史文化名城的需要

创建矿工历史文化街区,对于黄石申报国家历史文化名城有重要的现实意义。

发扬"工匠精神",突出"黄石精神"内涵的需要

人们通过学习矿冶先辈们的优良品质,体会爱国、爱家乡是矿冶精神的灵魂,"包容、创新、唯实、自强"是黄石精神的内涵。

开展工业遗产旅游,促进资源枯竭城市转型的需要

创建矿工博物馆,充分利用枯竭资源发展工业遗产旅游,解决城市就业问题,促进旅游业的发展,成为全国资源枯竭转型城市的典范。

(四)矿工博物馆的组成部分

综合展示馆

综合展示中国矿业(以煤炭工业为主,包括铁矿、铜矿等采矿业)的发展历程

以及中国矿工产生、发展及壮大的历史,突出中国矿工的巨大贡献。以图片和文字展示为主。

老照片馆

收集整理近代、现代各个时期的矿工以及煤矿、铁矿、铜矿等企业的老照片,以省市为单位,创建多个老照片馆。如湖北老照片馆、黄石老照片馆等。

生活馆

按照各个时期矿工宿舍的布置,如民国时期、20世纪50年代、"文化大革命"时期、改革开放初期等,布置矿工生活馆。

美术馆

收集整理不同时期矿工及矿山等美术作品,创建美术馆,包括绘画、雕塑、书法、篆刻等作品,形成不同类型作品的多个美术馆,如绘画馆、雕塑馆、书法馆等。

人物馆

对国家有重大贡献的矿工代表人物,开设人物陈列馆、纪念馆,如吴运铎纪念馆等。

收藏馆

矿工的收藏品,除美术作品外,包括矿工各个时期的工作证、毛主席像章、票据、学习读本、笔记本等,分类陈列。

生活体验馆

矿工生活馆对外开放,以旅游宾馆的服务方式对外营业,形成生活体验馆。

煤矿生产体验中心

游客可以进入袁仓煤矿旧址,乘坐小火车,进入三楚第一井,亲身体验矿工的生产生活。

工业红色旅游陈列馆

林育英活动旧址、贺龙北伐军军部旧址等是近代黄石工人运动的重要场所,是开展红色旅游的重要基地,可以筹建黄石工人运动陈列馆。

矿工文化交流中心

将矿工俱乐部作为矿工文化交流的场所,可以举办文艺演出、放映电影、开展文化交流活动等。

矿工文化研究中心

将煤矿办公楼作为矿工文化研究中心,以矿冶文化和矿工文化研究、工业遗产旅游研究为中心,举办中国矿工文化节以及工业遗产旅游论坛。

矿工收藏品及生产生活用品交易中心

矿工收藏品不愿意在博物馆展出的或者不具备在博物馆展出,可以在收藏品交易中心进行交换与买卖。交易中心也可以扩大规模,不限于收藏品,还包括生产生活用品。

矿工图书阅览中心

创建矿工图书馆、阅览室,让矿工图书阅览中心成为广大矿工的精神食粮。

矿工文化娱乐中心

创建矿工文化娱乐中心,设立棋牌室、乒乓球室、台球厅、卡拉 OK 厅、健身房等,让矿工文化娱乐中心成为黄石市名副其实的工人文化宫。

(五)矿工博物馆的突出特色

突出近代工人运动的全国地位

突出新中国工人阶级的主人翁地位

矿工文化综合体验与交流传播基地

矿工创业创新基地

国际工业遗产旅游目的地

矿工文化及工业遗产旅游的学术研究基地

图30　黄荆山工人宿舍区

刘金林提供

四、黄石中学地方历史文化学科体系的主要内容

(一)非物质文化遗产与民俗文化

黄石地区西塞神舟会为世界级非物质文化遗产,西塞神舟会、阳新布贴、阳新采茶戏、大冶石雕等4项为国家级非物质文化遗产,阳新折子粉制作技艺、大冶陈贵舞龙、大冶刺绣、大冶佛像雕塑工艺、富池三月三庙会等13项为省级非物质文化遗产,黄石市级以上非遗项目达37项。

西塞神舟会,是以祈福求祥祭祀屈原为主题的端午民俗活动,至今已沿袭2000余年,具有深厚的文化内涵。黄石在每年的农历四月初八至五月十八都会举行西塞神州会,借此纪念伟大的爱国诗人屈原,表达人们驱邪除瘟、消灾祛病,祈求安康的美好愿望,节庆活动历时40天。节日的最后一天,会举行隆重的神舟下水仪式,此外,节日期间会举行盛大的赛龙舟、品粽子,以及祭祀屈原等活动。

以西塞神舟会为代表的民俗文化,是西塞山区道士洑村民众自发、自愿组织参加的,以驱瘟、除恶、消灾、去病,以求平安健康、益寿延年为核心主题的传统民间文化活动。西塞神舟会借助"送龙舟"这一形式,为一方百姓消灾祈福,是端午节习俗中最壮观的一种民间盛会,至今已有2000多年的历史。"神舟会",承载着西塞山地区民众的智慧、情趣以及祈福求祥的善良愿望,从古代,一直走到了今天,其所具有的文化价值、民俗生活史价值不言而喻,这一重要的民俗文化已成为黄石乃至湖北省重要的文化资源。西塞山神舟会作为中国端午节的内容之一,已成功申报世界非物质文化遗产,成为国际文化名牌。

阳新布贴,是在一块底布上通过剪样、拼贴、缝制辅以刺绣制作而成,具有浅浮雕效果的民间实用工艺品。阳新布贴在剪样造型、色彩配置、缝制工艺和刺绣点缀上独具特色,历史悠久,体现了鲜明的楚文化艺术特征。2005年,阳新布贴被列为湖北省首批非物质文化遗产保证项目。2008年6月7日,阳新布贴被国务院公布为第二批国家级非物质文化遗产名录项目。

阳新采茶戏,黄石阳新地区为丘陵地貌,盛产茶叶,每至采茶时节,茶农都会

哼唱采茶歌和当地的民歌小调,清康熙年间,这两种声调逐渐融合成"花灯戏",这也是阳新采茶戏最早的雏形。阳新采茶戏音乐由正腔、彩调、击乐构成,正腔包括"北腔""汉腔""叹腔""四平"等,可塑性大,板式变多样多,极富表现力。

大冶石雕,产地大冶市保安镇尹解元村。2008年6月7日被国务院公布为第二批国家级非物质文化遗产名录项目。内容丰富,种类繁多,浮雕作品勾画严整,透视准确,空间感强烈,极具民族风格。代表人物有尹维权、尹本马、尹国安等。代表作品有《喜鹊闹梅》《鱼跃龙门》《渔樵耕读》《曾子不说谎》《盲人摸象》《买油翁和射手》《猎人争雁》等。

黄石非物质文化遗产十分丰富,具有丰富深厚的人文底蕴。现已挖掘出一批重点非物质文化遗产项目。

民俗类:西塞山神舟会、大冶殷祖果城里的"土主会"、栗林端午赛龙舟习俗、太子"接大王""送水会"。

民间美术类:阳新布贴、大冶石雕、大冶水南湾古民居、阳新釉绘瓷坛、黄石城区布雕画。

民间音乐类:采茶戏、牌子锣、东源挖山鼓"叮当咣"、落田响十七支、渔歌、哦火腔。

民间舞蹈:板凳龙、木港"打花棍"、陈贵舞龙舞狮、西塞高跷、枫林车灯,传统体育:"孔门拳"

民间信仰:打水陆、"三月三"庙会、下陆祖祭,人生礼俗:打喜。

民间曲艺:龙港道情、说鼓书、打花棍、太子竹马。

(二)红色文化

黄石位于湘鄂赣边界,历史悠久,人杰地灵。土地革命时期,彭德怀等无产阶级革命家先后在大冶、阳新组建了红三军团、红八军、红十五军等主力红军,后来成为红一、红四方面军的重要组成部分。威震湘鄂赣的红十二军在南山毛宕村组建,震撼大江两岸的"六州"刘仁八起义在南山头发动,模范的"大冶兵暴"在南山头策划,驰名中外的红三军团在南山脚下的刘仁八村诞生。阳新被誉为红色港湾和中国革命烈士县,60万人口中,有30万英雄儿女为中国的革命事业献出了宝贵的生命,留下了大冶刘仁八红三军团建军旧址、阳新龙港红军街、湘鄂赣边区鄂东南革命烈士陵园等一大批革命遗址遗迹。

通过近些年的建设与发展,阳新县的湘鄂赣边区鄂东南烈士陵园已建成国家八八八级旅游景区,完成了湘鄂赣边区红军烈士墓陵的初步建设;大冶先后完成了大冶南山头中心县委旧址(金公祠)、红三军团建军旧址纪念馆的建设和修缮,已达到接待游客的基本条件。同时,黄石市积极加强红色文化的宣传力度,有力地扩大了红色旅游市场。目前已有红色文化国家级重点文物保护单位3处(龙港革命旧址群、红三军团建军旧址、大冶兵暴旧址),省级文物保护单位4处(红八军建军旧址、龙港革命旧址、鄂皖赣指挥部旧址、大冶中心县委旧址),市县级文物保护单位10多处(大鄂政务委员会旧址、红五军司令部旧址、红三军医院旧址、县苏维埃政府旧址、红十二军创建旧址、"二二七"九烈士墓、龙港烈士陵园、三军团西桥会议旧址,中心县委扩大联系会议旧址等)。

1. 大冶兵暴旧址

大冶兵暴旧址位于大冶市原大冶师范学校校园内。旧址始建于清代1868年,原名"武备堂",碧瓦橙墙,红柱走廊,为中国宫殿式砖木结构。旧址为前后四栋相连的平房,前幢面阔三间,二幢面阔四间,后两幢面阔各十间,屋满面均为单檐硬山顶,椽檩均置于砖墙上。1929年12月,中共地下党员程子华同志根据党的指示率敌十五旅二团起义,一举歼敌三个营,活捉了营长和伪县长,粉碎了敌十五旅围剿红军的阴谋,被周恩来总理誉为"模范的大冶兵暴"。大冶兵暴旧址是大冶非常重要的一处革命历史纪念场所,它是中国革命史和建军史的重要组成部分。

2. 湘鄂赣边区鄂东南革命烈士陵园

全国重点烈士纪念建筑物保护单位,全国爱国主义教育基地,湖北省国防教育基地。位于湖北省阳新县内,距武汉市147公里,黄石市58公里。陵园于1980年兴建,1986年11月1日落成开放。陵园占地面积427亩,主体工程有:园名坊、两侧群像雕塑、纪念广场、烈士纪念碑、烈士纪念堂、彭德怀塑像、九烈士墓、正气亭、将军墓群等;配套工程有:花圃、盆景、橘园等。园名坊正面刻有原国家主席李先念同志题词;纪念碑雄伟壮观,碑身正面为原国家主席杨尚昆同志题写的"湘鄂赣边区鄂东南革命烈士陵园纪念碑"碑名。

3. 龙港革命旧址群

全国重点文物保护单位,省级重点文物保护单位。龙港镇位于湖北省阳新县西南部,106国道纵贯全境,镇区距黄石市60公里。1927年,中共湖北省委在此组织了秋收暴动。1929年秋至1930年夏,彭德怀等进驻龙港,开辟鄂东南根据地。1931年,中共鄂东南特委迁到龙港。龙港地区是全国著名的红色根据地之一。土地革命时期这里是中共鄂东特委和苏维埃政府的48大机关的所在地,领导着湘鄂赣边界21个县的革命斗争,当时被誉为"小莫斯科"。龙港现有革命旧址70余处,其中被列为国家级保护文物的有16处、省级保护文物的有36处。龙港因此被国家文物局的领导和文物专家称为一座"天然的革命历史博物馆"。1995年省人民政府将龙港革命旧址命名为"湖北省爱国主义教育基地"。主要景点有龙港红军街、龙港革命历史纪念馆、彭杨学校旧址、龙燕区第八乡苏维埃政府旧址等。

4. 大冶南山头中心县委纪念馆

大冶市爱国教育基地和红色旅游重要景点。地处大冶市南部,与阳新县三溪口镇相邻。距武汉市 90 多公里,距黄石市 30 公里。1997 年黄石市人民政府为"南山头革 命纪念碑"撰写碑文。后被定为大冶市爱国主义教育基地。南山头是我党领导的最早革命根据地之一。1928 年秋,在南山金公祠成立了中共大冶县委。李灿、何长工率领的红八军在这里浴血奋战;彭德怀、滕代远指挥的红五军在这里挥戈杀敌。新中国成立后,曾在这里战斗过的聂荣臻、王平等百余名将帅先后为南山撰写题词。原中共中央军委副主席张震上将为南山题写了"英雄大冶,革命摇篮"的题词,这是对大冶南山人民的崇高赞赏!

5. 红三军团建军旧址纪念馆

大冶市爱国教育基地。位于大冶市刘仁八镇刘仁八自然村。距武汉市 90 多公里,距黄石市 30 公里。这里原是刘仁八进步绅士刘步阶的庄园,始建于清朝末年,至今有近百年历史。是一栋砖木结构,中西结合的建筑,它由一进三幢五开间组成,分上下两层,总面积 950 平方米。1930 年 6 月,彭德怀在此召开红五军军委扩大会议,根据中央军委会议精神,决定在刘仁八成立红军第三军团〈简称红三军团〉。红三军团成立旧址是中国工农红军历史上的重要革命遗址,它的维护和保存,对研究湘鄂赣边区革命斗争史和土地革命战争时期中国工农红军以及中国人民解放军的战争史,提供了实物见证,它的发掘和利用,为广大人民群众特别是青少年进行革命传统教育提供了固定场所。

(三)宗教文化

以东方山为代表的宗教文化。东方山历史悠久,佛教文化源远流长,始建于唐宪宗元和初年的弘化禅寺历经千载。千百年来,东方山以佛教饮誉禅林,名满江南。始建于唐代宪宗年间的"弘化禅寺"规模雄伟,气魄宏大,香火旺盛。历久不衰。寺中高僧辈出,佛教文化源远流长,历来是鄂东南佛教道场中心,成为黄石宝贵的文化资源。黄石应充分利用这一资源,结合现代人重视健康,崇拜药师的心理,建造巨型药师塑像,建成药材、绿色健康产品中心,让文化促进相关产业发展。

弘化禅寺又名东方寺,为东方山的主寺,曾名宝峰禅寺、宝宁寺、化禅寺。据《东方山谱》载及传说,创造人智印和尚,是南岳衡山磨砖作镜的怀让和尚的门徒,原籍湖南省常德龙阳县人,俗姓王,出生于唐德宗贞元二年(786 年),五岁出家,十五岁时前往南岳怀让和尚处精研"三藏"（佛教经典分为经、律、论三个部分,总称三藏。)后承师命,云游三楚,来到东方山后,当见到一棵高大苍劲,数人难以合抱的银杏树〈白果树〉时,便记起临别时师傅的偈语:"遇东则止,见北即住",就在白果树下挂锡定居了。智印法号为唐宪宗"钦赐"。"宝峰禅寺"亦为宪宗赐名,五代兵乱该寺被毁,宋大中祥符四年(1011 年)赐"宝宁寺",元成宗元贞二年(1296 年)赐"化禅寺"。元惠宗至正二十四年(1364 年)元贵族纵乱再毁。明成化二年(1466 年)赐"弘化寺",明万历三十年一年(1604 年)及康熙五十七年(1719 年)前后两次被火焚烧,今日的"弘化禅寺"正殿高 28 米乃清同治七年(1868)重新修复,"弘化"为弘大教化之意。

"弘化禅寺"坐北朝南,南有放生池,面积 1668 平方米,池北一山门,南门额上书"三楚第一山",北门额书"白莲净域",朝北有一小院,原为白莲池,因产白莲故名。世传为智印所凿,乃东方山八景之一。院东大酉宫,面积 89 平方米,内有二户尊佛像,院北"大雄宝殿"巍然屹立,前额书"弘化禅寺",后额书"大雄宝殿"。殿分前后两进,前殿中佛台上并座三尊大佛,佛后塑有观音蹈海的佛像群,殿两旁塑有十八罗汉和六尊大师佛,形状庄严,后殿中建有祖师塔(即多宝塔)。塔中安放智印祖师像塑像,塔周有泥塑护法神四尊。全殿建筑面积 791 平方米,高 9 米,大小佛像 79 尊。殿东有隆兴宫和观音堂及其他设施暨面积 251 平方米,佛像 17尊,殿西有"荣福宫"宫内有工作间,僧人、方丈及工作人员住宅,面积为 579 平方米,内有佛像 16 尊,殿北有陆家祠堂,乃清末"大士阁"原址,面积为 381 平方米,整个"弘化禅寿"占地面积 8657 平方米,建筑面积(包括放生池和陆家祠堂)4193米,此外,寺东有"东凉亭",西有"普陀寺",南有"普同塔",北有"拜经台"。

东方寺自公元 810 年至 952 年,方丈传衣共七十世,历时 1100 多年。此外还有拜经台、普陀寺、东凉寺、西凉寺、北凉寺等建筑,游踪甚多。

东方山目前已成为集佛教文化和风景旅游为一体的旅游胜地,1997 年,东方山被省政府批准为省级风景名胜区,现为国家级旅游风景区。如今,在东方山上,分布有大小 22 座寺庙,如星罗棋布。形成了湖北省最大的佛教寺庙群,僧尼总人数将近百人,在全省有较大影响。

(四)山水文化

黄石有"百湖之市"之名。目前,面积较大的主要有磁湖、仙岛湖、大冶湖、网湖、保安湖等五大湖泊,以磁湖、大冶湖、保安湖、仙岛湖,以及以东方山、西塞山、黄荆山、小雷山、大王山、七峰山等为代表的山水文化具有地方特色。8.7 平方公里的磁湖位于城区中心,是全国少见的"城中湖",现已成为省级风景名胜之中心

景区;水域 32 平方千米,有 1002 个岛屿的仙岛湖是世界三大千岛湖泊之一,旅游
区规划面积 180 平方千米;大冶湖界跨大冶市、阳新县、西塞山区和黄石开发区,
水面 65 平方千米,随着大冶湖生态新区建设深入推进,黄石中心城区与大冶、阳
新对接融合、同城化发展将会加快;网湖(省级自然保护区)位于阳新县境内,总面
积 204 平方千米。保护区主要保护网湖湿地生态系统,珍稀濒危野生动植物资源
及其栖息地,特别是东方白鹳、黑鹳、白鹤 3 种国家一级保护鸟类,小天鹅、白额
雁、白头鹎、灰鹤等 29 种国家二级保护鸟类及鸿雁的栖息地,冬候鸟和夏候鸟的
栖息繁殖地以及中华绢丝丽蚌天然养殖场;保安湖位于大冶市西北部,净水面阔
达 4000 多公顷,为长江中游地区、鄂东南重要的中型湖泊。

　　西塞山位于湖北省黄石市区东部长江之滨,属古战场、古文化旅游观光自然
风景名胜区。断江雄踞,扼吴头楚尾,集千年诗坛百战场和金窟钱窖古墓葬于一
地,自古誉称"樊楚三名山"之一。孙策攻黄祖、周瑜破曹操、三国归晋之铁锁横江
等上百次战争发生于此。南北朝以来,历代文坛巨子在此写出上百篇传世佳作,
尤以唐代著名诗人张志和的《渔歌子》和刘禹锡的《西塞山怀古》为千古绝唱。六
次出土全国罕见的宋代大型金窟钱窖,汉、晋以来的古墓葬群为黄石市重点文物
保护单位。

　　黄荆山风景区位于黄石市区中心地段,是集游览、观光、会务、休闲度假和生
态农业开发为一体的综合型旅游度假区。黄荆山总面积 70 平方千米,野生(动)
植物资源丰富,由维管束植物 200 种 100 属 3000 多种,野生动物 20 多目 200 多
种。景区历史文化悠久,著名诗人张志和、刘禹锡、元结等留下众多脍炙人口的诗
篇。境内溶洞、名泉、庙宇众多。

　　雷山是国家认认级旅游风景区。位于大冶市陈贵镇境内,包括以石景见长的
小雷山景区,以自然生态环境见长的大泉沟景区和以佛教、历史文化见长的天台
山景区。它是一处集观光、休闲度假、科普教育、弘扬佛法为一体的风景名胜区。

　　七峰山位于湖北省阳新县西北部,群山起伏、峰峦叠嶂;森林密布,古木参天,
奇峰怪石林立,溶洞古迹众多。东麓有罗北口水库,西麓有青山水库,著名的景点
有天然动植物王国、天然氧吧之称的七峰林海,有黄石第一峰——南岩峰,有千年
古刹——七峰禅寺,有太平天国古城墙,有琵琶洞、老虎洞、天狗望月、龙眼情深等
数十处奇洞异石。

(五)大冶石工与古民居

　　大冶山多、石多、田少,许多村落农户建石屋,清一色石头门甲,石头仄联。家
家以凿石为生,都有精湛的手艺。他们传承古老遗风,采石、筑屋、雕石,在石上錾

花,刻飞禽走兽,透雕花窗,浮雕照壁。大冶手艺人中,与石头打交道的石工最为出名。这些石匠人员众多,在本地供大于求,必须外出打工,才能养家糊口。清光绪年间,一群石工从大冶县登上牯岭,在窑洼一带结茅为家。他们之中先后有周瑞莲、胡天成、胡祥彩等为杰出代表,是他们将野兽出没的荒山建成了人间仙境。石工们在石匠场附近集居,凭着他们精湛的技术和坚忍不拔的创业精神,营造出一栋栋别墅精品,在庐山站稳了脚跟,占据庐山石工行业长达半个多世纪。他们分别来自大冶的刘仁八、半山周、畈段村等地,庐山人亲切地统称他们为"大冶石工"。当年,庐山石工队伍,大冶人占十之九。结合庐山特殊环境,大冶石工与本地石工互相取长补短,从开采到安砌逐步形成了庐山本地石工的营造特点。这种新的特点,在庐山石工中得到进一步传承光大。独特的营造工艺庐山别墅大多是依照房主的生活习俗进行设计的,但营造方法却是货真价实的本土工艺。工匠们利用本地石头资源丰富的特点,从开采、打磨、搬运、安砌,形成一整套"人工流水作业"。1996 年 12 月,庐山被正式列入《世界遗产名录》,庐山别墅是其重要组成部分。联合国教科文组织专家组这样高度评价庐山:"庐山的历史遗迹,以其独特的方式,融会在具有突出价值的自然美之中,具有极高的美学价值,形成与中华民族精神和文化生活紧密相连的文化景观"。众多的庐山别墅,形成了庐山一道靓丽的风景线,构成了中西合璧的文化景观,其数量之多、面积之大在中国绝无仅有,别墅的建造者大冶石工做出了巨大贡献。①

大冶石工不仅在全国有重大影响,在黄石地区民居建设中也发挥了重大作用。大冶市金湖街道办上冯村、保安镇沼山村刘通湾、阳新县浮屠镇玉堍村、排市镇阚家塘村阳新县、三溪镇木林村枫杨庄、王英镇大田村清潭湾等 6 村庄入选"中国传统村落名录",此外大冶大箕铺水南湾村、柯大兴村等许多村庄古民居众多。

大冶的上冯村,被称为"九古奇村",并入选了中国传统村落名录。上冯村形成于元代以前,距今已有五六百历史。村面积 12 平方公里。三面环山,门口一弯绿水,树木四季常青。村落古民宅依山而建。徽派建筑,砖木结构。上有雕花,下有青石板,石雕齐全,做工精湛。古朴古风、大气雄伟,彰显明清文化。上冯村汇集了古宅、古树、古祠、古庙、古井、古墓、古道、古渠等人文景观,历经数百年沧桑历史和天灾人祸而保存完好。

水南湾,位于大冶市大箕铺镇东山西麓,始建于明末清初,湾内民居大都是飞檐斗拱、黑白相间的徽派古建筑。建筑物上有许多晚清时期的大型木雕,其精美程度可与宫廷木雕媲美。古民居受徽式建筑风格影响较大,砖雕、木雕、石雕独具

---

① 叶建鹏:《揭秘大冶石工建造"庐山老别墅群"》,《东楚晚报》,2015 年 7 月 15 日。

风貌。其砖雕多为龙形,建在宗祠和民居风火墙上。木雕内容多为生活场景、花鸟图案。石亥眵在石桌和厅中立柱之上,内容多为花兽形象:花为牡丹,兽为麒麟,取其富贵祥瑞之意。

据曹氏家谱记载,水南湾的这一支,是在明朝万历年间(1573 年 – 1620 年)时期从江西瑞昌迁居过来的。随着家族人丁的日渐兴旺,曹氏家族决定在老屋的附近建造新的大宅,100 多工匠用 13 年的汗水,终于在水南湾树立起了一片徽派建筑。核心建筑是气势恢宏的九如堂,其内九重门连通两旁上百间横屋,使整个家族建筑浑然一体。

水南湾的最大特点是连为一体,400 多户曹姓村民共居九重门。门内有 36 个天井 72 个窗,天井既可采光,又是排水系统,排水口使用鲤鱼石刻,鱼口直通下水道。全体 400 多户居民虽然同住一所大宅里,但各家各户又独成体系,雨天串门时不会湿鞋。

水南湾古民居,注重生活的实用性。走进民居,跨进堂屋、正屋、厢房、耳房、梁枋,忽高忽低,开间骤大骤小,光线倏暗,房屋的采光、下水道、通风口等布局合理、错落有致。"屋上立垛,防风防盗又防火",在屋与屋间上方建有风火墙、女儿墙,因其形状像马头,故称"马头墙",一般随房屋的层次高低错落,一间间一栋栋地立垛。它主要是防风防火,因马头墙阻隔一般不会祸及邻舍,同时也避免了村民趁火打劫,还有防盗的作用。①

中学生活动四:黄石非物质文化遗产传承者

活动内容

让学生了解黄石非物质文化遗产,参观非物质文化遗产如阳新布贴、黄石港饼、印子粑等制作,学习制作阳新布贴、黄石港饼、印子粑等,学习阳新采茶戏、牌子锣等民间戏曲音乐。

活动目标

通过学生学习制作阳新布贴、黄石港饼、印子粑等,学唱阳新采茶戏、学打牌子锣等民间戏曲音乐,加深学生保护非物质文化遗产的意识,成为黄石非物质文化遗产传承者。

活动任务

让黄石非物质文化遗产进校园,让学生学习制作阳新布贴、黄石港饼、印子粑等,学唱阳新采茶戏、学打牌子锣等民间戏曲音乐,让学校成为黄石非物质文化遗

---

① 柯小杰:《水南湾古民居》,引自民俗学博客。

产传承实验基地。

　　活动参考资料：

　　阅读：东楚网《黄石时报》"西塞山下神舟会"。

图31　西塞山

刘金林提供

五、黄石中学地方历史文化学科体系构建的历史地位

（一）资源枯竭城市创建地方学学科体系的典型范例

在我国，研究地方、地域的学问，历史悠久。如全面记载某一时期某一地域的自然、社会、政治、经济、文化等方面情况的地方志，已有 2000 多年的历史。但是，以地名学，对地方的研究冠以"学"之称谓，出现"某某学"，是近百年的事情。蒙文通发表于 1923 年的《经学导言》中最早提出了"齐鲁学"，20 世纪 30 年代我国出现较早的地方学有敦煌学、徽学、藏学，被誉为我国地方学的"三大显学"。地方学作为一门新兴学科在 20 世纪 80 年代兴起，近年来，徽州学（徽学）、潮州学（潮汕文化、潮学）、泉州学、温州学等地方学逐渐形成品牌，产生了越来越大的影响，促进了地方经济社会的发展。

目前，我国大陆地区在报刊、会议、论著中明确提出，并已经开展研究。人们较为熟悉的地方学有：敦煌学、藏学、徽学、蒙古学、西夏学、北京学、上海学、岭南学、武汉学、杭州学、西安学、温州学、泉州学、三峡学、鄂尔多斯学、泰山学、潮学、晋学、巴蜀学等数十种。在中国香港、澳门特区、台湾地区也出现了香港学、澳门学、台北学等。

据不完全统计，目前我国大陆以"某某学"或纯粹以地名命名、比较活跃的地方学研究机构有 30 个左右，如敦煌研究院、兰州大学敦煌学研究所、中国藏学研究中心、安徽大学徽学研究中心、北京联合大学北京学研究所、鄂尔多斯学研究会、韩山师范学院潮学研究院、泉州学研究所、温州学研究中心等。此外，还有大量以"某某文化研究"命名的地方文化研究机构在从事地方学研究工作，几乎各个地区都有当地文化研究学术团体或专门研究机构。

我国各地的地方学已经取得了很多研究成果，有一定的理论探索，更多的成果是某个具体地方的专题性研究。一些著作或文集的名称直接冠以"某某学"，这

成为一种发展趋势,如《徽州学概论》《北京学研究》和《香港学》等。①

世界上很多城市和地区都出现了关于本地的地方学研究,如首尔学、东京学、伦敦学、罗马学等。这些城市地方学研究多以当地高校的学术和人力资源为依托,在市政府的支持下建立专项研究机构,从而获得稳定的研究队伍、课题和研究基金,并且定期开展相关的学术文化交流,已经取得了大量的研究成果。

在我国资源枯竭城市创建地方学是一项创举,我国资源枯竭城市大多数是新中国时期创建的,绝大多数是单一的资源开发型城市,地方文化建设薄弱。黄石市是中国古代青铜文化的发祥地之一,有商朝晚期的铜绿山古铜矿遗址,说明大冶是中国古代的资源型城市。特别是近代从张之洞开创中国钢铁工业开始,大冶成为工业建设的重点,成为全国重工业中心,这是其他资源枯竭城市所不具有的条件。丰富的近代大冶工业档案文献资源、众多的矿冶考古遗址报告以及影响全国的名人档案文献资料为大冶学学科体系(黄石中学地方历史文化学科体系)的构建提供了学术基础,大冶学成为全国资源枯竭城市创建地方学学科体系的典型范例。

大冶学的创新之处是充分利用资源枯竭城市的"枯竭资源"——矿冶遗址、工业遗产以及工业档案等文献构建具有地方特色的大冶学,让资源枯竭城市的"枯竭资源"永远不枯竭。

创建大冶学充分利用黄石工业及工业遗产在全国占有极其重要的历史地位这一优势,工业及工业遗产是黄石市的立市之本。特别是近代矿冶工业遗产是黄石市之源,黄石市之魂。通过开展以黄石矿冶工业遗产为中心的研究与实践,探索出一条具有黄石特色的资源枯竭城市转型发展之路,重点是创建具有黄石特色的地方学体系——大冶学,即矿冶文化学科体系。大冶学融地名学与悠久的历史(三千年青铜文明史、一千年建县史、百年开发史及工业文明史)、丰富的文化内涵(大兴矿冶之意)与著名的工业品牌(近代汉冶萍公司大冶铁矿、大冶钢铁厂以及大冶水泥厂、大冶源华、利华煤矿闻名中外,现代大冶铁矿、大冶特钢、大冶有色世界闻名)于一体,创建大冶学不仅是保存我国古代矿冶文明、近代工业记忆的需要,也是全面推进资源枯竭城市产业转型和建设武汉城市圈"资源节约型、环境友好型"社会、促进地方文化发展的有益探索,也促进矿冶文化遗址保护及旅游业发展和全面建设小康社会的需要,特别是在全国资源枯竭城市中具有重要的示范意义。

---

① 张宝秀、成志芬、马慧娟:《我国地方学发展概况及对北京学的再认识》,《北京联合大学学报(社会科学版)》,2013 年第 3 期。

（二）代表着中国古代矿冶文化的精华

著名考古学家夏鼐先生在美国纽约大都会艺术博物馆主办的"中国青铜文化学术讨论会"上所做的《湖北铜绿山古铜矿》专题学术报告中指出："今天，我们不仅研究青铜器本身的来源，即它的出土地点，还要研究它们的原料来源，包括对古铜矿的调查、发掘和研究，这是中国青铜器研究的一个新领域，也是中国考古学新开辟的一个领域。铜绿山古铜矿的发现和发掘，对了解我国古代社会生产，尤其是青铜业生产具有重要意义。从铜绿山获得的丰富资料，还说明楚国在铜矿的开采和冶炼方面已达到较高水平，从而对于曾侯乙墓出土的青铜器具，总产量达到十吨之多的惊人数字，也就有了更深的理解。"夏鼐先生的这些话，不仅说明了铜绿山在古铜矿的历史和科学价值，也指明了它的发现和发掘在中国考古学上的地位和作用。

中国科学院资深委员，我国著名的冶金史专家柯俊教授曾两次到铜绿山考察，在深入研究考古资料后，他认为铜绿山古铜矿代表了一个时代的技术。

现有资料表明：铜绿山古铜矿不仅在找矿探矿、地下井巷开拓和支护、选矿和冶炼等方面，在当时的历史条件下，达到了较高的技术水平，而且在工具制造、通风排水、提升等方面都有很多符合科学原理的创造。如战国晚期提升使用的绞车，研究机械史的专家认为：它是我国最早的提升机械。从事生产标准化研究的专家，看到古铜矿井巷的支护方式及规格尺寸，在各个不同时期都趋向定型的情况，也认为这些资料太重要了，它表明我国运用标准化进行生产的年代早于秦始皇兵马俑的制作。从事测绘专业的专家，看到古铜矿竖井的垂直，平巷与平巷、平巷与竖井之间的贯通与连接，也认为达到了很高水平，值得很好地从测量技术方面进行研究等。科技史界的专家普遍认为铜绿山古铜矿遗址全面反映了我国商代晚期、西周至春秋战国这一历史时期科技发展水平及其成就。

铜绿山古铜矿的发现、发掘是世界冶金史的一件大事。这是 1981 年 10 月，在北京举行的古代冶金国际学术讨论会后，一些世界著名的冶金史专家到铜绿山进行参观、考察后共同的看法。由于种种历史原因，当今世界上，古铜矿遗址能够完好地保存至今确实稀少，有比较才有鉴别。世界著名的冶金史专家、美国哈佛大学考古系麦丁教授说："在世界其他地方，看了许多古代矿冶遗物，铜绿山是第一流的。中东等地虽然很早就开始了铜矿冶炼，但没有这样大规模地下采掘遗址，较完好的冶炼用炉，炉渣温度高、流动性好，含铜量低是很少见的，留下了十分深刻的印象。"世界著名的冶金史专家、美国麻省理工学院史密斯教授说："我们在这里看到了世界其他地方看不到的东西，这在我们一生中是永远不会忘记的。"加拿大富兰克林教授说:"你们在这里经常接触可能不觉得,但对我们来说,这是世界其他地方所没有的,可惜时间太短,我十分留恋这个地方。"这次会后,已过去近三十年了,我们还未听说国外有超过铜绿山古铜矿的发现。[1]

20世纪70年代黄石铜绿山矿大露采的"一声炮响",炸开了一个"千古之谜",不仅证明中国青铜文化的规模之大,开采历史延续之长、技术水平之高为当时世界之罕见。也正是这"一声炮响",奠定了黄石在中国乃至世界矿冶发展史中的重要地位。论时间之早,铜绿山最早可追溯到商朝的后期,距今三千多年的历史;论开采时间之长,铜绿山的大规模开采一直追溯到东汉末年,绵延一千多年;论技术水平之高,从矿石的采掘到铜的冶炼,还没有哪个古代的手工工场能到达铜绿山的水平。由此,铜绿山古铜矿遗址作为黄石矿冶文化杰出代表者,不仅改写了世界矿冶史,也奠定了黄石是中国工业文明萌芽时代重要发源地的无与伦比的重要城市地位。黄石的矿冶开发成为中国灿烂的青铜文化的物质基础和历史源头。以铜绿山古铜矿遗址为核心内容的大冶学代表着中国古代矿冶文化的精华。[2]

(三)中国近代工业文明富有典型意义的标本

近代大冶工业史是大冶学的核心内容,近代大冶不仅是中国近代工业第一城,而且是一座改变中国重工业布局的城市,以近代大冶工业史为核心的大冶学是中国近代工业文明富有典型意义的标本。

大冶县北部从铁山到石灰窑的一百余平方千米的狭长地带,面积仅为大冶县的百分之十,不到湖北省的千分之一,到1949年集中了湖北省甚至中南地区全部钢铁工业以及主要的水泥、电力、煤炭等重工业,创造了近代中国工业史上闻名世界的"大冶奇迹",1949年,新中国在此设立大冶工矿特区,1950年8月改名为黄石市。

近代大冶的经济发展是从1874年黄石港的对外开放开始,当年英国太古公司的轮船首入黄石港,招商局在此设轮船码头。也在这一年,直隶总督李鸿章让盛宣怀到湖北寻找煤铁矿藏。1875年,随着近代中国第一家新式煤铁工矿企业——湖北开采煤铁总局创办,在兴国州(今黄石市阳新县)开采煤矿,在大冶县

---

① 周保权:《铜绿山古铜矿遗址在矿冶文化史上的地位及价值》,《矿冶文化研究文集》,长江出版社,2011年7月第1版。

② 王志超:《矿冶文化与工业文明——黄石矿冶文化的价值定位研究》,《黄石理工学院学报(人文社会科学版)》,2010年第4期。

铁山发现大冶铁矿、购买矿山,并且制订了在大冶县黄石港创办中国第一座钢铁厂的建设规划。随着汉冶萍煤铁厂矿有限公司(简称汉冶萍公司)的创办,大冶县成为汉冶萍公司的发源地,1948年汉冶萍公司清算结束,更名为华中钢铁公司,大冶县石灰窑成为汉冶萍公司的最终归宿地。近代大冶铁矿、大冶钢铁厂、大冶厂矿、大冶矿业所、大冶象鼻山铁矿、大冶水泥厂、大冶电厂、大冶源华煤矿、大冶利华煤矿、大新铜矿(大冶阳新铜矿)、大冶铁路等闻名世界,使大冶成为近代中国重要的工业基地,特别是重工业地位突出。

近代大冶被称为"近代工业第一城",是因为大冶因工业而生、工业而兴、工业而辉煌,是一座改变中国重工业布局的重要工业基地。

中国最早的工业城市出现在洋务运动时期,当时投资规模大的非口岸县级城市,重要的有大冶、汉阳、唐山这三座城市,由于汉阳当时为汉阳县城以及汉阳府所在地,城市已经有了一定的规模,再加上汉冶萍公司的发祥地在大冶,没有大冶,就没有汉冶萍公司,就没有汉阳重工业,抗战时期,汉阳重工业西迁,武汉重工业的地位逐步被大冶所取代。

近代大冶工业遗产如汉冶萍煤铁厂矿旧址、华记湖北水泥厂旧址、源华煤矿旧址、大冶电厂旧址、华新水泥厂旧址、大冶铁矿下陆机修厂俱乐部、汉冶萍铁路、车站、码头等等工业遗产以及新中国成立初期保存在大冶工矿特区的大量近代汉冶萍公司档案、国民政府资源委员会华中钢铁公司档案、华新水泥股份有限公司档案、源华煤矿公司档案、利华煤矿公司档案、大冶电厂档案等充分说明了近代大冶工业遗产在全国的历史价值以及大冶工业在全国的重要历史地位。

(1)大冶是中国近代重工业部门齐全的城市

从19世纪末到20世纪20年代,大冶拥有钢铁、水泥、煤炭、电力、机械、有色金属等重工业部门,唐山拥有煤炭、水泥、电力、机械等重工业部门,而钢铁工业作为当时最重要的工业部门。以大冶铁矿、大冶钢铁厂等为中心的汉冶萍公司,是亚洲最早最大的钢铁联合企业。

在近代中国,重工业地位特别重要而稀少,特别是从南京国民政府开始直到新中国成立初期,国家经济发展采取以重工业为核心的发展战略,大冶重工业在全国占有绝对优势。

与武汉、上海、天津、鞍山等工业城市相比,以钢铁工业为核心的大冶,是近代中国最早拥有重工业部门齐全的民族重工业基地,到民国初期,这里钢铁工业有汉冶萍公司大冶钢铁厂、大冶铁矿和湖北省象鼻山铁矿等企业,水泥工业有湖北水泥厂,煤炭工业有富华煤矿、富源煤矿等企业,机械工业有下陆机车修理厂,有色金属工业有富池炼铜厂、大新铜矿等企业,电力工业有汉冶萍公司、湖北水泥厂等企业的自备电厂,这些重工业厂矿的大多数工业遗产保存下来,成为今天黄石市最重要的文化遗产。

(2)大冶是重工业基地,是重工业人才摇篮

清朝末年张之洞兴建大冶钢铁原材料基地,北洋政府时期湖北省政府兴建钢铁与有色金属原材料基地,南京国民政府抗战前兴建湘鄂赣重工业基地以及抗战后兴建大冶国防重工业基地。历届政府重视这片土地,许多实业家、科学家也钟情于这片土地,近代黄石地区是近代重工业人才以及名人聚集的地区,钢铁工业人才从近代早期的武汉,后期的鞍山、本溪、石景山等地汇聚大冶,水泥工业人才从唐山、天津等地汇聚大冶,煤炭工业人才从萍乡等地汇聚大冶,电力工业人才从大西南等地汇聚大冶,大冶是中国近代以钢铁、水泥为核心的重工业人才摇篮。大冶工业基地的创建,除了有张之洞、盛宣怀、翁文灏等人的卓越贡献之外,中国一大批科学家、技术人员付出了巨大的努力,如:中国第一位水泥总工程师、"水泥大王"——王涛,我国钢铁冶金界的先驱、著名钢铁专家——李维格,中国地质学会会长、著名矿冶专家——王宠佑,中国第一位钢铁冶金工程师——吴健,中国著名煤炭矿业专家——王野白,中国著名电力专家、原武汉工学院院长——黄文治等。众多钢铁、水泥等重工业人才从大冶走向全国,促进了中国近现代重工业的发展。

(3)大冶是对近代中国重工业布局影响最大的地区

洋务运动时期,发源于大冶的汉冶萍公司改变着中国重工业布局,使湖北地区成为中国最大的重工业基地。抗日战争时期,随着大冶重工业的西迁,对西南重工业基地的形成产生重大而深远的影响。近代后期随着大冶国防重工业基地的确立,为新中国成立初期湖北重工业基地的形成奠定了坚实的基础,改变了中国重工业集中分布在沿海和东北的不平衡布局。

(4)大冶是中国民族重工业由失败走向成功的代表城市

在近代中国早期工业城市中,大冶所面临的挫折是罕见的,大冶几乎所有的重工业部门初创时都面临着失败的命运,由失败走向成功是大冶工业的独特之处。面对汉冶萍公司停产以及破产危机、面对湖北水泥厂倒闭危机、面对王三石煤矿开采失败以及富源煤矿、富华煤矿破产危机、面对全部工业的被毁西迁、面对日本的侵略和残酷的掠夺,大冶人没有退缩,他们克服重重困难,雄心勃勃的要建成超越汉冶萍公司的钢铁厂、要建成超越启新洋灰公司的最大水泥厂,以爱国爱家乡为核心的大冶精神,最终成就了近代中国的"大冶奇迹"。

总之,近代大冶地区是中国近代工业的发祥地之一、近代中国重要的重工业基地,在中国近代工业史上占有极其重要的地位,是其他城市所无法取代的,是中

国近代重工业从无到有,在困境中曲折发展的最突出的代表。大冶是名副其实的近代中国工业第一城。①

中学生活动五:黄石地方文化遗产保护者

活动内容

让学生了解黄石地方文化遗产,考察身边的文化遗产特别是工业遗产,写一篇保护文化遗产的倡议书或者调研报告。

活动目标

通过学生考察身边的文化遗产特别是工业遗产,写一篇保护文化遗产的倡议书或者调研报告,加深学生保护文化遗产的意识,成为黄石地方文化遗产保护者。

活动任务

学校以班级为单位,上一节保护地方文化遗产的主题班会,写一篇保护文化遗产的倡议书,让学校成为黄石地方文化遗产的宣传与保护基地。

活动参考资料

阅诚:工业遗产网有关黄石矿冶工业遗产申遗中专栏文章。

图32　中国近代现存最早的火车站——下陆车站

刘金林提供

---

① 刘金林:《再现近代中国工业第一城——历史学视野下的黄石工业遗产价值评价》,《中国工业建筑遗产调查、研究与保护(四)——2013年中国第四届工业建筑遗产学术研讨会论文集》,清华大学出版社,2014年。

六、黄石中学地方历史文化学科体系构建的
现实意义

（一）有利于黄石工业遗产申报世界文化遗产

湖北省政府批准设立的黄石工业遗产片区包括铜绿山古铜矿遗址、汉冶萍煤铁厂矿旧址、华新水泥厂旧址、大冶铁矿东露天采场四个部分。黄石工业遗产不仅完整展示了悠久的古代矿冶文明，也充分展现了20世纪早期工业化、近现代化的进程，其完整性、系统性、代表性在全国罕见。

实际上，黄石工业遗产片区的范围比四大工业遗产旧址要大得多，其核心应该包括五大工业遗址（除前面指出的四部分外，还应包括源华煤矿旧址）和一条汉冶萍铁路。这五大工业遗址通过汉冶萍铁路连接起来，形成一条规模宏大的文化线路遗产区。

黄石丰富的工业遗产，再加上中央、省、市各级政府机关与文物部门以及有关单位对黄石工业遗产保护的支持和帮助，2011年12月，湖北省政府批准设立的黄石工业遗产片区。国家文物局对黄石工业遗产非常重视，2011年2月原国家文物局单雾翔局长、顾玉才副局长等先后亲临黄石，高度评价黄石工业遗产有特点、成体系、门类齐全、保存较好。

从1892年建成的汉冶萍铁路是中国近代最早、持续时间最长的城市矿冶工业遗产铁路，也是中国近代持续时间最长的城市客运铁路。在1949年前连接了汉冶萍公司大冶钢铁厂（汉冶萍煤铁厂矿旧址）、大冶铁矿（黄石国家矿山公园及大冶铁矿博物馆）、源华煤矿（源华煤矿旧址）、华新水泥厂（华新水泥厂旧址）。新中国成立后，延伸到铜绿山（铜绿山古铜矿遗址博物馆），完全具有文化线路的遗产价值。文化线路作为文化遗产的重要组成部分，不但具有遗传价值和考古价值，还具有很丰富的旅游价值。由于文化线路基本上是成线状结构，文化线路沿线，一般都有很多文化遗产的遗存和古迹。如果将这些遗产资源很好地加以保护和进行合理的开发，将是一份很有价值的旅游资源。以汉冶萍铁路为主线创建的

黄石工业遗产保护片区,具有很高的旅游价值,与中国京杭大运河、丝绸之路、茶马古道、蜀道一样,是重要的文化线路遗产。

黄石工业遗产片区进入申报世界文化遗产的预备名单,成为填补我国世界遗产中工业遗产类别缺失的有效措施,也可以改善目前世界遗产名录中工业遗产地区分布失衡的状况。

黄石工业遗产片区申遗的优势在于黄石工业遗产时间上的连续性、品类上的多样性、空间上的聚集性。黄石工业遗产片区既有如南美洲古代矿冶工业遗址、又有如欧洲近代大型工业遗产、既有近代汉冶萍铁路遗产,又有长江近代先进港口码头遗产。入选中国世界文化遗产预备名单,黄石"申遗"目标更加明确。

(二)有利于黄石城市文化公园的创建

从公元 6 世纪有文字记载的风景入画般的黄石山,到现代被确定为全国重点文物保护单位及 4A 级景区的铜绿山古铜矿遗址、汉冶萍煤铁厂矿旧址和黄石国家矿山公园,再放眼世界第一旅游品牌。创建黄石工业遗产片区,以此为核心组建中国黄石公园是我们探讨的具有黄石特色资源枯竭转型之路。

以铜绿山古铜矿遗址、汉冶萍煤铁厂矿旧址、华新水泥工业遗址、黄石国家矿山公园和源华煤矿旧址为核心、以汉冶萍铁路为主线创建黄石工业遗产片区。再以黄石工业遗产片区为中心,以众多旅游资源整合而成的中国黄石城市公园,通过黄石地方文化学科体系的构建,促进黄石城市文化公园的创建。

1. 世界品牌旅游胜地

美国黄石国家公园是世界最著名的旅游品牌。中国黄石公园在旅游品牌创建方面要向美国黄石国家公园学习,充分发挥黄石矿冶文化旅游资源的优势。在汉冶萍、铜绿山、华新、黄石国家矿山公园、源华等本地旅游品牌中,要突出重点品牌,要把汉冶萍、铜绿山品牌作为推广重点。当然最终的目的是形成世界性的"黄石城市公园"品牌。

把汉冶萍品牌作为推广重点,是因为汉冶萍公司在世界上的重要地位以及对黄石的重大影响。汉冶萍公司的遗址在黄石到处可见,如:汉冶萍铁路、港口、车站、矿山、钢铁厂等,计划筹建的汉冶萍旧址博物馆、汉冶萍港口博物馆、汉冶萍铁路博物馆、汉冶萍小红楼博物馆以及黄石电力博物馆都与汉冶萍公司有关。黄石的其他厂矿如:华新水泥厂、源华煤矿等企业的创建也是在汉冶萍带动下发展起来的。汉冶萍旅游品牌发展起来,就可以带动黄石市区旅游业的发展。

铜绿山古铜矿遗址是迄今世界上发现的规模最大、采掘年代最长、冶炼工艺水平最高、文化内涵最丰富的古铜矿遗址,1982 年被列为全国重点文物保护单位。

把铜绿山作为推广重点,主要是带动大冶市旅游业的发展。

黄石国家矿山公园、华新水泥遗址等品牌,在黄石矿冶文化旅游中也起着非常重要作用。如果把黄石国家矿山公园、华新水泥遗址、汉冶萍煤铁厂矿旧址、源华煤矿遗址再加上铜绿山古铜矿遗址等整合成工业遗产保护片区或黄石城市公园,共同申报世界文化遗产,对于创建世界品牌旅游胜地有着重大深远的意义。

2. 资源枯竭转型城市典范

黄石作为资源枯竭转型城市,拥有资源枯竭的大量矿冶文化遗址,有些是具有世界影响的品牌。黄石可以充分利用枯竭资源发展工业旅游,这是其他城市所不具备的,最关键的是在资源枯竭城市转型中可以起到典范的作用。利用枯竭资源进行城市转型;解决城市就业问题;促进旅游业的发展,必然得到国家的大力支持。黄石可以借鉴焦作的经验,大力发展以矿冶文化为核心的旅游业,成为全国资源枯竭转型城市的典范并不遥远。

3. 对外宣传和对外开放的窗口

中国黄石公园包含的几乎是与黄石重点企业有关的旅游景点以及工业旅游,是黄石整座资源枯竭转型试点城市的代名词,代表着整个黄石市的形象,在对外宣传及对外交往中发挥重要的作用,是黄石对外宣传和对外开放的窗口。

4. 矿冶文化及地方文化学术研究基地

中国黄石公园以矿冶文化为核心,创办矿冶文化网站、汉冶萍网、地方文化网以及有关的电子期刊和学术期刊,以矿冶文化研究、汉冶萍研究和大冶学研究为中心,以宣传黄石矿冶文化工业遗址、博物馆和公园为核心,充分发挥黄石旅游品牌优势,探索资源枯竭型城市转型之路,带动黄石经济的发展。中国黄石公园将努力建成黄石特色的中学历史健康课堂实验基地以及地方文化学术研究基地。

5. 人民安居乐业的家园

开展矿冶文化研究,建设中国黄石公园的目的是为了黄石人民的生活幸福。黄石公园解决了人们的就业问题,人们工作在公园里,生活在世界品牌的旅游胜地里,物质生活条件丰富了,精神文化生活更上一层楼,特别是以矿冶文化为核心的价值观深入人心,人们通过学习矿冶先辈们的优良品质,体会爱国、爱家乡是矿冶精神的灵魂,"包容、创新、唯实、自强"是黄石精神的内涵。人民生活美满,精神饱满,中国黄石公园成为人民安居乐业家园的目标就达到了。

(三)有利于地方特色校园文化爱国主义教育示范基地的创建

黄石八中与湖北师范大学、人民教育出版社等单位合作,创建黄石地方文化特色中学历史健康课堂教学模式。黄石八中是人教社网络教学实验基地,是黄石港区地方文化研究会、区矿冶文化研究中心所在地,是黄石地区地方文化普及与研究基地。这里有开心课堂——中学历史教学资源网网络课堂教学平台,这里有与湖北师范大学合作的矿冶文化网及历史文化教育资源期刊等多个地方文化与教育资源学术交流平台。黄石八中校园地方文化成为全国普通中学最具特色的校园文化之一,地方特色文化普及之广、参与者之多、学术水平之高、影响之大,在全国中学中罕见。

通过构建黄石中学地方历史文化学科体系、创设黄石中学矿冶文化地方校本课程、开展丰富多彩的地方文化活动,让中学生成为黄石地方文化与文化遗产的学习者、宣传者、传承者、保护者以及开发利用的参与者。让知黄石、爱黄石、兴黄石特色的立德树人主题贯穿于黄石特色历史健康课堂的始终。努力创建全国地方特色校园文化爱国主义教育示范基地,让地方特色校园文化成为学生爱国主义教育的重要内容,成为学校发展的不竭动力。

中学生活动六:黄石地方文化旅游小导游

活动内容

让学生了解黄石地方文化旅游景点,重点参观黄石工业遗产旅游基地,争当黄石地方文化旅游小导游。

活动目标

通过学生争当黄石地方文化旅游小导游活动,不仅要知黄石、爱黄石,更重要的要兴黄石,要投身到将黄石建成中国最美工业旅游城市行动中去。

活动任务

学校以班级为单位,开展学生争当黄石地方文化旅游小导游比赛活动,评选班级、学校的最佳小导游,并利用周末、假期让最佳小导游亲临旅游景点,为游客服务。

活动参考资料

汉冶萍煤铁厂矿旧址导游词

欢迎各位来黄石参观指导工业旅游工作。今天我们参观的是被誉为"中国钢铁摇篮"的湖北新冶钢公司汉冶萍煤铁厂矿旧址。

你知道 1938 年 8 月,中国军队要炸毁亚洲最大的炼铁炉——汉冶萍公司大冶钢铁厂炼铁炉吗?为什么中国人要炸毁自己的钢铁厂?

让我们一起回到那个年代,重温近代黄石的"敦刻尔克大撤退"。

抗战时期,南京国民政府决定大规模地将工厂内迁,促使黄石重工业向内地更大的区域发展。当时黄石重工业地位特别高,蒋介石多次下令拆迁汉冶萍公司大冶厂矿以及大冶各厂矿。1938年负责黄石工厂内迁的有国民政府经济部与军政部兵工署组成的钢铁厂迁建委员会以及经济部、交通部、武汉行营,湖北省建设厅等各机关大冶各厂矿拆迁联合办事处,在各厂矿员工的大力协助下,拆卸工程进展顺利。大冶各厂矿拆迁演绎了一场成功的"敦刻尔克大撤退",对西部重工业的建立和发展,影响深远。

1938年6月29日,马当防线一度告急,蒋介石下令拆迁黄石各厂矿。随着日本侵略军向黄石逼近,7月中旬,钢铁厂迁建委员会奉命停止黄石厂矿的一切拆卸工程,全力抢运,铁道部拆卸铁山至石灰窑运矿铁路工程于8月21日完工。

亚洲最大的炼铁炉——大冶钢铁厂的两座容积为800立方米的炼铁高炉,太大了,又非常坚固,因时间紧迫,无法拆除,南京国民政府下令把它炸毁,不能留给日本人用它来炼铁,制造武器,杀害中国人,炼铁炉被部分炸毁。后来日本占领黄石后,由于没有焦炭炼铁,他们把高炉拆除,企图运往石景山扩建炼铁厂,在途中被中国空军炸毁。今天在汉冶萍煤铁厂矿旧址只留下了炼铁高炉遗址。

近代黄石的"敦刻尔克大撤退"保存了大量的设备和人才,以黄石各厂矿器材为主要设备,黄石技术人员为骨干的技术队伍在抗战时期建立的以重庆、昆明、辰溪等为中心的西南重工业基地,有着重要的历史地位,对抗日战争的胜利做出了重大贡献。

汉冶萍煤铁厂矿旧址主体部分位于黄石市西塞山区湖北新冶钢有限公司厂区内,北边为长江,直线距离长江约50米,东邻西塞山约1公里,南距黄荆山约1.5公里。2006年被国务院确定为全国重点文物保护单位,该旧址包括:炼铁高炉遗址、高炉栈桥、日欧式建筑群、瞭望塔、张之洞塑像、汉冶萍界碑等。

湖北新冶钢有限公司(简称新冶钢)的历史最早开始于1890年张之洞创办的湖北铁政局,1908年盛宣怀组建汉冶萍公司。特别是从1913年该公司正式确定兴建大冶钢铁厂,汉冶萍公司的工作中心就在黄石,随着1923年汉阳铁厂停产,1928年,江西省政府接管萍乡煤矿,汉冶萍公司实际上就是黄石的大冶厂矿。1948年汉冶萍公司破产,该公司全部资产由黄石的华中钢铁公司继承,近代黄石历史就是一部亚洲最早最大的钢铁工业的曲折发展史,是中国名副其实的"钢铁摇篮"。1948年汉冶萍公司变更为华中钢铁公司,1953年改为大冶钢厂,1995年改制为冶钢集团有限公司,1997年大冶特钢在深交所上市。2004年,中信泰富收购了冶钢集团钢铁主业资产,组建湖北新冶钢有限公司。

我们进入新冶钢,看到"百年特钢,源远流长"的巨石,巨石的前方是新冶钢宾馆,该楼为汉冶萍公司大冶钢铁厂时期的建筑,三层楼,大冶钢厂时期为第一招待所,现为新冶钢宾馆。该宾馆后花园有张之洞塑像、汉冶萍界碑。

　　张之洞塑像原来在武汉,经过多次搬家才回到这里。这是汉冶萍公司为纪念张之洞创办中国钢铁工业而建造的。张之洞于 1909 年逝世,盛宣怀为了纪念他,于 1914 年以汉冶萍公司的名义,雕塑了汉白玉石的张之洞半身像,供奉在汉阳铁厂俱乐部前的花园中,抗日战争结束后,黄石华中钢铁公司(筹备处)下设汉厂保管处负责管理汉阳铁厂厂房等资产,1948 年该公司将张之洞塑像从汉阳运回黄石,安置在公司办公楼的后花园里。"文化大革命"初期,张之洞塑像被当成"四旧"破坏,被"搬"进长江。改革开放后,中国重沐春风,大冶钢厂缅怀其功绩寻找塑像,可惜只打捞出像身。1986 年,冶钢用汉白玉依照原样重塑塑像,依旧安放在原公司办公楼后改为招待所的后花园,这是第三次搬家。

　　跨入新世纪,冶钢集团为彰显企业文化,在厂区兴建张之洞广场。作为"主人",张之洞塑像第四次搬家,坐镇广场正中央,背倚汉冶萍高炉遗址。2006 年 6 月 10 日,汉冶萍旧址被国务院确定为第六批全国重点文物保护单位。

　　2010 年 8 月黄石在建市 60 周年之际,举办首届国际矿冶文化旅游节,新冶钢投巨资在原张之洞广场的基础上建设汉冶萍广场,将在广场上矗立重新塑造的张之洞和盛宣怀铜像。张之洞塑像又迁回原地即后来的新冶钢宾馆。张之洞塑像五次搬家,见证了中国民族钢铁工业 100 多年来的风雨历程和发展轨迹。

　　汉冶萍公司在兴建大冶钢铁厂购买土地时,使用一个 3 市尺长的弓丈量,每 20 弓(约 20 米)插立一根木桩做标志。后因木桩常被人移动,就改立石碑为界。石碑为四方形,每面刻一个字,合为"汉冶萍界"。这样,西起石灰窑(今西塞山区),东至西塞山下,南抵黄荆山麓,北到长江江心的地域内,都是大冶钢铁厂的厂基。

　　出新冶钢宾馆沿着厂区主干道往东走,看到了一栋苏式建筑——大冶钢厂职工俱乐部,其前身为华中钢铁公司文化室。位于俱乐部二楼的新冶钢展览馆再现了新冶钢不同时期的发展历程。新冶钢位居中国企业五百强和中国制造业五百强,是国内装备最齐全,生产规模最大的特殊钢生产企业之一。

　　展览馆分为公司全景沙盘展示区,整个新冶钢占地由一门一直延伸到山南,由沙盘模型可以看到从左到右依次是行政区、物流区、焦化区、炼钢区、轧钢区、锻造区、特钢区八个板块。

　　百年历史沿革展示区,从汉冶萍公司的创建一直到新冶钢的辉煌。

　　采用幻影声像等技术展示钢铁是怎样炼成的科普展示区,模拟生产的车间,微缩了冶炼钢铁的整个过程,仔细观察拥有捣固炼焦、铁水红送、连铸连轧、冶锻造、特种钢管加工等一批国内先进的生产线和技术设备。

　　新冶钢的产品被广泛应用于航空、航天、国防装备、石油开采、工程机械、汽车、铁路机车车辆、新能源等行业和领域，其主导产品畅销全国，远销世界三十多个国家和地区的产品展示区。

新冶钢创造许多中国之最的成就展示区。展示新冶钢获得的各种奖牌，奖杯以及荣誉证书，记载着新冶钢发展的辉煌历史。

在展示区有一块烫金牌匾特别显眼，这是中国载人航天工程办公室赠送给新冶钢的，表彰该公司为天宫一号与神舟飞船交会对接任务圆满完成做出的贡献。"新冶钢制造"已经成为"东方红一号""神舟一号""嫦娥一号""天宫一号"的特用钢材供应商，为中国航天圆梦。

新冶钢为中国创造了多个第一：新中国第一个自行建设的特殊钢厂、第一个试验成功"稀土在钢中加入法"、中国第一家特钢企业进行铁水热装冶炼……新冶钢成为国内装备最齐全、生产规模最大的特殊钢生产企业之一，12项产品获国家冶金产品质量金杯奖、7项科研成果获得国家发明奖、16个科研项目获全国科学大会奖等。

大冶钢厂职工俱乐部门前广场是近代工人运动活动的场所。大冶钢铁厂是中国工人运动的摇篮之一，1921年秋，按照党的指示，林育英化名李福生来到大冶钢铁厂，在厂里当了一名翻砂工人，结识了仇国升、刘敢生等人，组织了两个秘密学习小组，进行马克思主义的学习和宣传。1922年3月，他发展仇国升、刘敢生、林家庆三名工人积极分子入党，建立起中共大冶钢铁厂小组，这是中国最早的工人党小组之一。1924年5月底至6月初，刘少奇、李立三同志来大冶钢铁厂工人俱乐部指导工人的罢工斗争，并取得了胜利。1926年10月中共黄石港地委在大冶钢铁厂成立。

在新冶钢大门的对面是原大冶钢铁厂国民子弟小学大冶总工会旧址，1927年7月上中旬，周恩来同志随贺龙的二十军和叶挺的二十四师东征讨蒋，周恩来同志在这里多次会见贺龙军长，指导黄石港地委发动了群众性的参军运动，为南昌起义做了思想上和组织上的准备。

1937年11月26日，人民音乐家冼星海带领武汉大学学生救亡歌咏队和由著名戏剧家洪深率领的上海救亡演剧第二队一起，遵照周恩来同志的指示，来到黄石开展抗日救亡宣传。在冶雄体育会操场即俱乐部门前广场举行了各界民众救亡歌咏大会，他们高唱《义勇军进行曲》，用歌声点燃黄石人民的抗日烈火。

职工俱乐部东边是日欧式建筑群，建筑群位于新冶钢厂区西总门外办公区主干道南北两侧，是汉冶萍厂方为解决当时工程技术及管理人员办公和生活起居，于1917年以后相继动工兴建的。

日式建筑群主要包括"大"字号楼、"冶"字号楼、"铁"字号楼，是依据"大冶铁厂"四字编排的宿舍楼,现存 4 栋"大"字号楼,保存状况完好,每栋两层,占地面积 192 平方米。日式建筑群中间还陈列了一辆老式蒸汽火车,交通运输是汉冶萍公司发展的生命线。

欧式建筑,仅存公事房 1 栋,是汉冶萍大冶钢铁厂办公楼,为典型欧式建筑,共 3 层,占地面积 240 平方米,保存完好。1958 年 9 月 15 日,毛泽东主席第二次视察大冶钢厂时,曾在此楼下榻休息,现是毛主席纪念馆,有毛主席用过的蒲扇、炼钢镜等。大冶钢厂是毛主席唯一两次视察过的钢铁厂。

1953 年 2 月 19 日,毛泽东主席乘坐"长江"舰,前来黄石视察。毛主席先后视察了华钢轧钢厂、化验室、炼钢厂、锻造厂、炼铁厂。毛主席对黄石市委书记杨殿魁、华钢党委书记高芸生说:"希望你们把这个厂办大办好。"

1958 年 9 月 15 日,毛主席第二次来黄石视察。他首先视察了大冶铁矿露天采场,下午,他不顾疲劳前往大冶钢厂视察。市委和大冶钢厂党委认真贯彻"办大办好"的指示,已将大冶钢厂建成一个年产 40 多万吨的全国大型特殊钢厂,毛主席看着到处矗立着新建的厂房,情不自禁地赞扬说:"你们跃进得真快啊!"

沿着主干道东走是西总门,西总门是厂行政区和生产区的界门,始建于 1919 年 6 月,1920 年 8 月竣工。西总门横跨在笔直的马路上,有四根门柱,中间是一扇对开铁花门,两旁是人行侧门。西总门建成后,制订了十四条出入门制度,由大冶钢铁厂正副厂长吴健、黄锡赓签名。制度规定凡职员和外来宾客出入厂方可通行西总门,工匠、工人寻常进出厂须由叶家塘之工匠门通行,若通行西总门,必须持有特别证件,可见当时出进厂门也是等级森严的。现在的西总门是新冶钢公司按照汉冶萍时期的设计图纸重新修复的,门上方有汉冶萍公司大冶钢铁厂厂名及汉冶萍公司标志图案。

进入西总门往右走是高炉栈桥,高炉栈桥是冶炼铁炉的附属设备,用以输送铁矿石和燃煤,现存栈桥约 100 余米,基本保存原有状态和形制,在 1921 年之前建成。

高炉栈桥东边是汉冶萍广场,该广场,主要由"钢之鼎"青铜鼎、张之洞、盛宣怀铜像、文化长廊、高炉遗址、"钢之源"浮雕墙组成。广场占地达 1.7 万平方米,广场中间竖立着一巨型"钢之鼎",据悉,该鼎是目前省内最大的铜鼎。鼎高 4.899 米,寓意百年炉火、经久不息、基业长青;鼎身正面铸"钢铁摇篮"和汉冶萍煤铁厂矿有限公司标志,背面铸"鼎盛千秋"和新冶钢公司标志,以时代经济文化符号体现出百年特钢发展历程;鼎底四周刻有回形纹,中间饰以汉冶萍煤铁厂矿有限公司大冶钢铁厂和新冶钢的印章,体现了深厚的文化内涵。

张之洞、盛宣怀的青铜像竖立在汉冶萍广场的两侧。两座铜像总高 7.2 米,寓意二人同为72岁,人像高度为4.9米,寓意华中钢铁有限公司于1949年新中国成立之时回到了人民的怀抱,从此走上了快速发展的道路。后左侧是一道36米长的文化长廊,通过11个主题反映冶钢的历史沿革,右侧则是一道38米长的铸铜浮雕墙,通过高炉铸铁、转炉炼钢等场景展现钢铁是怎样炼成的。

广场的正面是冶炼高炉遗址,冶炼炉是汉冶萍公司1915年10月向美国列德干利制造公司订购800立方米的高炉两座(每座日产生铁450吨)。冶炼铁炉于1919年12月8日动工兴建,1921年5月1号高炉建成。炉高27.44米,两炉相距40米,并列而立,炉顶由钢桥相连接,是当时亚洲最大、最先进的冶炼炉。到20世纪40年代,"日铁"决定将1号高炉拆除运往石景山钢铁厂,中途被中国飞机炸毁。2号高炉被拆卸70%,后因日本投降而终止,现在遗存下来的是冶炼炉遗址。

冶炼高炉遗址正面中间有高炉遗址碑文,详细介绍了高炉的兴建过程及兴衰历史。高炉遗址北侧陈列了汉冶萍公司各个时期的钢轨,有大冶钢铁厂铁路使用的汉阳铁厂1913年生产的钢轨,有汉冶萍铁路使用的德国1891年生产的钢轨。湖广总督张之洞1890年委派张飞鹏修筑汉冶萍铁路,该铁路于1891年动工,1892年建成,从铁山通往石灰窑江边,1918年延伸到大冶钢铁厂。

汉冶萍铁路是东亚近代钢铁工业的生命线,是日本侵略与掠夺中国资源的运输线,是亚洲近代引进西方技术的活标本,在中国铁路史上占有重要的历史地位,创造了许多中国铁路之最。中国现存近代最早、营运时间最长的城市轨道铁路。中国现存最早的钢枕钢轨铁路。中国第一条由地方政府修建的铁路。中国第一条中外合资铁路。汉冶萍铁路与长江联运航线是中国第一条铁路与内河联运的铁矿运输专线。汉冶萍铁路与江海联运到日本航线是中国第一条铁路与江海联运的铁矿运输专线国际航线。

冶铁高炉遗址东南方是水塔,1921年建成。是炼铁系统的重要设施,专供汉冶萍公司大冶钢铁厂两座化铁高炉生产用水,容量为1500吨,它的建成投产对整个汉冶萍公司的事业发展起着重要的作用。1921年6月1日,汉冶萍公司在大冶钢铁厂设置开炉筹备处,筹备开炉炼铁事宜。同时,公司严饬大冶钢铁厂抓紧对一号化铁炉的收尾施工,务必尽快开炉,以济公司之难。根据施工进展,大冶钢铁厂拟定是年秋出铁。7月24日,水塔在抽水试压时崩塌,除冲毁机器房屋外,还死伤工友多名。这次事故发生,打破了大冶钢铁厂秋天出铁的美梦,汉冶萍公司董事会十分震惊。各股东纷纷致电指责,通过工程学会各国专家对事故的调查,最终迫使水塔工程的负责人大冶钢铁厂总工程师大岛道太郎下台并自杀身亡。由于年久失修等原因,导致水塔墙体、门、窗等位置,局部有垮塌损毁现象。

汉冶萍煤铁厂矿旧址还包括位于黄石市黄石港区的卸矿机和小红楼。

卸矿机位于黄石港区大轮船码头,1938 年,日本侵占黄石后,日本制铁株式会社在黄石成立大冶矿业所(简称"日铁")。1941 年,"日铁"在长江边兴建卸矿机 2 台,建贮矿槽一座,容积为 2 万吨。卸矿机的皮带运输机与贮矿槽相连,矿石通过皮带运输机输到日本运矿轮船。卸矿机的修建加快了日本掠夺黄石矿产资源的进程。

小红楼位于黄石港社区长江边,原为天主教堂,欧式建筑,圆拱门、大穹顶,楼上楼下青藤掩映,十分雅致,修建于十九世纪 80 年代。建国初期为中共黄石市委所在地,1958 年 9 月 15 日,毛泽东主席视察黄石时,曾在这里接见黄石市领导干部及厂矿负责人,并在此楼下榻休息。

汉冶萍公司在中国以及世界占有重要的历史地位,它不仅是中国近代第一家钢铁联合企业,也是当时亚洲最早最大的钢铁联合企业,在中国以及亚洲具有开创性,是中国近代在世界上最有影响的企业。汉冶萍公司的创办,改变了中国近代重工业的布局,中国近代中部的汉冶萍地区成为早期最重要的重工业基地,即使武汉、萍乡工业衰落之后,近代黄石地区成为中国历届政府建设的重工业基地,成为永不沉没的汉冶萍,成为内地的一颗璀璨的明珠,打破了中国重工业集中在沿海的布局。

第一次世界大战期间,汉冶萍公司达到空前繁荣。汉冶萍公司创下了多个全国第一:第一家大型钢铁联合企业;第一家大型钢铁股份公司;第一家钢材出口企业;第一家制定国家标准的企业……

汉冶萍的钢铁产品被欧美行家誉为精品。1914 年,在意大利首都罗马举办的世界博览会上,汉冶萍公司的钢铁产品获得最优等奖。1915 年美国巴拿马世界博览会上汉冶萍公司生产的钢铁获名誉奖章。汉冶萍公司生产的钢轨,大量用于中国早期兴建的卢汉、粤汉(今京广铁路)以及津浦(今京沪铁路)等多条铁路,自此结束中国铁路建设之钢轨全部依赖外国的历史。汉冶萍公司还向美国、日本和南洋群岛出口钢铁。1912 年以前,该公司的钢产量占中国钢铁产量的 100%。

汉冶萍煤铁厂矿旧址是我国现存最早的钢铁工业遗址,是中国早期工业化的重要历史文物,是中国近现代发展进程中的重要见证,填补了我国近代早期钢铁工业文物保护中的空白,具有典型性、唯一性和不可替代性。在近代长江沿岸,两座高炉成为中国最雄伟的工业建筑,成为汉冶萍公司的标志,成为近代黄石工业的象征,冶炼高炉遗址在近代钢铁冶金科技史上占有重要的地位。

图 33　汉冶萍煤铁厂矿旧址水塔

刘金林提供

图 34　汉冶萍煤铁厂矿旧址日式建筑

刘金林提供

下　篇　黄石中学矿冶文化地方校本课程

一、矿冶文明之都

黄石市位于湖北省东南部,现辖大冶市、阳新县和黄石港区、西塞山区(原石灰窑区)、下陆区、铁山区四个城区及一个国家级开发区,素有"青铜古都""钢铁摇篮""水泥故乡"之称。黄石地区人民在千百年的矿冶实践中创造了光辉灿烂的矿冶文化,使黄石成为闻名世界的"矿冶文明之都"。

黄石是中国古代青铜文化的发祥地,1973年发掘的商周时期铜绿山古矿冶遗址,经春秋、战国直至西汉,历时千余年,是迄今世界上发现的规模最大、采掘年代最长、冶炼工艺水平最高、文化内涵最丰富的古铜矿遗址。

阳新县历史悠久,是著名的矿冶之乡,是我国八大产铜基地、全国百家重点采煤县之一,建县于公元前201年(汉高祖六年),最早的名称叫下雉县。大冶县始建于宋乾德五年(967年),李煜为南唐主时,以境内矿产丰富,冶炼业发达,升青山场院并划武昌三乡与之合并,新设一县,取自殷商以来一直"大兴炉冶"之意,定名为大冶县。

黄石是中国近代工业摇篮,近代黄石市区从铁山到石灰窑三十余公里的狭长地带、一百余平方公里的狭小范围内,分布着亚洲最早最大的钢铁煤联合企业汉冶萍煤铁厂矿有限公司主体部分、中国第一家用机器开采的大型露天铁矿——大冶铁矿、汉冶萍公司1913年兴建的当时中国最先进的钢铁基地——大冶钢铁厂、中国第二家民族水泥企业——湖北水泥厂、中南地区第一条铁路——汉冶萍铁路(大冶铁矿运矿铁路)、湖北省第二家用机器开采的大型露天铁矿——象鼻山铁矿、湖北省境内第二条铁矿专用铁路——象鼻山铁矿运矿铁路、湖北省最大的煤炭基地——源华煤矿公司、长江最大的运矿港口——黄石港口,当时兴建了老汉矿码头,东汉矿码头、新汉矿码头以及沈家营矿码头,在长江开辟汉冶航线。清朝末年民国初年,黄石地区是中国唯一拥有钢铁、水泥、煤炭、电力等重工业部门齐全的矿冶工业基地,其中绝大部分工矿企业都是由中国民族资产阶级兴办的,是近代中国民族重工业分布最集中的地区。

黄石是中国现代重工业基地,1949年新中国第一工业特区——大冶工矿特区建立,1950年8月改名为黄石市。华中钢铁公司(后改名为大冶钢厂)被中央确定为第二大钢铁工业基地,华新水泥厂已是远东第一水泥厂,黄石电厂成为中南第一电厂,黄石成为中国现代重工业基地。

矿冶文化是人类在从事各种矿冶活动中产生的,并在矿冶实践过程中创造的物质财富和精神财富的总和,它既包括矿冶历史、人物、遗址、工具,也包括档案文献、矿冶精神等等。矿冶文化就在我们身边,包括我们身边的厂房、铁路、码头、车站和我们常听的矿冶故事、歌曲等。黄石地区从商周时期至今,矿冶文化源远流长,三千年绵绵不绝,千百年来薪火相传的黄石矿冶文化代表着我国矿冶文化的精华,是中华民族文化的重要组成部分,在中国乃至世界矿冶史上有着独特的历史地位。

2011年12月,湖北省政府批准设立黄石工业遗产片区,2012年11月黄石矿冶工业遗产入围中国世界文化遗产预备名单,铜绿山古铜矿遗址、汉冶萍煤铁厂矿旧址、华新水泥厂旧址、大冶铁矿东露天采场四大矿冶工业遗产,是黄石地区众多矿冶遗产的典型代表,它们完整地呈现了从商周至汉代、从三国时期至近代、从近代到现代黄石的矿冶工业文明发展史,其完整性、系统性、代表性在全国罕见。黄石矿冶工业遗产是黄石矿冶文化的集中体现,黄石矿冶文化将随着矿冶工业遗产申报世界文化遗产的春风走向世界。

图35　黄石港口

刘金林提供

二、青铜古都

　　1973 年铜绿山古铜矿遗址的发掘,为中国古代青铜器研究和中国考古学开辟了一个新的领域。1980 年 6 月,中国著名考古学家、中科院院士夏鼐先生在纽约大都会博物馆召开的古代青铜器学术会上,向世界宣布:"铜绿山古铜矿的发现和发掘,对了解我国古代的社会生产,尤其是青铜业的生产具有重要意义。"

　　清代同治版《大冶县志》记载:铜绿山"山顶高平,巨石对峙,每骤雨过时,有铜绿如雪花小豆点缀土石之上,故名。"铜绿山位于大冶市西 3 公里处的大冶湖边,矿产资源非常丰富。这处遗址的年代始于商代晚期,历经西周、春秋、战国一直延续到汉代,连续采冶一千余年。

　　铜绿山古铜矿遗址年代久远,延续时间长,生产规模宏大,保存完好,内涵极为丰富,是研究我国古代矿冶技术发展史的重要实物资料。该遗址发掘出不同时代、不同结构、不同支护方法的竖(盲)井 231 个、平(斜)巷 100 条、春秋早期鼓风炼铜竖炉 10 座、战国晚期炼铜竖炉 2 座和宋代炼铜地炉 17 座及一大批生产工具和生活用具。在采矿方面,最显著的特点是采用竖井、斜井、盲井、平巷联合开拓法进行深井开采。井巷互相贯通,层层延伸,最深达 60 余米,并且成功地解决了探矿、井巷开拓、井巷支护、井下通风、排水、提升、照明等一系列复杂的技术问题。在冶炼方面,古人完全掌握了鼓风竖炉的构筑、矿料的整粒、造渣与配矿、炉温的控制等一系列复杂的技术。

　　铜绿山古矿冶遗址是中国古代人民勤劳智慧的结晶,具有重要的历史和科学价值。它是我国辉煌灿烂的青铜时代"铜料"来源的第一个确凿的实物证据,发现伊始便在国内外学术界中引起了强烈的震撼。1982 年国务院将其列为全国重点文物保护单位。1995 年,国家文物局又将其列入申报世界文化遗产名录预备清单。2001 年 3 月被评为"中国 20 世纪 100 项考古大发现"。美国哈佛大学教授麦丁先生在考察铜绿山古铜矿遗址后说:"在世界其他地方看了许多采冶遗物,铜绿山是第一流的。中东等地虽然很早就开始了铜矿的冶炼,但没有这样大规模的采掘遗址、较完好的冶炼用炉。炉渣温度高、流动性好、含铜量低是很少见的,留下了十分深刻的印象。"

根据文献记载和考古发掘,在中国的先秦时期,有三大铜矿冶基地:以大冶为中心(包括阳新、鄂州、江西瑞昌等)的铜绿山基地;以安徽铜陵为中心(含贵池、青阳等)的大工山基地;以山西垣曲为中心的中条山基地。在这三大基地中,水平最高的是铜绿山古矿冶基地。在铜绿山古矿冶基地的四个矿区中,又以大冶铜绿山古矿冶遗址最为突出。铜绿山的产铜输出范围相当广,从考古发现的实物分析,商周王朝从铜绿山获得大量铜料。楚国由小变大、由弱变强,铜绿山丰富的铜矿资源起了至关重要的作用。

从商朝晚期开始,我们的先人在铜绿山、铜山口、龙角山、丰山等地大兴炉冶,三千年炉火生生不息。据调查,黄石地区共发现古代矿冶遗址多达170余处,绝大部分属于先秦时期的铜矿遗址。作为古代铜矿采矿冶炼管理中心的五里界古城、鄂王城和草王嘴城三座古城的发掘,进一步说明古代黄石地区矿冶生产的规模极为宏大,是我国青铜原料的重要生产基地,黄石不愧为华夏青铜古都。

活动与探究一:讲一个故事《楚庄王"一鸣惊人"》

学生活动:《楚庄王"一鸣惊人"》

在互联网查找楚庄王及"一鸣惊人"的有关资料,讲述《楚庄王"一鸣惊人"》的故事。

问题探究:结合黄石古代矿冶历史,探究楚国崛起的重要原因。

图36 铜绿山古铜矿遗址博物馆

刘金林提供

三、大冶铁矿的发现

大冶铁矿位于长江中游南岸黄石市铁山区,西距武汉约 80 公里,东距黄石市中心城区约 20 公里,东南距大冶城区约 15 公里。

大冶铁矿开采历史悠久、文化底蕴深厚,自三国·吴·黄武五年(公元 226 年)开采迄今已有 1700 余年。吴大帝孙权在这里造过刀剑,隋炀帝杨广在这里铸过钱。1890 年湖广总督张之洞兴办钢铁,引进西方先进设备、技术和人才,建成中国第一家用机器开采的大型露天铁矿,成为汉阳铁厂的原料基地,是汉冶萍公司的重要组成部分。

十九世纪 70 年代,我国的洋务运动由军事工业转到民用工业方面,对钢铁的需求量增大。当时主管海军事务衙门的李鸿章上奏清廷,委派幕僚盛宣怀密查中国地面煤铁矿藏,准备创办新式钢铁工业。1877 年盛宣怀雇聘英国矿师郭师敦及其助手派克、谭克到湖北开采煤铁总局,全面勘查湖北境内的煤铁矿藏。

郭师敦等人首先到兴国(阳新)境内勘查,拉开了黄石地区用地质科学勘矿的序幕。他们在勘得龙港等地煤矿、银山多金属矿后,发现兴国境内的金属矿矿脉多从相邻的大冶县来。盛宣怀致函湖北巡抚翁同爵,请求到大冶勘查。经翁批准后,总局官员偕郭师敦到大冶,结果发现可与欧美各大铁矿媲美的大型露天铁矿——大冶铁矿。郭师敦在勘矿报告中说:"大冶县属铁矿最多,各山矿脉之大,惟铁山及铁门槛二山为最。验诸四周,矿石显露,足征遍山皆铁。……净铁质为 60%-66%,若以两座熔炉化之,足供一百余年之用……"

郭师敦发现了大冶铁矿,盛宣怀作为实业家,决定亲临现场核对。同年 12 月,他带领矿师郭师敦等人在大冶知县林佐的陪同下到大冶铁山复勘,并雇工试采,证明遍山皆铁后,遂通过大冶知县林佐,向铁山潘姓买下了铁山(老铁山)及铁门槛有矿之山域,并作开采的准备。

探明铁山矿藏之后,要建设钢铁厂冶炼,首先就要考虑运矿道路。盛宣怀亲自勘测从铁山到长江边的运矿水道。通过实地勘察,盛宣怀认为钢铁厂厂址只能选择在长江边。

　　盛宣怀等人接着从黄石港出发,先勘大冶县沿江一带,结果勘得黄石港吴王庙旁有一片田地,地形宽展平坦,可以建厂安设冶炼机炉。但铁矿石从铁山运至樊口,又从樊口运至黄石港,运距较远。后来经过再三比较,选定黄石港东首吴王庙旁作为兴建中国近代第一家新式钢铁厂厂址,并定名为"湖北铁厂"。运矿路线则改由陆路。

　　兴建钢铁厂,开采铁矿,需要资金。盛宣怀要李鸿章拨钱兴建钢铁厂。李鸿章拒绝了他的请求,兴建湖北铁厂之事被搁置。

　　1890 年夏,张之洞把曾任大冶知县的林佐和李增荣调来,驻扎在铁山铺负责征购矿山用地。随后,矿局在铁山修建了办公室、机房、电报房、宿舍等。1893 年大冶铁矿正式投入生产。

图 37　大冶铁矿东露天采场
刘金林提供

四、汉冶萍铁路

汉冶萍铁路,又称大冶铁路、铁山运道,它不仅是湖北省、中南地区第一条铁路,也是中国保存至今的近代最早、使用时间最长的城市矿冶运输铁路和城市客运铁路,是中国城市轨道运输的起点,是近代黄石城市的生命线。

亚洲最早最大的钢铁联合企业——汉冶萍公司发源于大冶,汉冶萍公司和大冶工矿区,真正的建设开始于汉冶萍铁路的兴建。先有铁路、码头,然后有厂矿、城市,这是近代大冶城市形成的独特之处。

120 多年前通车的汉冶萍铁路是湖广总督张之洞创办钢铁工业,最早建成的大型工程,投资额达 200 多万两白银,占整个钢铁联合企业总投资额的三分之一以上。1890 年 7 月,张之洞派员在大冶铁山铺成立大冶矿务局,建设大冶铁矿采场。为把铁山的矿石运往汉阳铁厂冶炼,决定修筑一条从铁山到长江边的运矿铁路。

1891 年,由德国工程师设计的汉冶萍铁路开工兴建,1892 年竣工。铁路起自老铁山山麓,终于石灰窑江边,全长 30 余公里,全部铺设德国制造的钢轨,有桥梁、涵洞 50 多处,沿途有支路 6 条,设铁山、盛洪兴、下陆,石堡四个车站,下陆为中心车站,设有机车修理厂。该铁路汉冶萍公司 1918 年沿长江延伸到大冶钢铁厂,1938 年日本侵占大冶以后沿长江延伸到沈家营。

1893 年通航的汉冶萍铁路与长江联运航线是亚洲第一条铁路与内河联运的铁矿运输专线。1900 年通航的汉冶萍铁路与江海联运到日本长崎、神户航线是亚洲第一条铁路与江海联运的铁矿运输专线国际航线。

汉冶萍铁路不仅运输铁矿石等工业原料,它还是近代黄石的城市客运铁路,当时大冶工矿区居民的最主要交通方式就是这条铁路。著名实业家郑观应 1896 年为汉冶萍铁路制定了《增订铁路火车卖票章程》,共十二条,这是中国第一部城市轨道铁路《铁路旅客运输规程》。如:第一条规定了旅客乘车买票的价格,全程八十文钱,每一站二十文钱;第二条规定:"搭客如有十二岁以下小孩至六岁者,减半买票,即在客票上加盖幼童减半四字戳记为凭。六岁以内免收车票。"1947 年国民政府资源委员会华中钢铁公司接管汉冶萍铁路后,制定了《运务列车发售客票暂行办法》。

　　交通运输现代化决定着大冶工矿区的城市格局,1892年"人"字形城市格局形成以后一直延续到现在,"人"字形城市框架的两条线是大冶近代化城市形成的核心骨架,"人"字的"撇"线是指1892年建成的汉冶萍铁路线。"人"字的"捺"线是指从1892年开始兴建的汉冶萍运矿码头以及众多厂矿码头所形成的长江航线(后来汉冶萍铁路延伸与长江航线平行)。两条线连接了黄石港、石灰窑以及下陆、铁山等乡镇,连接了大冶铁矿、大冶钢铁厂、大冶水泥厂、大冶电厂、源华、利华煤矿等厂矿。

图38　汉冶萍铁路工业旅游起点站——汉冶萍站

刘金林提供

五、钢铁摇篮

张之洞开创钢铁工业

毛泽东主席在谈到中国民族工业发展时指出:"办重工业不能忘了张之洞"。张之洞于1889年到武昌就任湖广总督,当时清政府准备修建北京到武汉的铁路,需要大量的钢轨,为了发展中国民族工业,抵御外国钢铁进入,他准备在黄石建钢铁厂,用大冶铁矿的铁矿石和王三石煤矿的煤,开创中国钢铁工业先河。他于1890年6月在武昌建立湖北铁政局,督办购机、设厂、采矿、开煤四大事宜。为了便于管理,他将准备在黄石建的钢铁厂,设在武汉,于1893年建成汉阳铁厂。1890年在黄石铁山设立大冶矿务局,任命林佐为总办、李增荣为铁山运道委员,购山买地,兴建工程,勘修从铁山至石灰窑的运矿铁路,开筑卸矿码头,派张飞鹏开办王三石煤矿。1892年大冶铁矿运矿铁路(即汉冶萍铁路、铁山运道)竣工通车,l893年大冶铁矿建成。1891年4月,在大冶设立王三石煤局,开采煤矿,由于煤矿遇到断层且积水过多,于1894年停办。王三石煤矿的开采促进了黄石地区民营采煤业的发展。张之洞于1893年、1896年、1899年三次到黄石,促进了黄石地区工矿业的发展。

盛宣怀创办钢铁中心

1874年清朝重臣李鸿章派盛宣怀到湖北密查煤铁矿藏,准备创办新式钢铁工业。盛宣怀受命之后,1877年雇聘英国矿师郭师敦等全面勘查湖北境内的煤铁矿藏,发现大冶铁矿。12月,他带领郭师敦等人到大冶铁山复勘,接着从黄石港出发,先勘大冶县沿江一带,结果勘得黄石港吴王庙旁地形宽展平坦,经过再三比较,选定这里作为兴建中国近代第一家新式钢铁厂厂址,并定名为"湖北铁厂"。盛宣怀要求李鸿章拨款兴建钢铁厂,李鸿章没有同意他的请求,在黄石兴建钢铁厂之事就这样搁浅了。从以上事实,可以看出建议在黄石创办钢铁工业的第一人是盛宣怀。

1896年张之洞无法筹措资金维持汉阳铁厂、大冶铁矿等厂矿的生产,于是奏请朝廷,把汉阳铁厂、大冶铁矿等厂矿交给盛宣怀招商承办。1908年,盛宣怀将汉阳铁厂、大冶铁矿、萍乡煤矿合并成立汉冶萍煤铁厂矿有限公司,成为中国以及亚洲最早最大的钢铁联合企业。1909 年,汉冶萍公司在上海召开第一届股东大会,盛宣怀在会上提出在黄石兴建一家钢铁厂的建议,得到股东的一致赞同。1913 年 5 月汉冶萍公司正式确定借款兴建大冶钢铁厂。1916 年,盛宣怀去世,汉冶萍公司按他确定的方针开工建设大冶钢铁厂,该厂引进了当时中国也是亚洲最大最先进的两座高炉。一号高炉于 1922 年开炉生产,二号高炉于 1923 年开炉炼铁,实现了盛宣怀在黄石建设钢铁厂的夙愿。随着大冶钢铁厂的建成,黄石成为当时中国最大的钢铁工业中心。1924 年大冶铁矿与大冶钢铁厂合并,成立大冶厂矿。

钢铁摇篮再续辉煌

1890 年张之洞开办大冶铁矿、汉阳铁厂,1908 年盛宣怀组建汉冶萍公司。特别是从 1913 年汉冶萍公司正式确定兴建大冶钢铁厂,汉冶萍公司的工作中心就在黄石,随着 1923 年汉阳铁厂停产,1928 年,江西省政府接管萍乡煤矿,汉冶萍公司实际上就是黄石的大冶厂矿。1948 年汉冶萍公司破产,该公司全部资产包括武汉的所有财产都由黄石的华中钢铁公司接收,近代黄石历史就是一部亚洲最早最大的钢铁工业的曲折发展史,是中国名副其实的"钢铁摇篮"。黄石传承了中华民族百年钢铁工业历史,使湖北钢铁工业,一脉相承,走向辉煌。

活动与探究二:读一本书《张之洞》

学生活动:读一本书《张之洞》

推荐阅读著名历史小说家唐浩明先生创作的《张之洞》。内容简介:张之洞与曾国藩、李鸿章、左宗棠并称晚晴"四大名臣",历任湖北学政、两广总督、湖广总督、军机大臣。他的一生亲历了晚晴历史几乎所有的重要事件:中法战争、洋务运动、戊戌变法、八国联军入侵、镇压农民起义、筹办新政……在督鄂期间,张之洞广推新学、改革军政、振兴实业,创造了湖北人才鼎盛的局面。《张之洞》以史诗的笔法,以风云变幻的晚晴政局为时代背景,描写了一个富有雄心壮志、抱有强国之梦的晚清重臣复杂的人生。

问题探究:结合黄石近代历史,为什么说张之洞是黄石近代工业的开创者?

六、中国水泥故乡

招商初创　濒临破产

清朝末年,清政府接受湖广总督张之洞提出的修建武汉到广州铁路的建议。当时修建铁路,需要大量的铁轨和水泥。在黄石创办的大冶铁矿,为汉阳铁厂提供大量铁矿石,可以生产铁轨。而大量水泥从何处取来?张之洞派人各处考察,他们行至绵延数十里的黄石黄荆山处,发现裸露的岩石,竟是制造水泥的上等原料。于是,将样品寄至德国,经德国化学家化验后,欣喜得出"黄荆山石灰石是生产水泥的最佳原料"的结论。于是张之洞上书朝廷,请求在湖北开办水泥工业,清政府最终批准在黄石兴建水泥厂的奏折。

1907 年张之洞出示招商,福建清华实业公司总经理程祖福应招。湖北水泥厂于 1909 年在黄石建成投产。由于水泥质量优良,1910 年被清政府农工商部选送参加南洋劝业会展览,"宝塔牌"水泥分获头等金、银奖牌各 1 枚,其水泥质量的优良品质为中外人士所称赞。当时黄石湖北水泥厂与北方唐山启新水泥公司相抗衡,一北一南平分天下。因资金困难,程祖福向日本三菱公司借款,1913 年三菱公司以逼债为名,用武力封闭了该厂。为维护中国民族工业,程祖福奋力抗争,多方努力,借款还清了债务,避免了工厂落入日本人手中。这之后,还是由于债务原因,1914 年湖北水泥厂被启新水泥公司兼并。启新控制湖北水泥厂后,将其改名为华记湖北水泥厂,这也是后来黄石华记里名称的由来。

王涛受命　挽救人才

1937 年 7 月 7 日,日本发动侵略中国的卢沟桥事变,抗日战争爆发。华记湖北水泥厂危在旦夕,在此危难时刻,一位中国水泥界的传奇人物来到了黄石。他就是日后被称为"水泥大王"的王涛。王涛是中国第一位公派国外学习水泥制造的留学生,他放弃国外优厚的待遇,1932 年,应启新水泥公司邀请,取代德国总技师成为启新公司总技师,成为中国水泥工业史上第一位担任总工程师的中国人。抗战爆发华北沦陷,不愿做亡国奴的王涛,毅然辞去启新职务,在 1938 年来到当时抗战的中心——武汉。国民政府经济部部长翁文灏得知王涛来到武汉,立即相见,以经济部之名颁发迁厂命令,王涛临危受命,挺身而出,组织领导了华记湖北水泥厂的搬迁及重新在湖南辰溪建厂的工作。

1938 年 7 月,王涛来到黄石带领华记湖北水泥厂工人们夜以继日、废寝忘食地工作,他们将所有的材料、设备分装成几十条船,浩浩荡荡向武汉进发。随后,又经过近一年的辗转,1939 年 10 月,全部机器和材料运抵湖南辰溪。1939 年 12 月华记湖北水泥厂更名为华中水泥厂,正式建成投入生产。当时在西南抗战后方,只有"华中""重庆"两厂生产水泥。抗战期间,在战局变化、敌机六次轰炸、物质匮乏、运输不便的困难条件下,华中水泥厂千方百计坚持生产,扩大销售,为支持抗战做出了重大贡献。后来王涛又创办了昆明水泥厂、筹建了江西水泥厂,管理贵州水泥厂。1943 年,华中、昆明两厂在重庆召开两公司的股东联席会议,成立华新水泥股份有限公司。会议选举国民政府经济部部长翁文灏为董事长,王涛为总经理。公司设立于昆明,管辖华中、昆明两厂,同时经营管理江西、贵州两厂。

王涛重视人才,善用人才,"知人善任,用人不疑"是他用人的一贯原则,从华记、华中、昆明到华新,他走到哪里总要将高级技术人员、高级技师带到那里,事事处处依靠他们,充分发挥他们的聪明才智。1941 年,华中水泥厂 9 名技术工人被辰溪警备司令部逮捕并准备枪杀,王涛得知后,立即从昆明赶到华中水泥厂,不怕牵连,动用钱财,将 9 名技术工人全部保释出狱,并将他们安排到昆明水泥厂,这批受到保护的工人为昆明水泥厂和后来的华新水泥厂做出了重要贡献。在那个战火纷飞的年代,华新人靠着自己的坚强意志和奋斗精神,在枪林弹雨里,支撑着整个中国水泥工业的发展。

图 39　湖北水泥厂码头

刘金林提供

七、湖北煤炭摇篮

　　黄石是湖北省近现代煤炭工业的发祥地,黄石工矿集团公司是湖北省最大的煤炭工业基地,它是在源华煤矿、黄石矿务局的基础上发展起来的。百年黄石煤炭史是一部开拓创新、曲折发展的历史。

　　煤炭摇篮

　　1890 年,湖广总督张之洞在湖北创办钢铁工业,兴建汉阳铁厂,开办大冶铁矿,但冶炼钢铁需要焦煤,必须引进西方先进技术,建设新式煤矿。1891 年 4 月张之洞派张飞鹏在黄石大冶设立王三石煤局,开采煤矿。王三石煤矿位于铁山以南8 公里,当时开采的工人多达千余人,所产煤炭由独轮车运到铁山盛洪卿车站,装火车运到石灰窑江岸码头,再由拖轮运往汉阳铁厂,这是湖北省最早用机器开采的现代化煤矿,由于煤矿遇到断层且积水过多,于 1894 年停办。王三石煤矿的开采促进了黄石地区民营采煤业的发展,使黄石成为湖北近现代煤炭工业的摇篮。

　　三足鼎立

　　源华煤矿的历史开始于 1909 年富源煤矿的创办。富源煤矿公司,由周晋阶创办,位于黄荆山北麓之桐梓堡(今下窑地区)。富华煤矿公司是涂瀛洲与德国人拉卜葛满合办于 1916 年,矿井在黄思湾,它是湖北省最早使用凿岩机的煤矿。利华煤矿公司由王季良创办于 1927 年,矿井在黄荆山南麓柯家湾。富源煤矿、富华煤矿和利华煤矿公司当时是湖北省规模最大的三大煤矿,它们成三足鼎立之势互相竞争,垄断湖北煤炭市场,并开辟了上海市场。在煤炭销售竞争中,利华煤矿处于优势。1935 年富源煤矿井下发生重大事故,造成 29 人遇难,处于破产边缘的富源煤矿决定与富华煤矿合并,1936 年二矿合并,定名为源华煤矿股份有限公司,最终摆脱了危机。

　　高空索道

　　利华煤矿矿区距长江卸煤码头 8.2 公里,中间隔着一座黄荆山,所采煤炭运至江边码头十分困难。为解决公司运输问题,决定建设越山索道,他们从德国进口钢索及全套设备,于 1934 年建成越山索道,自矿井抵中窑湾码头,长 4.5 公里,该高架索道是中国第一条翻越高山的架空索道。架空索道的成功运用,解决了利华煤矿生存的大问题,煤斗由井口煤场越山运至江边煤栈,也能直接卸于江边船上,运煤成本大大降低。利华煤矿在后来与富源、富华煤矿的市场竞争中处于不败之地,索道起了决定性的作用,高空索道是利华煤矿的生命线。

挺进贵州

1952 年 7 月源华,利华合并,称源华煤矿公司,后来在此基础上形成黄石矿务局,成为湖北省最大煤炭基地。2004 年黄石矿务局实行改制,成立黄石工矿集团有限公司。黄石煤矿人利用自己的实力和影响,走出黄石、走出湖北,向西部发展,利用煤矿人的特色技术及运行管理经验,与贵州六枝等地联合开采。2003 年,收购张维煤矿首战告捷。工矿集团成立后陆续收购大田煤矿、柑子坪煤矿和天泰煤矿,成立了鑫楚煤炭运销公司和贵州鑫楚能源开发有限公司。工矿集团正在谋划新的发展战略,吸引资金,把贵州矿区办大办强,使之成为工矿集团持续健康发展的支撑基地、事业基地、就业基地和利润中心,百年黄石煤炭工业再创辉煌。

图40　利华煤矿高空索道

黄石工矿集团有限公司提供

八、重工业西迁

1. 中国重工业敦刻尔克大撤退

抗战时期,南京国民政府决定大规模地将工厂内迁,促使黄石重工业向内地更大的区域发展。当时黄石重工业地位特别高,蒋介石多次手谕拆迁汉冶萍公司大冶厂矿以及大冶各厂矿。1938 年负责黄石工厂内迁的有国民政府经济部与军政部兵工署组成的钢铁厂迁建委员会以及经济部、交通部、武汉行营,湖北省建设厅等各机关大冶各厂矿拆迁联合办事处,在各厂矿员工的大力协助下,拆卸工程进展顺利。大冶各厂矿拆迁演绎了一场成功的"敦刻尔克大撤退",对西部重工业的建立和发展,影响深远。

2. 汉冶萍公司大冶厂矿拆迁

1938 年初,国民政府经济部与军政部兵工署在武汉联合成立钢铁厂迁建委员会,准备拆迁汉冶萍公司汉阳铁厂、大冶厂矿及六河沟公司扬子铁厂等厂的设备,到四川兴建新的钢铁企业。

钢铁厂迁建委员会派运输股长吴玉岚到大冶厂矿主持拆迁,动力股股长带领 9 名职员到厂矿拆卸发电设备。交通部派专员刘孝勤率粤汉铁路工务处员工来厂矿拆除铁山至石灰窑运矿铁路的钢轨及钢枕等铁路器材。在厂矿员工的大力协助下,拆卸工程进展顺利。

随着日本侵略军向黄石逼近,7 月中旬,钢铁厂迁建委员会奉命停止大冶厂矿的一切拆卸工程,全力抢运。担任运输任务的为"长联处"的轮船凤浦号、三兴号。该"长联处"亦称联运处,为抗战初期成立的农产、工矿、贸易调整委员会联合运输办事处,以民生公司的轮船为主要运输工具,卢作孚任主任。以上轮驳总计从石灰窑装运厂矿设备、器件 3227.503 吨。

铁道部拆卸铁山至石灰窑运矿铁路工程于 8 月 21 日完工,共拆铁路 33.97 公里,计钢轨 7434 根,钢枕 19764 条,鱼尾板 12914 块,最后只运出了钢轨 114 根,其余钢轨、钢枕、鱼尾板均堆置于江边码头。

大冶铁厂的两座容积为 800 立方米的高炉因时间紧迫未拆。从大冶铁矿矿厂采场、机厂拆下的轻便铁道、小矿车、大绞车、电高车、压风机、钢丝绳、单滚筒吊矿车、双滚筒吊矿车、水泵等设备及其矿山器材,被运到四川兴建了綦江铁矿和南桐煤矿。拆下之锅炉、大小机床被运往重庆大渡口建设了新钢铁厂。

3. 大冶其他厂矿拆迁

1938 年 6 月 29 日,马当防线一度告急。蒋介石手谕拆迁大冶各厂矿。6 月 30 日,经济部召集有关机关谈话。7 月 1 日,大冶各厂矿拆迁联合办事处成立。参加者有经济部、交通部、武汉行营,鄂建设厅等各机关以及大冶华记水泥厂、利华、源华两煤矿等,决定下列拆迁办法:(1)经济部代表为主任,交通部代表为副主任。(2)分配运输吨位估计利华煤矿机料 2000 吨,煤 38000 吨,源华煤矿机料 5000 吨,煤 30000 吨,华记机料 4000 吨,象鼻山官矿机料 2000 吨,共机料 13000 吨,煤 68000 吨,机料尽先起运。(3)分配机料运输地点,利华运汉转川,源华运汉转湘,华新水泥厂之大型机械直由水路运湘,其他零件运汉转湘,象鼻山官矿机料暂定运至宜都。(4)工人安置,技术工人酌令随行,其余工人交兵站总监部分配服役,老幼工人发资遣费。(5)运输事宜由交通部负责。并定于 7 月 5 日起各机关代表在大冶华记厂内办公。

经济部代表李景潞偕同工矿调整处职员柯俊等于 7 月 5 日赴大冶石灰窑象鼻山等处开始筹备拆卸装箱工作。计水泥厂运出 2500 吨,源华 1400 吨,利华 900 吨,象矿 900 余吨,各厂合计运出 5700 余吨。各厂矿中以水泥厂及象矿之机件抢运最为彻底,利华之挂车及机件均已拆出,唯留山内一部分未拆。源华只拆得一半。大冶各厂矿之拆迁工作从 7 月 5 日开始,到 8 月 4 日全部结束,8 月 8 日工作人员全部撤退到汉口。

4、大冶重工业向全国扩展

汉冶萍厂矿拆迁,特别是以大冶厂矿、汉阳铁厂等为主要设备,湖北厂矿技术人员为骨干的技术队伍在抗战时期建立的以重庆为中心的西南钢铁工业基地,在我国近代工业发展史上,有着重要的历史地位,对抗日战争做出了重要的贡献。汉冶萍公司的程义法、严恩棫等担任了钢铁厂迁建委员会委员,原大冶钢铁厂厂长吴健、原大冶厂矿代理厂矿长翁德銮等亲自参加了重庆大渡口钢铁厂的创建工作,翁德銮还成为钢铁厂迁建委员会总工程师。

王涛负责拆迁的华记水泥厂,在湖南辰溪创办华中水泥厂,后来又兴建昆明水泥厂、经营江西水泥厂和贵州水泥厂,与国民政府资源委员会合作成立华新水泥股份有限公司,黄石水泥工业影响全国。

活动与探究三:参观一个博物馆《黄石市博物馆》

学生活动:参观一个博物馆《黄石市博物馆》

推荐访问黄石市博物馆网站,了解博物馆的有关情况。在家长的带领下,利用周末或者节假日参观博物馆。

问题探究:为什么黄石市博物馆把"天地一洪炉"作为该馆基本陈列展览的主题?

图41 黄石市博物馆

刘金林提供

九、国防重工业基地

抗战胜利后,南京国民政府大打"内战"和推行恶性通货膨胀,中国近代工业进入衰落时期,湖北以及中南地区最大城市武汉重工业遭到彻底摧毁,此时的黄石成为国民政府建设的重点,取代武汉成为湖北以及中南地区最大的重工业基地。1942年底和1943年下半年,国民政府经济部长兼资源委员会主任委员、著名地质学家翁文灏主持在重庆先后两次召开全国工业计划会议,会议的中心议题是讨论抗日战争结束后国家的经济建设问题,后来,翁文灏又分别召集钢铁、地质、工程等方面的有关人员开会,就发展钢铁工业的具体事项主要是钢铁基地的厂址选择进行研讨,否定在湘潭及马鞍山建立中央钢铁工业基地的计划,最后翁文灏确定战后在黄石地区新建南方大型钢铁工业基地。1938年翁文灏还筹集资金任命王涛拆迁华记湖北水泥厂,他还是华新水泥股份有限公司的董事长,确定在黄石兴建远东第一水泥厂——大冶水泥厂。他还确定在黄石兴建大型发电厂——大冶电厂。

从1945年国民政府接收"日铁"、建立华中钢铁公司筹备处到华中钢铁公司正式成立,北方大批技术人员南下黄石。黄石集中了由鞍山、抚顺、本溪、石景山等地来的大批冶金技术人员。新中国成立前夕的华中钢铁公司包括汉冶萍公司时期的大冶钢铁厂、大冶铁矿以及湖北省象鼻山铁矿、汉冶萍公司(包括汉阳铁厂)在武汉的财产。

此时的黄石正在建设中国三大重工业企业,即华中钢铁公司为国民政府筹建的南方最大的钢铁工业基地。中国最大的水泥厂——大冶水泥厂、中南最大的电厂——大冶电厂都在建设中,这和"内战"时期的其他地方一片萧条不相同,建设工地热火朝天。黄石重工业基地的确立为新中国大冶工矿特区的建立和黄石市的兴建奠定了基础。

国民政府创建重工业基地的典型代表,对中国重工业及国防工业布局产生了深远的影响。

自1927年南京国民政府建立,特别是资源委员会成立,确定重点发展重工业,在抗战前计划兴建湘潭、马鞍山中央钢铁厂计划没有成功,抗战期间兴建了重庆、昆明等基地。抗战后兴建大冶国防重工业基地是国民政府资源委员会多年筹划的结果。

1936年准备兴建灵乡铁矿、大冶阳新铜矿。1938年大冶重工业西迁不仅促进了重庆、昆明等工业基地形成,改变西南工业落后的局面,还为战后工业复兴提供了物质基础和人才资源。

国民政府创建大冶重工业基地,采取了三种方式,在全国具有典型的代表意义。

第一种方式是国民政府资源委员会采取官办的形式,以汉冶萍公司为基础创建资源委员会华中钢铁有限公司。第二种方式是国民政府资源委员会采取合办的形式,与湖北省政府合办鄂南电力有限公司大冶电厂。第二种方式是国民政府资源委员会采取入股的形式,入股华新水泥股份有限公司,在战后兴建中国最大的水泥厂——大冶水泥厂。

逐步改变中国重工业集中在沿海包括华东、东北等不合理的工业布局。随着大冶钢铁工业、水泥工业的兴建以及煤炭工业的恢复,由于大冶地理位置在长江中游,中国中部,与沿海地区比较,国防地位特别重要,对中国重工业及国防工业布局产生了深远的影响。对新中国重工业布局提供了宝贵的经验,奠定了基础。

图42 汉冶萍煤铁厂矿博物馆

刘金林提供

十、新中国工矿特区

1949 年 5 月 15 日，石黄镇解放，中共中央即指示"迅速派要员对石灰窑工业区进行接管。"中共中央华中局的代表为时任中原职工总会副主席兼组织部部长的何英才。几乎在同时，武汉市军事管制委员会命令："任命本会物质接管部工业处副处长金实蘧同志兼任石灰窑工业特区特派员。在该区设立特派员办事处。代表本会在黄石港、石灰窑、下陆、铁山等地执行工矿企业之接管任务。并负责领导该区之工业行政及地方行政。"是年 5 月 21 日，金实蘧受武汉军事管制委员会主任谭政、副主任陶铸之命与何英才一道抵达石黄镇，在与中国人民解放军第四野战军 43 军留守部队取得联系后，即开始实施对石黄镇的全面接管工作。组建了中共石灰窑工业特区委员会，隶属中央华中局。特区政府下辖黄石港镇、石灰窑镇、铁麓乡、长乐乡、申五乡和下章乡。同时筹建中国人民解放军石灰窑工业警备司令部。

6 月 12 日，金实蘧主持召开"武汉市军事管制委员会石灰窑工业特区特派员办事处"成立大会。不久经中原临时人民政府批准设置"湖北大冶特区办事处"取代石灰窑工业特区特派员办事处。10 月，湖北省人民政府鄂民字 715 号文批准，设立"石黄工矿特区"。特区本身的布告、文件和钤记则为"湖北省大冶工矿特区人民政府"。

何英才（1905—1974），山西洪洞县人，时任中共石灰窑工业特区区委书记兼华中职工总会石灰窑工业特区办事处主任。金实蘧（1919—1990），山东济南市人，时任石灰窑工业特区特派员，中共石灰窑工业特区区委副书记。他们在任期间，建立健全了黄石地区各级党、政、军、群组织，迅速稳定了社会秩序，为黄石的社会、经济的恢复和发展奠定了政治基础。

1950 年 6 月 1 日，时任湖北省政府秘书长的韩宁夫同志根据湖北省人民政府主席李先念的意见，给省民政厅一份公函称："李主席的意见：拟将大冶石灰窑特区改组为市，定名为石黄市，属省直辖，希即撰办府稿，向上级请示核准为荷！" 6 月 6 日，湖北省民政厅给大冶专署来信：根据李主席的意见，拟将石灰窑特区改组为市,我们急需办公文到中央去请求,按中央政务院规定:凡增设市、县级机构,应说明理由,并附详图、人口、土地面积等基本数字,希接信后于五日内将资料上报省民政厅。6 月 16 日,湖北省人民政府以鄂民政特字第 104 号文,向中南军政委员会请求,将石黄工矿区改组为市,定名石黄市。

1950 年 8 月 21 日,中央人民政府政务院电告中南军政委员会,将石灰窑、黄石港工矿区合并为省辖市,并定名为黄石市,成立黄石市人民政府,由湖北省直辖。

图 43　黄石港新街

刘金林提供

十一、新中国第二钢都的筹建

1949 年 5 月 15 日,黄石解放,不久经中原临时人民政府批准,设置湖北大冶特区办事处,1949 年 9 月 29 日,设立特区人民政府。1950 年 8 月 21 日,黄石市正式诞生。

1949 年 12 月,党中央召开的第一次钢铁会议上讨论了华钢的生产和发展,将其原定万吨年生产能力的规模扩大到 3 万吨生产能力的规模。1950 年 11 月,美国发动了侵略朝鲜的战争,并威胁到我国东北地区的安全,中央命令将大连建新工业公司所属大连钢厂迁入华钢,大连钢厂干部、工程技术人员和工人 670 余人也并入华钢。1952 年底,大连钢厂南迁的设备基本安装完毕,并先后投入生产。

新中国成立初期,全国只有东北鞍山这一个大型钢铁基地,满足不了国民经济发展的需要。1950 年初,中央重工业部召开全国钢铁工作会议,提出在黄石建设钢铁工业基地。1951 年 5 月中央重工业部正式成立大冶钢铁厂勘探指导委员会,8 月开始大冶铁矿地质勘探工作。根据两年多的酝酿和调查研究以及苏联专家组的建议,中央财委党组于 1952 年 3 月 19 日将建设大冶钢铁厂的意见,正式向党中央、毛主席、周总理写了《关于全国钢铁工业的发展方针速度与地区分布问题的报告》。报告中提出:在国家经济建设第一个五年计划时期,除应该加强东北鞍钢的恢复建设外,还应该在华中地区进行建设第二个钢铁工业中心的工作。从经济上、国防上考虑,第二个钢铁厂以放在黄石为适当。1952 年 3 月 27 日,周总理在中央财委转呈贸易部《关于委托苏联进行大冶钢铁厂的设计勘察工作,并通知苏方推迟本溪的总体初步设计工作》的函件上,亲笔批示:"同意",决定将黄石建厂的设计、勘察及制造设备和交付设备的工作委托苏联进行。1952 年 5 月 1 日,中央重工业部决定成立由华钢领导的筹建大冶钢铁厂的办事机构"三一五厂筹备处",筹备处设在华钢基本建设处楼上。"三一五厂筹备处"日常工作主要由华钢经理高芸生负责,有关建厂筹备事宜均由华钢负责处理。以华中钢铁公司为基础的新中国第二个钢铁工业基地在黄石筹建。

建国初期的黄石,被中央确定为中国重要的重工业基地,是中国重要的钢铁工业中心。1950－1952年,国家用于华钢改造扩建投入达1293万元,占整个湖北省总投资的15.43%。经过三年恢复时期,华钢生产规模有了很大发展,1952年钢产量达到4.44万吨,钢材产量达到2.96万吨。华钢是黄石市以及湖北省唯一的钢铁厂,华钢的钢、钢材产量代表黄石全市以及湖北全省的产量。黄石市钢、钢材产量超过中南区五省二市,成为中南地区最大的钢铁工业城市,1952年黄石市主要工业产品钢、钢材、水泥产量居中南区各省市第一位,发电量居第三位,当时黄石市成为中南最重要的重工业城市。

黄石市的成立,延续了近代工业的辉煌。黄石市成为新中国建设的重点,1952年中共中央确定在黄石建立第二个钢铁工业中心,在国民经济三年恢复期和第一个五年计划期间,国家投资1.5亿元,改建、新建一批重工业企业,相继有大冶钢厂、大冶铁矿、新冶铜矿等30个项目开工建设。大冶铁矿于1958年7月1日建成投产,成为武汉钢铁公司的主要"粮仓"。黄石电厂恢复生产后,1950年狮子山发电厂先后有2台5000千瓦机组建成供电。1957年10月黄石至武汉青山110千伏输电工程投入运行。华新水泥厂、源华及利华煤矿实行公私合营,产量大幅度提高。1953年3月新冶铜矿开始建设,1957年4月正式投产,1956年筹建大冶冶炼厂等,从而奠定黄石以原材料工业为主的现代工业城市的基础。

活动与探究四:唱一首歌《小燕子》

学生活动:唱一首歌《小燕子》

《小燕子》是广为传颂的一首儿童歌曲,词作者王路、曲作者王云阶,是故事影片《护士日记》的插曲。歌曲抒发了剧中人对新生活的热爱和歌颂。这部电影早已被人们淡忘,但这首歌被单独传唱开来,成为孩子们最熟悉歌曲之一。

问题探究:结合黄石建市初期的历史,说说《小燕子》创作的背景。

十二、远东第一水泥厂

1945 年 8 月,华新公司迅速成立大冶水泥厂筹备处。1946 年 9 月 28 日,是中国水泥工业史上一个值得纪念的日子,当天,在长江中游南岸黄石的枫叶山下,动工兴建了当时亚洲最先进的水泥生产线,中国最大最先进的水泥厂在黄石兴建。在这里有一段小插曲,新中国成立前的黄石不太平,土匪恶霸横行地方,当时华新公司从美国购买的先进设备就要在黄石港口卸货,土匪恶霸宣称,码头是他们的,并扣留了卸货的负责人。没想到王涛毫不慌张,成竹在胸,他任命副厂长处理此事。原来华新的副厂长曾经是国防部的少将,他马上从武汉调来一个连的军队,镇压了土匪恶霸,维护了黄石的治安。为了迎接解放,王涛和进步分子成立护厂队,并亲任队长,和职工一起参加护厂斗争,保证了水泥厂机器设备的完好无损。

1949 年 5 月 15 日,黄石解放。获得新生的华新没有忘记报效祖国。新中国成立之初,华新不仅加大生产,支持社会主义建设,还捐款 130 万元,购买了一架战斗机,直接用于抗美援朝前线,打击侵略者。1953 年华新公司和大冶水泥厂合二为一,更名为华新水泥厂。1958 年 9 月 15 日,一代伟人毛泽东主席视察黄石,接见华新党委书记李秉范时,毛主席握着他的手风趣地说:"你们是'远东第一'嘛! 年产 80 万吨,了不起。"后来华新人自己设计建造了"华新型窑",在全国各地广泛应用。华新的管理技术随"华新型窑"传播各地,并出口国外,先后帮助朝鲜、柬埔寨、越南、阿尔巴尼亚、巴基斯坦等国建设水泥厂,成为中国水泥工业在 20 世纪的里程碑。

1979 年,国家首次颁发产品质量奖牌,华新"堡垒牌"和"五羊牌"水泥双获国家产品质量金奖。同年,华新水泥厂被国务院授予全国先进企业称号。1980 年,"堡垒牌"被定为国家著名商标。随着企业改革的不断深入进行,1993 年 11 月 28 日,华新成功实施股份制改革,华新水泥股份有限公司成立,时隔四十年后,华新再次续写股份公司的历史。

1996 年 3 月,华新和新加坡 RDC 国际私人有限公司、南通港务局等中外共五方合组华新南通水泥有限公司,开始向外拓展。1999 年 3 月,针对国内资本市场融资难的实际,华新大胆面向全球,引入战略投资者,世界水泥巨头瑞士豪西蒙公司和华新结成战略伙伴。

2000年,华新开始进入一个全新的跨越式发展阶段,制定出以武汉为中心,沿长江逐步向西南和东南延伸,沿铁路逐步向北和向南延伸的"十字形"发展战略。在21世纪之初取得了令世人瞩目的历史性巨变。目前公司形成以长江黄金水道为轴线,东起上海、江苏,西至云南、西藏的20多家水泥分、子公司组成的水泥产业基地,构建了以华中、华东为主市场,西部为延伸市场的格局,提升了公司长期竞争优势,百年华新,再续辉煌。

图 44　华新旧址水泥窑修复后的游客通道

刘金林提供

十三、中南第一电厂

黄石电厂位于黄石港区沈家营,东毗长江,西临黄石大道,南至戴司里,北抵铜矿路,呈带形沿江布局。黄石电厂是远东二战后,国民政府新建的大型电力工业基地;是新中国成立初期,中南地区第一大电厂。

国民政府兴建大冶中心电厂规划

黄石电厂原名大冶电厂,它的前身是"汉冶萍公司大冶钢铁厂袁家湖火力发电所"。当时装有 2 台单机容量为 1500 千瓦的发电机组,1920 年建发电站码头(今新冶钢江边),1921 年开始发电。

兴建大冶中心电厂,是国民政府资源委员会二战后经济恢复总计划的一部分。大冶地区煤、铁、石灰石、有色金属极其丰富,这里工矿企业创建较早,工业基础雄厚,一旦开发,必需大量的电力。资源委员会早在 1943 年与有关方面拟定"战后电力发展计划"时,就把大冶列为第一期优先开发的对象,拟在此建设一座容量为 1.5 万千瓦的中心电厂。设想建设一个以大冶为中心,上至襄樊、武汉、下至九江、赣南范围内的电力网系。

抗战胜利后,资源委员会委派宜宾电厂代厂长黄文治为湘鄂赣区执派员办事处电业专门接管委员,负责实施筹建大冶中心电厂计划。同时,拟将战后美国"援华"880 万美元贷款之一部分购置的 10 套 5000 千瓦发电机组分配三套给大冶电厂,作为大冶中心电厂第一期工程建设的目标。除此之外,作为与大冶中心电厂的配套工程,拟架设一条大冶至武昌的 68 千伏输电线路,将电力供应武汉。

1946 年 8 月,大冶电厂筹备处制订出建厂《工程计划书》,设计建厂总容量为 13.5 万千瓦。整个建厂工程,亦分三期进行。

第一期工程,按近期用电估计,利用美国贷款订购三套 5000 千瓦发电机组,于 1948 年夏装设发电。机组单价为 144200 美元,总价为 432600 美元。

第二期工程,准备于 1946 年底派员前往日本拆卸电力设备(注,系指日本战争赔偿),计 30000 千瓦机组两套,20000 千瓦机组三套,计划 1949 年装竣发电。

第三期工程,再向美国订购 30000 千瓦,用本地柴煤的新机两套,于 1950 年装竣发电。

"借鸡生蛋"的建厂模式

1945年10月15日大冶电厂筹备处成立,主任黄文治,当时筹备处从后方调来大批技术员工,但是没有机器设备,要建新厂,就得投资,但一时难以筹集。当时大冶铁厂(原汉冶萍公司大冶钢铁厂)保管处拥有日本人遗留的大量电力设备。黄文治上报国民政府资源委员会主任及经济部部长翁文灏,希望借用大冶铁厂的电力设备,采取"借鸡生蛋"的建厂模式。翁文灏同意这一建议,11月17日,资源委员会钢铁处、电业处在重庆召开会议,决定大冶铁厂保管处将其自备电厂"暂借"大冶电厂筹备处接管使用,大冶电厂则优先供给大冶铁厂保管处用电。

11月20日,大冶电厂筹备处正式接管了大冶铁厂的自备电厂。接管设备计有:3000KW汽轮电发机组两套;800HP、130HP柴油发电机各一套;全部配、供电设备以及小型自来水厂一座。有了这个厂,筹备处就积极催调后方的技术员工,并暂时留用大冶铁厂保管处的日籍员工110名。年底,从后方调用的像杨福潮、王松山、魏刚等一大批有丰富经验的工人技师和工程技术人员陆续来到工厂。至此,大冶电厂筹备处利用"借鸡生蛋"的建厂模式,实现了借灶开炉的初步设想。

恢复发电与筹建新厂

大冶电厂筹备处顺利接管了大冶铁厂自备电厂后,即着手恢复发电的工作。然而留用的日籍员工瞧不起中国人,他们利用设备的弱点,硬说设备缺这少那,机件难以配齐,一时不能发电等等,从中作梗。筹备处员工对设备逐一进行了检查,并分析了职工的思想状况以及当时用户对用电量的需求,决定恢复工作分两步来完成。第一步是赶修柴油发电机,恢复石灰窑各厂矿及市民的照明用电;第二步是修复汽轮发电机,以满足华新水泥厂、铁厂、煤矿等恢复生产的用电。机构上,在发电课下分设了修理股、柴油发电机股、汽轮发电机股、水务股等,明确各自的责任。为防止日本人捣鬼,各股股长均令日本人担任,明令各股长负责立即着手搜集机件,赶装各台机组。与此同时,为使中方员工尽快熟悉设备,将他们分插到各股中,观察、监视日本人搜集机件、装复机器的全过程,以利日后掌握机器。

采取了以上措施后,日本人不得不老老实实地工作。130HP三气四行程85KVA柴油发电机很快得以修复投入供电。到1946年3月28日,160HP柴油机带动的112.5KVA发电机也投入了运行发电。

汽轮发电机的恢复发电工作并不像柴油机那么顺利,首先,遇到的主要问题是煤的来源。原锅炉设计是用烟煤的,而大冶则只产柴煤,锅炉不能用,从外地采购烟煤,运费很高,且煤价天天在涨,煤的来源又不稳定,很不经济。当时决定改造锅炉的燃烧系统。开始由日本人负责试验,中方员工在一旁监视。日本人先在第一号锅炉上加装了他们搞的燃烧装置,于 1946 年 2 月开炉试烧,结果非但柴煤不能燃烧,就是用烟煤也还要投油作辅助,试机两小时就告失败,日本人在试验报告中说:"此炉无法改造,负荷至多也不能超过 1000 千瓦。"筹备处决定由恽肇强负责组织中国员工对燃烧系统进一步改造。经过一段时间的设备改进,3 月 31 日试燃成功,负荷可带至 1000kW,锅炉燃烧稳定。在一旁观看的日本人也不得不佩服中国人的才智,再也不敢轻看我们中国人了。在此之后,筹备处就逐步解雇日本人,至 5 月底日本人全部被解雇,后被遣送回国。

大冶电厂完成的锅炉由烟煤改用柴煤燃烧的技术改进工程,当时在全国是首创。历时一年,大冶电厂终于完成了恢复发电的工作。

1945 年 11 月 30 日,大冶电厂筹备处主任黄文治在总工程师王恺谋的陪同下,从华钢发电所出发,沿江北上至黄石港,对建厂有利条件之区域进行了实地查勘,经过比较,于 1946 年 2 月选定沈家营之胡家湾。查勘报告称:"此处占地八百余亩,上距黄石港 2 公里,下至旧大冶铁厂 5 公里,地濒长江,背依狮子山,往南 200 米有一条入长江的支流——洗脚港。水源充足,地基坚实,交通便利。江岸长 1 公里许,滩短水深,建筑码头及进水站均属适宜。从各方面看,符合建厂要求。"1946 年 5 月,资源委员会确定大冶电厂筹备处勘定的沈家营之胡家湾为新的中心电厂厂址。

武汉城市生命线——武冶线

架设武(昌)——(大)冶线,资源委员会早就有了计划,是与在大冶建新电厂同步的。在大冶新发电所开工的同时,武冶线也开始了测量工作。这条线全长 112 公里,电压 66KV,输电能力 1 万 KVA,是关内第一条高压输电线路,在全国也是屈指可数的大工程。1946 年 5 月 24 日第一次勘测工作开始,测量队自大冶方面测起,历时两个月,于 7 月 17 日抵达武昌。之后,8、9 两个月绘制样图。1947 年 11 月正式成立武冶输电线路工程处,由曹垒担任主任,副主任由张立志担任。12 月,线路的复勘工作全面展开。1948 年 6 月杆位测定完成。在当时,曹垒与武冶线路工程处的全体技术员工,虽一心一意、勤勤恳恳地工作,但终因财力、物力不足,这项工程不得不停下来。在此期间,工程处完成了蓝图的设计工作。

1949 年 5 月 15 日,大冶解放。人民政府十分重视这项工程,经过大家短暂的整理工作后,武冶线工程在 7 月 12 日正式开始施工。广大技术员工经过与酷暑顽强拼搏,终于在 11 月底完成了武冶线的全部架设工作,1951 年 4 月 4 日正式通电投入运行,从此,突破了过去电厂与电厂、地区与地区之间"各自为政"的落后局面。武冶线是当时中南区电压等级最高、输变电路程最远、容量最大的线路,它的建成,不仅实现了武冶联网,有利于调剂武冶两地电力余缺,增强供电可靠性,而且为湖北电网的进一步发展创造了条件。值得一提的是,这条线路对新中国成立后武汉的经济建设起了相当大的作用。大冶电厂每年要向武汉等地输送电力10000多千瓦,特别是在1954年的抗洪抢险斗争中,通过这条线路输送了强大电流,为武汉人民战胜特大洪水,保卫大武汉做出了突出贡献,武冶线被称为武汉城市的"生命线"。

图45 黄石电厂(原大冶电厂新厂)

刘金林提供

十四、有色金属王国

20世纪五六十年代,黄石地区在全国工业中,最突出的成就是有色金属工业的创建和发展,华夏铜都的重新崛起。铜工业是湖北有色金属工业的主体。湖北大冶、阳新一带铜矿资源丰富,自古以来就是产铜的地方,新中国建立以后,国家投资在湖北开采的第一家铜矿是位于阳新与大冶交界处的新冶铜矿,1953年开始筹建,1957年建成投产。大冶铜绿山铜矿的开采可以追溯到三千年以前,但由于多种原因的影响,长期以来并未做系统、细致的地质勘探和研究工作,主矿体并未找到,矿床规模及矿产储量也不清楚。1959年湖北省地质局大冶地质队以及1962年地质部对以铜绿山为主要地区的铜铁矿床进行了普查勘探,探明铜绿山矿是以铜铁为主,并伴生有金、银、钼、钴、钨、硒、碲、铼、铟、镓、硫等多种元素的大型多金属矿床。这是湖北省矿产资源继1953年探明大冶铁矿大型铁矿床以后的又一个重大突破。

1958年,位于阳新县的赤马山铜矿采用边勘探、边设计、边施工的办法开始建设。经济调整后期,随着经济建设的需要,铜矿开采基本建设又开始大规模地进行。占湖北省铜保有储量一半以上的铜绿山铜铁矿、丰山铜矿和铜山口铜矿等三个大型铜矿于1965年前后分别开工建设。

大冶冶炼厂是新中国成立后由国内自行设计、施工并全部采用国产设备建成的第一座大型粗铜冶炼厂,也是湖北唯一的粗铜生产厂家。1958年5月冶炼厂主厂房破土奠基,1960年4月竣工。

1965年至1975年先后对冶炼厂主体设备反射炉、转炉和备料设备进行了三次革新改造。1973年大冶冶炼厂更名为大冶有色金属公司。从1968年起,大冶有色金属公司陆续建成了利用炼铜转炉烟气制酸的2个硫酸系列、化肥生产系列、转炉电收尘烟灰综合回收系列和反射炉余热发电系列等大型综合利用设施12。

大冶有色金属公司的扩建和综合利用,大大提升了生产的技术水平,扩大了生产能力,提高了产品质量。主要产品"大江"牌粗铜先后荣获中国有色金属总公司和湖北省优质产品称号。

十五、近代工人运动中心

　　黄石是中国近代矿冶工业中心,是湖北省工人阶级最集中的地区之一,是近代工人运动中心,在中国共产党领导下的黄石工人运动犹如熊熊烈火燃遍三楚大地,近代黄石矿冶史就是一部工人阶级运动史。

　　林育英建党在黄石

　　1921年秋,按照党的指示,林育英(又名张浩)化名李福生来到大冶钢铁厂,在厂里当了一名翻砂工人。由于他虚心好学、肯吃苦,加之为人随和,待人热情,很快就成为工人们的知心朋友。不久就结识了仇国升、刘敢生等人,并通过他们的活动在大冶钢铁厂组织了两个秘密学习小组,进行马克思主义的学习和宣传。

　　1922年2月,林育英在武汉经恽代英、林育南介绍加入中国共产党。随即受中共武汉区委派遣,以中共驻黄石港、石灰窑代表的身份再次来黄石,开展建党工作。林育英仍化名李福生,回大冶钢铁厂做工以便开展工作。他在原来学习小组的基础上,于同年3月首先发展了仇国升、刘敢生、林家庆三名工人积极分子入党,建立起中共大冶钢铁厂小组,这是黄石地区第一个党小组。接着,林育英又将工作重点转移到其他厂矿,先后在大冶铁矿下陆机修厂、华记湖北水泥厂、富源和富华煤矿发展了赫慧林等10余名工人入党,并分别建立了中共大冶铁矿、华记湖北水泥厂、富源和富华煤矿等四个党小组。为了便于加强党的统一领导和更好地开展党组织活动,在上述五个党小组的基础上,于1922年5月正式成立了中共港窑湖(黄石港、石灰窑和袁家湖的简称)工矿区特别支部,负责人有林育英、仇国升、周良芳,这是黄石地区第一个党的领导机构。1922年10月,黄石地区第一个工人俱乐部(后改称工会)——大冶铁矿下陆机修厂工人俱乐部(即大冶铁矿工会)成立。随后,各厂矿的工人俱乐部也相继成立,成为领导工人运动的重要机构。

　　下陆大罢工

　　1922年1月至1923年2月,中国历史上出现了第一次工人运动高潮。在此期间,黄石工人阶级在中国共产党的领导下举行了下陆大罢工,并取得了胜利。

这次罢工成为当时全国工人运动的重要组成部分。

下陆大罢工是由大冶铁矿下陆机修厂工人俱乐部领导发动的,1923年1月13日中午12时,下陆机修厂工人罢工开始。罢工的工人以火车笛声为信号,纷纷停下手中的工作,集中到工人俱乐部里。其间,大冶铁矿交通运输全部陷入瘫痪。罢工开始后,汉冶萍总工会为了加强斗争力量,以所属五大工团即大冶铁矿工人俱乐部、安源路矿工会、汉阳钢铁厂工会、轮驳工会和大冶钢铁厂工会的名义向汉冶萍公司及大冶铁矿提出增加工资、兴办教育等八项要求。铁矿矿方用拖延时间,以饥饿来威胁罢工工人。在这种情况下,汉冶萍总工会、黄石各厂矿工会发动工人开展募捐活动,他们给罢工工人送去了大批的物资,使下陆罢工在最困难、最关键的时刻能够坚持下去。

为了维护工人的生存权利,汉冶萍总工会一方面致函警告矿方,另一方面派安源路矿工会骨干余江涛来下陆指导罢工斗争。2月3日,余江涛、赫惠林等为谈判代表到石灰窑同周楚生谈判。为了把谈判情况及时传到下陆,罢工工人想出一个"活电话"的办法,从石灰窑到下陆十五公里的路上,每隔一段距离站一人,传递消息。周楚生再行拖延"考虑答复",拒不接受条件。消息通过"活电话"很快传到下陆,罢工工人愤怒万分,五百多人的罢工队伍,高举着"争取胜利"的大旗,浩浩荡荡奔向石灰窑,包围了周楚生的大楼。大旗矗立在门外,规定旗举人站、旗放人座、旗摆就喊口号。罢工队伍纪律严整,迫使矿方接受了工人提出的增加工资、兴办教育等条件,下陆大罢工取得了完全的胜利。

下陆大罢工持续了二十二天,这是黄石地区工人运动史上最长的一次罢工,充分体现了黄石工人阶级的伟大力量,对黄石工人运动产生了深远的影响。

"中国保尔"吴运铎在黄石

吴运铎是新中国第一代兵器专家,在革命战争年代里,他长期从事军工工作。为了抗日战争和解放战争的胜利,他先后三次负伤,失去了左手、左眼,炸断了右腿。但他仍以顽强的意志与病残做斗争。1951年,吴运铎作为全国劳动模范代表,在中南海受到毛泽东主席和周恩来总理的宴请。宴会上,周总理端着酒杯来到吴运铎身边,高兴地说:"你就是中国的保尔——吴运铎同志!"吴运铎走上革命道路,正是从他的第二故乡——黄石开始的。

1930年初,吴运铎一家来到石灰窑,年仅14岁的吴运铎进富源煤矿机电股当了一名学徒工。通过三年多的边学习、边实践,吴运铎技术提高很快,成为一名技术熟练的机电工人。抗日战争爆发后,1938年春开始,中共相继派出由我国伟大的人民音乐家冼星海带领武汉大学学生救亡歌咏队和由著名戏剧家洪深率领的上海救亡演剧第二队等来黄石义演,宣传抗日救亡。在此形势下,为了帮助煤矿工人及时了解抗日战争形势,提高他们的文化水平和思想觉悟。吴运铎在共产党员甘仲儒的帮助下,办起了矿工时事座谈会。他还组织工人为八路军战士制备防毒面具进行募捐。

1938 年 6 月,日本军队逼近湖北黄石和武汉。石灰窑各厂矿按照国民政府指示,纷纷撤迁机器,遣散工人,并发给了工人遣散费。吴运铎所在源华煤矿的资本家却对搬迁命令拖而不办,继续开采。后来在停产后,又拒绝按三个月的工资发给工人遣散费。6 月 24 日,源华煤矿的一些高级职员及家属携带钱物,准备逃往武汉。吴运铎得知这一消息后,立即将工人组织起来,于 25 日在机电车间集会。工人周细伢见机电车间的工人已经行动,就拉响了汽笛,于是井上井下的工人全部加入了罢工行列。工人们首先包围了经理办公楼、矿警所。矿警所所长易介伍、率矿警向工人开枪,驻大冶钢铁厂小学的国民党军队和警察局也都派人前往镇压。罢工工人被打死 7 人,伤 11 人,制造了"源华惨案"。但罢工工人并没有退缩,坚持继续斗争。吴运铎代表工人与资本家谈判,迫使矿方答应发给工人三个月工资作为遣散费;对死伤工人付给安葬费和抚恤费;处理凶手易介伍。矿方还被迫在源华煤矿门外铁路边立石碑,载明惨案经过和殉难工人姓名,罢工取得了最后胜利。

"六二五"罢工后,矿方对罢工的组织者并未放过,他们派人监视、跟踪,处处刁难,最后还准备以捉拿暗杀团的罪名逮捕吴运铎。后来,在中共党组织帮助下,吴运铎奔赴皖南参加了新四军,成为党领导下的人民军队的一名军工战士。

活动与探究五:看一部电视剧《中国保尔吴运铎》

学生活动:看一部电视剧《中国保尔吴运铎》

《中国保尔吴运铎》是 2011 年北京电视台拍摄上映的一部电视剧,该剧讲述了吴运铎是我国军工史上的传奇英雄,他在抗日战争的烽火硝烟当中参加新四军,长期工作在后勤军工战线上,在三次负重伤和原材料严重匮乏的条件下,克服了常人难以想象的困难———炸瞎了眼,失去了左手,一条腿也成了残废,周身伤痕累累———始终战斗着,为中国人民的解放事业做出应有的贡献,被誉为中国的保尔·柯察金。

问题探究:结合吴运铎在黄石的成长历史故事,说说青少年应该学习中国保尔吴运铎哪些宝贵的精神品质?

十六、矿冶人才摇篮

近代黄石地区是中国钢铁、水泥、煤炭、电力等民族重工业分布最集中的工业基地,也是近代重工业人才最集中的地区,是中国矿冶人才的摇篮,特别是钢铁工业、水泥工业的大量人才从黄石走向全国,促进了中国近现代重工业的发展。

中国第一位水泥总工程师——王涛

王涛,是中国第一位水泥总工程师,黄石华新水泥厂的创始人。早年毕业于天津北洋大学矿冶系,留学德国。1946年由他主持兴建的华新水泥厂是中国最大最先进的水泥厂,他为黄石水泥工业发展做出了重大贡献。

王涛是我国水泥工业的重要奠基人和开拓者,专心水泥事业59年,先后组建和主持经营的水泥企业有:东南水泥厂、华中水泥厂、昆明水泥厂、江西水泥厂、贵州水泥厂、华新水泥厂。他在国内首先推行水泥50公斤纸袋包装,主持研制和组织生产了用于修建钱塘江大桥的抗海水水泥,1940年,为组建昆明水泥厂,亲自主持了我国第一台新型立窑的设计和制造。

王涛集科学家、工程专家和企业家于一身,他学识渊博、贡献巨大、品格高尚,是矗立于中国水泥史上令人敬仰的丰碑,是功勋卓越、德高望重的"水泥大王"。

我国钢铁冶金界的先驱、著名钢铁专家——李维格

李维格,我国近代钢铁专家,1916—1917年,担任大冶钢铁厂厂长,也是汉阳铁厂的主要开拓者。他解决了汉阳铁厂的钢质量问题,扭转了汉阳铁厂建厂以后年年亏损的局面;规划、组织了1904—1910年汉阳铁厂的改造和扩建工程,使汉阳铁厂成为当时亚洲最大的钢铁厂;规划了大冶钢铁厂的建厂方案和厂址选择;兴办了汉阳铁厂第一座技术学堂,为我国近代钢铁事业的建设和发展做出了重要贡献。

1913年,汉冶萍公司委派他参与筹建大冶钢铁厂的工作。他到石灰窑镇以上地区(今黄石市区)、石灰窑镇以下袁家湖地区(今新冶钢厂区)、石灰窑镇车站(今黄石市上窑天桥处)等地考察,将三处地址做了比较,决定把新厂厂址设在石灰窑镇以下1公里处的袁家湖地区。8月,李维格向汉冶萍公司董事会建议在大

冶钢铁厂中建两座日产 250—300 吨生铁的新式炼铁炉,并建议把厂址设在黄石袁家湖地区,公司批准了他的建议。

李维格虽然在大冶钢铁厂任职只有八个多月的时间,但他计划创建大冶钢铁厂,对我国近代钢铁事业的发展起到了推动作用,特别是对黄石成为当时全国钢铁工业中心做出了重要贡献。

中国地质学会会长、著名矿冶专家——王宠佑

王宠佑,是我国近代第一批矿冶专家,锑矿开发第一人,撰写了第一部锑矿专著,曾担任大冶铁矿矿长,为我国近代钢铁及有色金属工业的发展做出了重要贡献。

王宠佑于 1895 年考入北洋大学,学习矿冶,成绩优异,被誉为"杰出学生",1901 年,先后在美国加州大学伯克利分校和哥伦比亚大学学习,1904 年,获采矿和地质硕士学位,由于学习成绩优异,被选为美国矿冶工程学会会员和采矿学会会员,1908 年,回到祖国,致力于采矿冶金事业,1914 年任大冶铁矿矿长。1916年,担任汉口炼锑公司总工程师,后任汉冶萍铁厂厂长。

王宠佑是中国地质学会及中国矿冶工程师学会的创建人之一,先后当选为中国地质学会副会长、会长。1941 年赴美,许多在美国的留学生都接受过王宠佑的指导和帮助。他关心祖国的矿冶事业,是一位有很高造诣的学者和矿冶专家,是中国老一辈知识分子公认的典范。

中国第一位钢铁冶金工程师——吴健

吴健,1917—1923 年,担任大冶钢铁厂厂长。我国第一位钢铁冶金工程师,钢铁冶金界的先驱。

1902 年,盛宣怀派他到英国留学,就读于英国设菲尔德大学,学习冶金。1908年学成归国,1909 年被聘为汉阳铁厂工程师,是当时厂里唯一的中国工程师,也是我国第一位钢铁冶金工程师。他主持了第一次全部由我国技术人员独立完成的、当时亚洲最大的钢铁冶金企业——汉阳铁厂的修复和投产工作;组织了汉阳铁厂鼎盛时期的生产和扩建工作;主持了大冶钢铁厂筹建工作的全过程和组织了当时全国最新、最大的 450 吨高炉的投产工作,为近代黄石钢铁工业的发展做出了巨大贡献。

中国著名煤炭矿业专家——王季良

王季良又名王野白,1921 年,留学美国科罗拉多州矿务学院冶金系和麻省理工学院冶金系,获硕士学位。先后担任黄石利华煤矿股份有限公司总经理、富华煤矿股份有限公司矿师,建议修建中国第一条翻越高山的架空索道——利华煤矿

高架索道,主持修建富华煤矿从井口到达长江边的轻便铁路,还使富华煤矿成为湖北省最早使用凿岩机的煤矿。

1936年10月,王季良到南京国民政府资源委员会任专门委员,成为国民政府资源委员会著名专家。新中国成立后,王季良任源华煤矿公司总经理,1955年以后,先后担任湖北省工业厅顾问、副厅长、省燃料工业厅副厅长等职,他对黄石煤炭工业的发展做出了巨大贡献。

中国著名电力专家、原武汉工学院院长——黄文治

黄文治,1933年毕业于上海交通大学电机工程专业,大冶电厂(今黄石热电厂)的创始人,我国著名电力专家,原武汉工学院(今武汉理工大学)院长,全国摩擦学学会荣誉主席。

他主持了大冶电厂、武昌电厂的建设工作以及武昌至黄石输电工程的设计工作,由于他的努力,使黄石电厂成为新中国成立初期中南地区最大的电厂,有力地支持了黄石和武汉工业的发展。

新中国成立后,历任交通大学教授、中南电业管理局总工程师、武汉工学院教授、副院长、院长、中国摩擦学学会第一、二届常务理事、湖北省摩擦学学会理事长,长期从事电力工程和摩擦学的教学与研究。

图46 张之洞塑像

刘金林提供

十七、亚洲近代重工业活标本

清朝末年,张之洞兴建以钢铁工业为核心包括钢铁工业、煤炭工业、水泥工业、电力工业、军事工业等组成湖北重工业体系初步形成,该体系不仅在中国,也在亚洲具有开创性,建成了武汉和大冶两座重工业基地。抗战时期武汉重工业的西迁,近代武汉重工业遭到彻底摧毁,近代重工业遗产基本没有保存下来。而大冶成为国民政府建设的重工业基地,大量清末民国时期的重工业遗产以及重工业城市格局完整的保存下来,使近代大冶工矿区成为近代中国重工业化的活标本。

近代大冶工矿区的大型厂矿有汉冶萍公司大冶铁矿、大冶钢铁厂以及大冶华记水泥厂、大冶象鼻山铁矿、大冶利华煤矿、源华煤矿、大冶水泥厂、大冶电厂等。在汉冶萍铁路以及大冶工矿区各大厂矿建设过程中,引进了大量西方的先进设备与技术。

汉冶萍公司被英国驻武汉领事称其为“中华二十世纪雄厂”。1909年,上海《时报》译《泰晤士报》的文章称:“(汉冶萍公司)生铁一日之间已制成钢,制成钢后又成种种钢货。中国现在诚如日本,为钢铁世界之大竞争家……思之殊无法足阻中国渐进为钢铁大国耳。”

汉冶萍公司1915年向美国列德干利制造公司订购800立方米的高炉两座,是当时亚洲最大、最先进的冶炼炉,两座高炉成为近代长江沿岸最雄伟的工业建筑,成为大冶工业的象征。日本侵占大冶后,拆除了这两座高炉,现在遗留下的汉冶萍煤铁厂矿旧址冶炼铁炉遗址在亚洲近代钢铁冶金科技史上占有重要的地位。

汉冶萍公司是中国钢铁技术与钢铁人才的摇篮,培养了大量的钢铁冶金采矿人才,将先进的钢铁冶金以及采矿技术从汉冶萍公司推广到全国。

汉冶萍铁路由德国工程师时维礼设计,铁路器材及机车全部购自德国,筑路工匠均聘自德国。1891年4月开工兴筑,1892年8月竣工。全路有6条小支路,为开车、歇车、屯车之用,有明桥暗洞50余座,设铁山、盛洪卿、下陆、石灰窑4车站,下陆车站为中心车站。现在保存下来的下陆车站旧址不仅成为汉冶萍公司最早的工业建筑遗产,还成为中国现存的最早的火车站,具有重要的历史价值。

近代大冶水泥工业,从清末引进德国设备,到民国后期引进美国设备,特别是1946年大冶水泥厂兴建,引进了美国的全套先进的水泥生产设备,成为当时中国规模最大的水泥厂。现在华新水泥厂旧址内的一、二号湿法加工水泥旋窑,直径为3.5米,长达145米,是20世纪40年代我国最长的水泥窑,由美国爱立司公司进口,所选用的爱立司公司的原料及熟料粉磨系统设备非常先进。

近代大冶煤炭工业,从张之洞创办王三石煤矿,引进德国先进设备和技术,到后来源华、利华煤矿从西方引进先进设备与技术,特别是利华煤矿从德国进口钢索及其全套设备,于1934年建成越山高架索道,自矿井到中窑湾码头,长4.5公里,该索道是中国第一条翻越高山的架空索道。1938年日军入侵前未能拆迁,后为日商中山古铁搜集所拆走变卖。

近代大冶电力工业,从清末引进德国设备发电,到民国初期以及后期两度从美国引进先进的发电设备,使大冶工矿区成为长江中游地区最大的电力工业中心。

大冶工矿区,即当今的黄石市区,现在遗留下的大量近代钢铁工业、水泥工业、煤炭工业及其电力工业遗产,通过汉冶萍铁路相连成为一座规模宏大的工业遗产片区,不仅是近代中国民族重工业引进西方设备与技术的发祥地,还是亚洲近代重工业引进西方技术的活标本。

图47 汉冶萍煤铁厂矿旧址高炉遗址
刘金林提供

十八、黄石工业遗产走向世界

中国矿冶工业遗产第一城

黄石市工业遗产分布广泛,内容丰富,古代矿冶遗产独特,近代重工业遗产门类多,保存完整,具有重要的历史、艺术和科学价值,在我国具有重要而特殊的地位。黄石市工业遗产完整地展现了我国古代灿烂的矿冶文明、近代曲折发展的工业历程、现代辉煌的工业腾飞之路。其完整性、系统性、代表性在全国罕见,是名副其实的中国矿冶工业遗产第一城。

黄石是中国工业遗产保护和利用最早开始的城市,从 20 世纪 70 年代开始,中国工业遗产是从铜绿山古铜矿遗址的保护开始的,保护的级别之高、影响之大,在全国是罕见的。黄石是中国唯一同时拥有古代和近现代工业遗产全国重点文物保护单位的城市,古代的有铜绿山古铜矿遗址、鄂王城址,近现代工业遗产是汉冶萍煤铁厂矿旧址。

黄石市非常重视矿冶文化建设以及工业遗产的保护和利用工作。由湖北省政府主办,省文化厅、省旅游局和黄石市政府共同承办的中国·黄石首届国际矿冶文化旅游节于 2010 年 8 月隆重举行。中国·黄石第二届国际矿冶文化旅游节暨第三届国际乒乓节也于 2012 年 9 月举行,其中第二届国际矿冶文化论坛的主题是工业遗产与人类文明。2011 年 12 月,湖北省政府批准设立黄石工业遗产片区,这是全国第一个工业遗产片区。2012 年 11 月黄石矿冶工业遗产入围中国世界文化遗产预备名单,黄石成为中国唯一拥有古代、近代和现代工业遗产走向世界的城市。

四大矿冶工业遗产

黄石矿冶工业遗产主要包括铜绿山古铜矿遗址、汉冶萍煤铁厂矿旧址、华新水泥厂旧址、大冶铁矿东露天采场四大工业遗产。

铜绿山古铜矿遗址位于大冶市区以南 3 公里处,它的范围包括铜绿山、大岩阴山、小岩阴山、柯锡太村、螺蛳塘、乌鸦扑林塘等地,南北长 2 公里,东西宽约 1 公里。铜绿山古铜矿遗址,经商末、西周、春秋、战国直至西汉,历时千余年,是迄今世界上发现的规模最大、采掘年代最长、冶炼工艺水平最高、文化内涵最丰富的古铜矿遗址。

在铜绿山古矿冶遗址中,发现了大规模的古代采铜矿井、炼炉和大量的炼铜遗留的炉渣。在古矿井内还发现了大批木铲、木槌、铜斧、铜锛、铁斧、铁锄等采矿工具和陶制生活用品。1973—1985年共发掘清理6处采矿遗址、2处冶炼遗址,出土西周至西汉时期采矿竖(盲)井231个、平(斜)巷100条、炼炉12座、生产生活用具千余件,其中8座春秋早期炼铜竖炉,基本具备近代鼓风炉的结构。发掘的战国至西汉时期的矿井,初步解决了井下的支护、通风、排水、提升和照明等一系列复杂问题,这雄辩地说明我国古代劳动人民在采矿和冶炼技术方面的伟大成就。

大冶铁矿东露天采场坐落于黄石市铁山区,由象鼻山、狮子山、尖山三个矿体组成,从三国时期吴王孙权开始,历经一千七百余年开采,特别是在近代成为中国钢铁工业摇篮——汉冶萍煤铁厂矿有限公司的发源地。经历多年开采后形成的露天采坑落差达444米,是世界第一高陡边坡,非常壮观。大冶铁矿以东露天采场为中心现已建成中国第一座国家矿山公园,成为国家4A级景区,还建成面积达366万平方米的亚洲最大的硬岩绿化复垦基地。

汉冶萍煤铁厂矿旧址主体部分位于黄石市西塞山区湖北新冶钢有限公司厂区内。2006年被国务院确定为全国重点文物保护单位,该旧址包括:冶炼铁炉、高炉栈桥、日欧式建筑群、瞭望塔、张之洞塑像、汉冶萍界碑等。该旧址还包括位于黄石市黄石港区的卸矿机和小红楼。冶炼炉是我国现存最早的近代钢铁冶炼遗址,具有非常高的文物价值。日欧式建筑群是"汉冶萍公司"历史进程的重要见证,不仅具有重要的文物价值,而且从建筑学的角度看,其形制国内少见,在中国建筑史上具有很高的价值。欧式建筑和小红楼是毛泽东主席视察黄石时休息过的地方,具有重要的历史纪念意义。汉冶萍煤铁厂矿旧址是中国近代最大钢铁联合企业——汉冶萍公司最核心的工业遗产,它也是汉冶萍公司最终的归属地。

华新水泥厂旧址位于黄石港区红旗桥街道办事处境内,东临长江,西傍磁湖,依山滨湖临江而建,车间、厂房、铁轨、道路、办公楼、住宅楼,特别是厂区内生产水泥的流水线设备保存完整。一、二号湿法加工水泥旋窑,直径为3.5米,长达145米,是20世纪40年代我国最长的水泥窑,由美国爱立斯公司进口。华新水泥厂旧址见证了中国水泥工业从发展到走向辉煌的历史进程。华新水泥厂旧址是我国现存时代较早、保存规模最大、最完整的水泥工业遗产。

黄石工业档案遗产

黄石不仅矿冶工业遗产在全国罕见,工业档案遗产丰富,特别是属于国家稀有的近代民国工业档案数量多、价值高、影响大。主要包括湖北省档案馆馆藏的汉冶萍公司及国民政府资源委员会华中钢铁有限公司档案。黄石市档案馆馆藏的国民政府资源委员会华中钢铁有限公司、华新水泥股份有限公司,源华煤矿股份有限公司、利华煤矿股份有限公司、大冶电厂五大厂矿的档案。特别是汉冶萍公司档案(包括华中钢铁有限公司档案)是第一批入选《中国档案文献遗产名录》的国宝档案遗产。黄石近代重工业企业档案在数量、价值以及重大影响方面,居全国前列,成为黄石工业遗产的重要组成部分。

工业遗产保护任重而道远

悠久的矿冶文明史、闻名世界的近代大冶工业史,造就了丰富的举世无双的黄石工业遗产,保护和利用好这些宝贵工业遗产是黄石几代人努力的结果。从20世纪70年代开始,从中央到地方、从政府机关到普通市民,涌现出许多保卫工业遗产的勇士们,演绎了一场场没有硝烟的震惊全国的工业遗产"保卫战"。黄石工业遗产的保护和利用任重而道远。

在国务院、冶金工业部、中国有色金属工业总公司、大冶有色金属公司、铜绿山矿以及湖北省委、省政府、国家文物局、湖北省文化厅、黄石市委、市政府、市文化局、大冶及周边乡镇等单位的重视和支持下,铜绿山7号矿体古矿冶遗址原地保护方案得以实施,铜绿山古铜矿遗址博物馆于1984年建成并对外开放。此外汉冶萍煤铁厂矿旧址从被拆迁的阴影中抢救过来、大冶铁矿东露天采场从"垃圾场风波"到黄石国家矿山公园、华新水泥厂旧址得到完整的保护,都凝聚着黄石人民的爱乡之情。

黄石工业遗产保护与利用在全国起步最早,成果显著。黄石建立了全国第一座古代矿冶工业遗产博物馆——铜绿山古铜矿遗址博物馆、全国第一座陈列矿山历史的博物馆——大冶铁矿博物馆、全国第一家国家矿山公园——黄石国家矿山公园。这里现在保存有全国近代最早的工业遗产国家级重点文物保护单位——汉冶萍煤铁厂矿旧址、全国近代最完整的大型水泥工业遗产——华新水泥厂旧址、全国近代最早、使用时间最长的城市轨道铁路——汉冶萍铁路、全国近代最先进的铁矿专用码头——卸矿机码头旧址、全国近代最早的水泥专用码头——华记水泥厂码头旧址、全国现代最长的水泥专用湖底隧道——华新水泥厂磁湖隧道旧址等等。

黄石市是中国工业化最早的重工业城市,是一座工业立本之城,经过三千年的开采冶炼,一百多年的工业化发展,留下了大量的工业遗产。由于对历史认识不足,对工业遗产重视不够,导致一部分工业遗产消失,如闻名全国的利华煤矿工业遗产在建设中窑江滩公园时消失。保卫黄石矿冶文化的重大成果——工业遗产,就要从我做起,从身边的事情做起。只有全民形成工业遗产保护的意识,自觉参与到宣传矿冶文化、保护工业遗产行动中来,黄石工业遗产走向世界,成为世界文化遗产才会指日可待。

活动与探究六:参加一项活动《黄石矿冶工业遗产申报世界遗产》

学生活动:参加一项活动《黄石矿冶工业遗产申报世界遗产》

建议学生从身边的小事做起,宣传保护身边的工业遗产。在互联网查询有关申报世界遗产的资料。

问题探究:结合黄石矿冶工业遗产的重要地位,写一篇参与宣传、保护黄石工业遗产活动的作文。

图48　湖北华新水泥遗址博物馆

刘金林提供

主要参考文献

史料：

黄石市地方志编纂委员会：《黄石市志》，中华书局，2001年。

黄石港区地方志编纂委员会：《黄石港区志》，湖北人民出版社，2012年。

黄石市档案馆：《黄石市档案馆指南》，1995年。

黄石市地名委员会：《黄石地名志》，1989年。

刘金林：《汉冶萍历史续编》，湖北师范学院矿冶文化研究中心，2010年。

刘金林：《黄石城市公园》，湖北师范学院矿冶文化研究中心，2010年。

戴奇伟、刘金林：《汉冶萍档案图集》，黄石市档案馆，2012年。

湖北省大冶县县志编纂委员会：《大冶县志》，湖北科学技术出版社，1990年。

湖北省阳新县县志编纂委员会：《阳新县志》，新华出版社，1993年。

黄石市总工会工运史编辑室：《黄石工运史（1890—1949）》，1987年。

黄石日报社：《黄石览胜》，1984年。

大冶钢厂志编纂委员会：《大冶钢厂志》第一卷，1985年。

大冶铁矿志编纂委员会：《大冶铁矿志》第一卷，1986年。

大冶有色金属公司志编纂委员会：《大冶有色金属公司志》，1993年。

华新厂志编纂委员会：《华新厂志》，1987年。

纪昌华主编：《百年华新》，华新水泥股份有限公司，2007年。

黄石矿务局矿史办公室：《湖北黄石煤矿史》，1983年。

铜绿山矿志编纂委员会：《铜绿山矿志》，1995年。

黄石市建设志编纂委员会：《黄石市建设志》，中国建筑出版社，1994年。

黄石市石灰窑区志编纂委员会：《石灰窑区志》，2003年。

重钢志编辑委员会：《重钢志》，1987年。

武钢志编纂委员会：《武钢志》，武汉出版社，1988年。

刘明汉、马景源：《汉冶萍公司志》，华中理工大学出版社，1990年。

湖北省档案馆：《汉冶萍公司档案史料选编》，中国社会科学出版社，1994年。

吴绪成主编:《百年汉冶萍》,湖北人民出版社,1990年。

詹世忠主编:《黄石港史》,中国文史出版社,1992年。

武汉市地方志编纂委员会:《武汉市志·工业志》,武汉大学出版社,1999年。

广州市地方志编纂委员会:《广州市志(卷五上)》,广州出版社,1998年。

湖北省地方志编纂委员会:《湖北省志·工业》,湖北人民出版社,1995年。

政协湖北省文史资料委员会:《湖北文史资料·汉冶萍与黄石史料专辑》,1992年第2期。

政协黄石市委员会、湖北省政协文史和学习委员会:《中国矿冶历史文化名城黄石》,湖北人民出版社,2010年。

政协黄石市文史资料委员会:《黄石文史资料》。

政协西塞山区文史资料委员会:《石灰窑(西塞山)文史资料》。

政协大冶市委员会:《中国青铜古都——大冶》,文物出版社,2010年。

《黄石日报》《东楚晚报》有关矿冶历史及工业遗产方面的史料与资料。

著作：

刘金林:《永不沉没的汉冶萍　探寻黄石工业遗产》,武汉出版社,2012年。

刘金林、聂亚珍、陆文娟:《资源枯竭城市工业遗产研究——以黄石矿冶工业遗产研究为中心的地方文化学科体系的构建》,光明日报出版社,2014年。

刘金林:《黄石工业遗产科普旅游研究》,光明日报出版社,2016年。

刘金林:《中国科普胜地　世界地矿名城　黄石》,光明日报出版社,2016年。

刘金林、聂亚珍:《地方工业与文化旅游模式研究:以黄石港区域文化旅游中心的创建为例》,人民日报出版,2018年。

舒韶雄、李社教、刘恒、倪国友:《黄石矿冶工业遗产研究》,湖北人民出版社,2012年。

黄石市博物馆:《铜绿山古矿冶遗址》,文物出版社,1999年。

张实:《苍凉的背影:张之洞与中国钢铁工业》,商务印书馆,2010年。

大冶市铜绿山古铜矿遗址保护管理委员会:《铜绿山古铜矿遗址考古发现与研究》,科学出版社,2013年。

龚长根、胡新生:《大冶之火——铜绿山古铜矿遗址》,湖北人民出版社,2008

徐鹏航:《湖北工业史》,湖北人民出版社,2008年。

马景源、胡永炎:《黄石矿业开发史》,湖北人民出版社,2011年。

中国科学技术协会:《中国科学技术专家传略》,中国科学技术出版社,1995年。

全汉昇:《汉冶萍公司史略》,文海出版社,1982年。

金一鸣,唐玉光:《中国素质教育政策研究》,山东教育出版社,2004年。

刘金林:《中学历史多媒体教学研究》,湖北师范学院《中学历史教学资源》编辑部,2011年。

刘金林:《黄石中学地方历史文化学科体系的构建》,湖北师范大学《历史文化教育资源》编辑部,2016年。

刘金林:《黄石特色历史开心课堂的实践与探索》,湖北师范大学《历史文化教育资源》编辑部,2018年。

论文:

李江:《百年汉冶萍公司研究述评》,《中国社会经济史研究》2007年第4期。

刘玉堂:《大冶在中国古代矿冶文化中的地位》(代序),《大冶青铜文化》,湖北科学技术出版社,2010年。

单霁翔:《关注新型文化遗产——工业遗产的保护》,《中国文化遗产》,2006年第4期。

张宝秀、成志芬、马慧娟:《我国地方学发展概况及对北京学的再认识》,《北京联合大学学报(社会科学版)》,2013年第3期。

李海涛:《近代中国钢铁工业发展研究1840—1927》,苏州大学,2010年。

湖北省社会科学专家咨询团:《关于黄石市矿冶文化发展的咨询意见报告》,《黄石社会科学》,2010年第1—2期。

刘建民:《铜绿山古矿冶遗址研究综述》,《湖北师范学院学报(哲学社会科学版)》,2010年第1期。

刘金林:《再现近代中国工业第一城——历史学视野下的黄石工业遗产价值评价》,《中国工业建筑遗产调查、研究与保护(四)——2013年中国第四届工业建筑遗产学术研讨会论文集》,清华大学出版社,2014年。

刘金林:《论大冶学的创建及其历史地位》,《走向世界的地方学研究学术研讨会论文集》,中国地方学研究联席会和泉州学研究所,2014年。

刘金林:《汉冶萍公司与近代长江经济带的初步形成——以大冶重工业基地的创建为中心》,《湖北理工学院学报(人文社会科学版)》,2014年第5期。

刘金林:《近代中国钢铁工业探索的全球化与本土化》,《吉林省教育学院学报》,2014年第12期。

刘金林:《汉冶萍铁路与黄石工业遗产特区旅游》,《旅游纵览》(行业版),2014年第9期。

刘金林:《汉冶萍公司与近代大冶工业化进程》,《黑龙江史志》,2014 年第 15 期。

刘金林:《黄石工业遗产开发与利用对策研究》,《湖北理工学院学报(人文社会科学版)》,2016 年第 2 期。

刘金林:《黄石矿冶工业遗产的突出特色》,《湖北理工学院学报(人文社会科学版)》,2016 年第 3 期。

刘金林:《汉冶萍铁路的工业遗产价值》,《黑龙江史志》,2015 年第 13 期。

刘金林:《汉冶萍铁路与城市轨道铁路规范化的早期探索》,《中国铁道学会铁路文化与博物馆委员会 2015 年度论文集》,中国铁道出版社 2016 年。

刘金林:《地方学与资源枯竭城市的转型——以大冶学的研究与实践探索为例》,《地方学与地方文化研究理论与实践国际学术研讨会论文集 2016》,知识产权出版社 2017 年。

刘金林:《浅谈历史多媒体教学与创新》,《湖北省中学历史创新教育专题研讨会论文集》,湖北省中学历史专业委员会,2001 年。

刘金林:《历史多媒体交互式教学一例》,《湖北省中学历史创新教育专题研讨会案例集》,湖北省中学历史专业委员会,2001 年。

刘金林:《浅谈中国历史教学中的地名问题》,《湖北省中学历史专业委员会第七次年会论文集》,湖北省中学历史专业委员会,1996 年。

刘金林:《两汉与匈奴的和战》,《黄石市中学历史优秀教案集》,黄石市中学历史研究会,1996 年。

刘金林:《让多媒体教学走进历史课堂》,《黄石市中学历史教师论文集》,黄石市中学历史研究会,2003 年。

刘金林:《优化多媒体课件设计 激活历史课堂》,《文渊多媒体》,2004 年第 7 期。

刘金林:《"四合一"历史课堂学习评价的实践与探索》,《"十一五"科研论文选集》,课程教材研究所电子音像教材研究开发中心,人民教育电子音像出版社,2011 年。

后 记

　　首创地方文化特色历史课堂与学科体系,就是以黄石市为例,通过数十年的实践,探索在普通中学构建地方文化特色历史课堂与学科体系的理论与方法。作为全国首批老工业城市和资源型城市产业转型升级示范区——黄石市,我们将充分利用其丰富的地方历史文化资源,特别是三千年独特的矿冶文化资源,为城市转型服务。让地方文化走进校园,通过参加黄石矿冶工业遗产申遗、创建工业遗产旅游目的地等一系列活动,让广大师生成为资源枯竭城市转型的参与者,促进地方经济与文化教育事业的发展。

　　黄石特色历史课堂是以黄石地方历史文化为中心,以中华民族五千年优秀传统历史文化之根,以黄石地区三千年绵延不断的矿冶文化之魂,作为历史教育之本。通过四十年学习历史兴趣伴我一生之探索过程,通过在黄石普通中学三十载开心教育为学的实践过程,以"务本乐学"理念为核心而形成的中学历史健康快乐课堂。该课堂的构建让学生学得开心、玩得开心,让教师教得开心,让家长笑得开心,达到学生爱家乡、爱祖国,继承中华民族的传统美德,学会做人的目标。通过构建黄石中学地方历史文化学科体系、开设黄石中学矿冶文化地方校本课程,让中学生成为黄石地方历史文化及文化遗产的学习者、宣传者、传承者、保护者以及开发利用的参与者。

　　本书的编写得到许多单位和专家的支持和帮助,特别是湖北师范大学资源枯竭城市转型与发展研究中心、黄石市第八中学、黄石港区委宣传部、黄石港区教育局、黄石港区教研室、黄石港区文联、黄石港地方文化研究会、湖北师范大学历史文化学院、长江中游矿冶文化与经济社会发展研究中心、汉冶萍研究中心、湖北理工学院公共文化研究中心、人民教育出版社课程教材研究所、人民教育电子音像出版社、湖北省教育厅基础教育处、湖北省教科院、黄石市教育局、黄石市教科院、黄石市文新广局、黄石市文物局、黄石市旅游委、黄石市建委、黄石市文旅投公司、黄石市规划局、黄石市城市规划设计院、黄石市文联、黄石市社科联以及黄石市政协、大冶市政协、黄石港区政协、黄石市委宣传部、西塞山区委宣传部、下陆区委宣传部、铁山区委宣传部、下陆区教育局、黄石市史志办、大冶市史志办、阳新县史志办等单位的支持和帮助。在地方文化及工业遗产调研过程中，湖北省档案馆、黄石市档案馆、黄石市博物馆、黄石日报传媒集团、黄石广播电视台、铜绿山古铜矿遗址管委会、湖北新冶钢有限公司、华新水泥股份有限公司、黄石工矿集团有限公司、大冶铁矿、大冶有色金属公司、铜绿山矿、黄石热电厂等单位给我们提供了大量的文字和图片资料，在此表示衷心的感谢！本书在编写过程中引用了有关研究成果以及文字和图片资料，在此向各位专家、学者，表示万分的感谢！

地方文化特色历史课堂与学科体系的研究将是一个长期研究的课题，我们进行的研究，还不全面系统、不成熟，再加上我们的能力和学术水平有限，书中难免有许多错误和不足之处。我们真诚地希望读者批评指正，提出宝贵的意见和建议，促进我们进一步深入地研究下去。

刘金林

2018 年 6 月